Andreas Klar

Siegertaktik zum Erfolg

Wie Du Dein Leben auf Spitzenniveau bringst

© 2016 by Andreas Klar
AKDEMIE für Finanzielle und Persönliche Freiheit
Trierer Landstraße 14, 54516 Wittlich, Deutschland
Projektleitung: Ulrike Luckmann, www.AutorenCamp.com, München

Verlag: tredition GmbH, Hamburg

ISBN
Paperback   978-3-7345-2278-9
Hardcover   978-3-7345-2279-6
e-Book   978-3-7345-2280-2

Printed in Germany

Das Werk, einschließlich seiner Teile, ist urheberrechtlich geschützt. Jede Verwertung ist ohne Zustimmung des Verlages und des Autors unzulässig. Dies gilt insbesondere für die elektronische oder sonstige Vervielfältigung, Übersetzung, Verbreitung und öffentliche Zugänglichmachung.

http://www.andreas-klar.com

http://www.derfreiheitstrainer.com

Inhaltsverzeichnis

Vorwort 11
Einleitung 13
Kapitel 1: Wer bin ich und warum schreibe ich dieses Buch? 19
Kapitel 2: Dein Traum gehört nur Dir 32
Kapitel 3: Stecke Dir hohe Ziele 39
Kapitel 4: Das Spiel – Dein Spiel des Lebens 49
Kapitel 5: Die Spielregeln: Bleibe immer im Spiel 69
Kapitel 6: Mit der Siegertaktik in die Champions League .. 88
Kapitel 7: Die medizinische Abteilung oder wie steht es um Deine Energie? 164
Kapitel 8: Ein Top-Trainer und Coach – das fehlende Puzzleteil 178
Kapitel 9: Trainiere für Deinen Traum 188
Kapitel 10: Werde zu einem echten Champion 205
Kapitel 11: Wie geht es nun weiter? – Ein Schlusswort 211
Fazit – Zusammenfassung 215

„Persönlich und finanziell freie Menschen handeln aus Liebe und positivem Antrieb."

(Andreas Klar)

Es ist mein Bestreben, Dich zu motivieren und Dir dabei zu helfen, Dich persönlich und finanziell zu entfalten, so dass Du frei von Zwängen, Ängsten, Sorgen und limitierenden Glaubenssätzen wirst. Meine Mission ist es, Menschen zu unterstützen, die beste Version ihrer selbst zu werden und damit inneren und äußeren Frieden zu säen.

Dieses Buch widme ich meiner Mama. Ich hatte ihr einst das erste große Gehalt versprochen, dass ich im Fußball verdienen würde. Ich widme es Ihr für die ganze Wäsche von mir, die sie immer waschen musste, für die Unruhe, die ich in das Familienleben gebracht habe, für Ihre endlose Geduld mit mir.

Mama, dieses Buch soll Dich dafür belohnen und zeigen, dass Deine Mühen und Sorgen einen Sinn hatten. Ebenso möchte ich es meinem Papa widmen, denn er hat mein Leben nicht nur im Fußball geprägt, sondern auch beruflich und persönlich.

Nicht zuletzt möchte ich dieses Buch meiner Frau und meiner Familie widmen. Francesca, es ist für mich nicht selbstverständlich, dass Du da bist. Danke für alles, was Du tust. Du hast uns zwei entzückende Kinder geschenkt, Chiara und Laura. Ihr drei habt mit Eurer Anwesenheit mein Leben sehr reich gemacht.

Ich liebe Euch alle und bin sehr stolz, Teil dieser wunderbaren Familie zu sein!

Andreas Klar

Vorwort

Anpfiff zu Deinem eigenen Spitzenspiel

Herzlichen Dank, dass Du Dich entschlossen hast, mein Buch zu lesen. Ich freue mich über Dein Vertrauen. Gleichzeitig möchte ich Dir von Herzen gratulieren: Du gehörst zu den Menschen, die ihr Leben eigenverantwortlich in die Hand nehmen und sich weiter entwickeln wollen. Ja, Du hast richtig erkannt, dass nur DU allein Dein Leben verändern kannst. Nicht Dein Chef. Nicht Dein Partner. Nicht Deine Freunde. Wenn es Dir recht ist, wähle ich die persönliche Du-Anrede, wenn ich Dir meine Gedanken, Erfahrungen und mein Wissen nahebringe. Ich habe in der Vergangenheit in vielen Seminaren und Büchern die Erfahrung gemacht, dass sich beim Du der Leser direkter angesprochen fühlt und der Inhalt sich besser einprägt. Und das ist es, was ich möchte. Ich habe dieses Buch für DICH geschrieben.

In diesem Buch bekommst Du Informationen, die Dir eine neue Blickrichtung vermitteln werden. Man sagt, es gibt keine Zufälle. Also ist es auch kein Zufall, dass Du gerade mein Buch in den Händen hältst. Egal, wo Du gerade stehst, mit diesem sportlichen Ratgeber bekommst Du Impulse und AHA-Effekte, die Schlüssel für Dein nächstes Siegertor sind, um in der Fußballersprache zu bleiben. Du bist mit diesem Buch auf dem Weg zum großen, persönlichen Sieg.

Ob Du Unternehmer, Dienstleister, Angestellter, Sportler, Beamter, Arbeitssuchender, junger Mensch in einer Ausbildung, Schüler, Student oder Rentner bist, vielleicht stehst Du gerade an der Schwelle zu einem großen Wurf, vielleicht durchlebst Du auch gerade ein Tief, ein Touch-down auf Deinem Weg. Welche Herausforderung Du gerade meisterst, welches Spiel Du gerade spielst, dieses Buch gibt Dir Mut, Selbstvertrauen und Kraft, um fokussiert nach vorn zu schauen und die notwendigen Erfolgshandlungen durchzuführen.

Das ist es, was ich möchte: Mit meinem Wissen in diesem Buch will ich dazu beitragen, dass Deine Zukunft besser, erfolgreicher, schöner wird. Privat wie beruflich. Es ist mir eine große Ehre, dazu beizutragen, dass Dein Erfolgspegel steigt. Sei gewiss, ich tue alles, um das Sieger- Gen in Dir zu wecken! Löse Deine Fesseln. Schaue nach vorn, fokussiere Deine Zukunft, denn dort ist Dein Leben. Ohne Blick zurück in die Vergangenheit bist Du frei.

Ich freue mich, dass wir mit diesem Buch eine gemeinsame Zeit vor uns haben und wünsche Dir viel Spaß beim Lesen. Du hast nur ein Leben – mache das zu einem Meisterwerk!

Das wünsche ich Dir von Herzen!

Andreas Klar
Der Freiheitstrainer ®

Einleitung

Sieg oder Niederlage, Erfolg oder Misserfolg, Gewinner oder Verlierer, Weltmeister oder Amateur, Bundesliga oder Kreisliga, Experte oder Laie? Unsere Welt strotzt nur so von Gegensätzen, die über Glück oder Unglück, Zufriedenheit oder Frust bestimmen. Der Sport, vor allem der Profi-Fußball, liefert uns die prägnantesten Metaphern und Parallelen dazu. Heute Champion, morgen ein Niemand. Welche Geheimnisse stecken dahinter? Was macht die Erfolgreichen so erfolgreich? Wie hält man Einzug in die Weltklasse und – noch wichtiger - wie bleibt man konstant auf diesem hohen Niveau?

Hast Du Dich schon einmal gefragt, warum ein Spitzenverein wie FC Bayern München, FC Barcelona oder Manchester United auf Elite-Niveau spielt und warum andere Vereine das nicht schaffen? Was unterscheidet einen Weltklasse-Fußballer vom Durchschnittsspieler? Was machen die Besten anders als alle anderen? Kennst Du deren Erfolgsgeheimnisse? Nein? Würdest Du sie gern kennenlernen und mal einen Blick hinter deren Kulisse werfen?

Um eines vorweg zu nehmen: Es sind in allen Lebensbereichen die gleichen Aspekte, die Gute von Schlechten, Erfolgreiche von weniger Erfolgreichen, Reiche von Armen und letztendlich sogar Gesunde von Kranken unterscheiden. Erfolgreiche Spitzen-Unternehmen wenden die gleichen Gesetze an wie die weltbesten Fußballprofis und finanzstärksten Vereine dieser Welt. Das glaubst Du nicht? Zugegeben, es klingt verrückt, doch es ist simpel und plausibel. Lass Dich überraschen, ich werde es in diesem Buch erklären.

Du möchtest erfolgreich sein, den nächsten großen Schritt nach vorn gehen, in die nächste Erfolgsrunde Deines Lebens starten? Du willst nicht Kreisliga, sondern Champions League spielen? Dann bist Du hier richtig. Es ist mir ein besonderes Anliegen, erfolgshungrigen Menschen die Geheimnisse zu erklären, die sie brauchen, um in der Spitzenliga zu spielen. Finde heraus, was in Dir steckt. Wenn Du das wertvolle Potential in Dir optimal einsetzen und nutzen kannst, gelingt Dir der Eintritt in die Weltklasse. Ich möchte Dich auf Deinem persönlichen Erfolgsweg begleiten, den Weg nach oben mit Dir zusammen gehen. Egal, ob Du Fußball-Fan bist oder selbst aktiv spielst, jeder kann die Erfolgsstrategien der Profispieler und besten Mannschaften der Welt auf sein eigenes Leben übertragen und für sich nutzen.

Die Geheimnisse des Sports machen Dich erfolgreicher, ausgeglichener, effektiver und glücklicher. Ziel ist es, finanziell und persönlich frei zu sein. Sorgenlos. Glücklich. Unabhängig. Stark. Die Erfolgsregeln, die ich in diesem Buch vorstelle, sind Grundlagen, Dich als Persönlichkeit wachsen zu lassen. Du wirst sehen, wie Deine Gesundheit in purer Vitalität erstrahlt, Deine Beziehungen zu Partner und Freunden intensiver werden und sich letztendlich Dein Kontostand so positiv entwickelt, wie Du es Dir erträumst. Du glaubst nicht daran? Dann lies weiter. Du wirst staunen. Die Welt des Sports, speziell des Fußballs zu analysieren und in kleinste Einheiten zu zerlegen ist ungewöhnlich, spannend und aufschlussreich. Jedes Detail ist ein Puzzleteil, das Dein Leben zum Positiven verändern wird.

Hinter jeder Deiner Handlungen stehen Menschen. Der wichtigste bist Du! Du richtest alles, was Du tust, an andere Menschen. Damit willst Du etwas erreichen, sei es eine Botschaft senden, ein Ergebnis erzielen oder etwas bekommen. Das ist oft so im Sport, Beruf und privaten Bereich. Menschen stehen im Blickpunkt unseres Handelns. Ich zeige Beispiele aus dem Sport: Wo sonst kann man Ergebnisse, Niederlagen und Siege so klar voneinander abgrenzen? Die Höhen und Tiefen eines Spielers, einer Mannschaft und damit sinnbildlich die Höhen und Tiefen des Lebens, spiegeln sich im Fußball 1:1 wieder. Wo sonst – außer im Sport - hat man diese ungebändigte, mitreißende Leidenschaft? Wie ausdrucksstark zeigt der Jubel über ein Tor die geballte Lebensfreude? Siege und Niederlagen beim Fußball rufen extrem intensive Emotionen hervor, bei den Sportlern wie bei den Zuschauern.

Übertragen auf das tägliche Leben stellt sich die Frage: Mit welchen Emotionen lebst Du? Kennst Du leidenschaftlichen Momente voller ungebändigter Freude? Hast Du Spaß daran, Deine Erfolge zu feiern? Freust Du Dich wie ein Schneekönig, wenn Du zur Arbeit gehen darfst und Dich an Deinen Schreibtisch setzt? Schau Dir die Gefühle und die Leidenschaft der kämpfenden, jubelnden, siegreichen, aber auch manchmal leidgeplagten Fußballer an. Versuche, daraus zu lernen. Was denkst Du, würden intensive, leidenschaftliche Gefühlsmomente Deinen Alltag bereichern?

Was genau können wir von den besten Fußballern und erfolgreichsten Sportlern der Welt lernen? Oder von denen, die in der Champions League spielen? Was lernen wir von deren Persönlichkeit, Job, Beziehungen, ihrer Gesundheit und, als Folge dessen, auch von deren Welt der Finanzen? Wenn wir genau hinsehen, sehen wir die Balance zwischen allen Aspekten ihres Lebens. Ausgeglichenheit in Körper, Geist und Seele. Das ist, was die Allerbesten haben: Es sind in sich ruhende Persönlichkeiten. Natürlich gibt es Ausnahmen, aber die werden in der Regel beim kleinsten Anlass von den Medien ausgeschlachtet. Die Mehrheit der Topsportler ist in den Medien wegen guter Leistungen und nicht aufgrund irgendwelcher Skandale präsent. Das ist die Folge ihrer Geisteshaltung als Champion, auch Mindset genannt. Stimmt das Mindset, stimmen die Handlungen. Was das konkret bedeutet, und vor allem, wie Du das für Dich nutzen kannst, beschreibe ich in diesem Buch.

Emotionen, Leidenschaft, Siege, Niederlagen, Meisterschaft, Weltmeister oder Europameister? Kein anderer Sport als „König" Fußball polarisiert mehr. Millionen von Menschen fiebern mit ihren Stars, mit ihrem Team, mit ihrem Land. Spätestens dann, wenn es auf die Fußball-Weltmeisterschaft oder Europa-Meisterschaft zugeht, spalten sich die Geister. Während des Wettbewerbs herrscht Ausnahmezustand; alle Uhren ticken anders, Wertigkeiten verschieben sich. Gewinnen unsere Favoriten, verankern wir Flaggen am Auto, schminken unsere Gesichter nach alter Indianertradition in den Länderfarben. In Deutschland Schwarz-Rot-Gold. Selbst Menschen, die Fußball wenig abgewinnen können, werden zu enthusiastischen Patrioten und wollen auch Teil des Spektakels sein.

Was genau ist es, was diesen positiven Fanatismus, diese ungebändigten Gefühle, diese absolute Identifikation mit dem Sport, den Spielern und Mannschaften in uns hervorruft? Kaum einer kann sich davon freimachen. Ungebremste Fußballeuphorie erlebten in Deutschland 2014 während der Weltmeisterschaft mehr als 40 Millionen Menschen. Jeder auf seine Weise. Sie wurde tagelang ausgelassen gefeiert. Glückshormone flossen bei allen Fans in Strömen; fast jeder im Land war überglücklich über den Sieg.

Doch Fans freuen sich nicht nur während der Weltmeisterschaft über Siege. Die deutsche Fußball-Bundesliga ist unglaublich beliebt. Die an die Vereine gezahlten TV-Gelder und Zuschauer-Einnahmen steigen stetig. Ein kontinuierliches Wachstum, wie es sich jedes Unternehmen wünscht.

Warum identifizieren wir uns mit Sport und besonders mit Fußball? Ganz einfach: Es sind die großen Emotionen, die uns mitreißen. Es ist der Wunsch Teil des Ganzen zu sein, dazu zu gehören. Fans spielen im Fußballspektakel eine ganz große Rolle. Ohne Fans wäre Fußball nichts. Sie und ihr Applaus sind die Butter auf dem Brot der Spieler. Unverzichtbar! In diesem Buch erkläre ich dieses Phänomen. Ich habe es als Fußballer selbst erlebt. Für mich gibt es keine andere Sportart als Fußball, deren Regeln sich so perfekt auf Erfolg oder Misserfolg übertragen lassen. Es sind die Siege, Niederlagen, Meisterschaften, Perspektiven und Ziele, die mein Fußballerleben lebenswert gemacht haben. Es ist die Sehnsucht nach Erfolg, Anerkennung, Macht und Freiheit, die uns Menschen inneren Antrieb geben. Viele Menschen würden gern viel erreichen, ohne etwas dafür zu tun, ohne sich anstrengen zu müssen. Disziplin üben? Trainieren? Nein, Danke! Doch so funktioniert das Leben leider nicht.

Wie sehen Deine Wünsche und Träume aus? Welchen täglichen Wettbewerb bestreitest Du? Mit oder gegen wen? Wie lautet Deine Herausforderung? An welchem Meistertitel arbeitest Du? Welches Training unterstützt Dich dabei, Deine Herausforderungen zu meistern? Ich weiß aus meiner eigenen Erfahrung: Der Fußball schreibt ganz verrückte Geschichten und ich frage Dich: Welche Geschichten schreibst Du? Der Fußball zeigt, wie Du, wie jeder von uns, sein Leben erfolgreich meistern kann. Doch man muss richtig trainieren, die entscheidenden Spiele gewinnen und den Gegner besiegen. Letztendlich bist Du wie ein einzelner Spieler, der täglich darum kämpft, aus der Kreisliga ins Rampenlicht der Champions

League zu kommen. Und auch das ist meine Erfahrung. Alleine bist Du machtlos. Du brauchst ein funktionierendes Team.

Jeder Mensch will glücklich sein. Glück bedeutet Freiheit, Erfolg und Spaß. Runtergebrochen auf das Wesentliche ist es genau das, was wir an erfolgreichen Fußballern bewundern. Sie werden wahrgenommen. Sie werden respektiert. Sie bekommen Applaus und Anerkennung. Woche für Woche. Jahr für Jahr. Auch Du gehst Deinen Lebensweg, jeden Tag, Schritt für Schritt, teils auf asphaltierten Straßen, teils auf unwegsamen Gelände mit Höhen und Tiefen, Hindernissen und Stolpersteinen. Das Leben besteht aus Spielen und Trainingseinheiten, Siegen und Niederlagen. Wenn Du gesund, vital, körperlich und geistig fit bist, hast Du die gleiche Kraft und Energie wie ein Top- Fußballer.

Ein erfolgreicher Fußballstar verdient mit seinem Sport sehr viel Geld. Er ist finanziell frei. Er hat seine Passion zum Beruf gemacht. Doch das war harte Arbeit. Finanzieller Erfolg und finanzielle Freiheit ist immer Folge vieler zuvor getätigter Handlungen und Verhaltensweisen. Was denkst Du, was machen die grandiosen Spieler vom FC Bayern München oder Borussia Dortmund, die jedes Jahr um begehrte Titel spielen, anders als jene Spieler, die in der Kreisliga zu Hause sind? Was unterscheidet den FC Bayern von einem Viert-Ligisten? Wie kann er mit dieser unglaublichen Kontinuität so lange erfolgreich sein? Welche Eigenschaften brauchen hervorragende Fußballer und Vereinsbosse, um auf der Erfolgsspur zu bleiben? Ich verrate es Dir und damit lüfte ich die größten Geheimnisse der Sportwelt. Die besten Fußballer, Sportler, Vereine, Unternehmer, Politiker und historische Weltmänner haben ihre eigenen Lebensgesetze und Erfolgsgeheimnisse. Wer sie kennt, wird erfolgreich und persönlich und finanziell frei sein. Du musst sie nur richtig und konsequent anwenden.

Dein täglicher Arbeitsplatz ist nicht das Fußballfeld, doch ich bin sicher, Du hast auch einen Trainingsplatz, der Dich täglich erwartet. Deine Teamkameraden und Mitspieler sind Arbeitskollegen, Vertriebskollegen, Angestellte, Dein Teammanager ist Dein Chef. Du bestimmst selbst das Spielfeld, auf dem Du Dich bewegst. Jeden Tag neu. Die Frage ist nur: Ist Dein Spielfeld ein Ascheplatz mit fünf Zuschauern oder ein famoser grüner Rasenteppich, auf dem

Du Tausende von Menschen begeisterst? Inszenierst Du gekonnt jede Aktion und ziehst Du die Zuschauer und Mitspieler in Deinen Bann? Bestimmst und gestaltest Du das Spiel Deines Lebens selbst?

Ich bin sehr glücklich, Dir in meinem Buch die Erfolgsgeheimnisse der Stars und Profifußballer zu verraten. Sie werden Dich beflügeln, motivieren, andere Blickwinkel aufzeigen. Ich liefere Dir Beweise dafür, dass Du mit sportlichen Erfolgsregeln ein besseres, erfolgreicheres und spannenderes Leben führen kannst. Meine Bilder und Vergleiche mit den erfolgreichen Fußballern und dem Management großer Vereine erlauben Dir den Blick hinter die Kulissen. Wirst Du daraus Rückschlüsse ziehen können, wie es hinter Deinen eigenen Kulissen aussieht? Spiegeln sie Deine Träume, Visionen und Ziele wieder? Lass uns gemeinsam Deine Welt analysieren und sie stark machen. Du brauchst einen Trainingsplan, damit Deine Träume Wirklichkeit werden.

Ich wünsche Dir maximalen Erfolg auf Deinem Weg zum besten Spieler, der Du in diesem Leben sein kannst. Es ist mir ein Bedürfnis, dass Du Deine Potenziale ausschöpfst, dafür trainierst, so dass Du Dich eines Tages selbst feiern kannst, wenn Du es geschafft hast. Das Leben hält alles für Dich bereit: Siege, Niederlagen, Meisterschaften, Testspiele, Trainerkarriere, Management, Verletzungen, Krankheiten, Verträge, Finanzen und Verkäufe. Du entscheidest, wie Du Deinen Kurs steuerst, wie Du Chancen und Gelegenheiten erkennst und sie wahrnimmst. Du bist der beste Spieler in Deinem Leben, niemand sonst. Du allein trägst die Verantwortung für Dein Training, Deine Mannschaft und Deinen Erfolg. Starte jetzt das Spiel Deines Lebens.

Wenn Du willst, begleite ich Dich dabei.

Dein Freiheitstrainer®
Andreas Klar

Kapitel 1:
Wer bin ich und warum schreibe ich dieses Buch?

Schon früh in meiner Kindheit, als kleiner Racker mit vier Jahren, begleitete ich meinen Vater am Sonntag auf den Fußballplatz. Dieser Tag stand im Zeichen von Helden der Kreisklasse, und es war der leidenschaftliche Kampf von 22 Spielern von Mannschaften unserer Region. Mein sonntägliches Ziel war es, den Matsch so richtig in mir aufzusaugen, auch wenn meine Mutter es sich gewünscht hätte, dass ich einmal sauber nach Hause komme.

Doch meine Freunde und ich waren nicht zu halten. Enthusiastisch haben wir jede Sekunde auf dem Bolzplatz neben dem eigentlichen Fußballgeschehen gespielt, gegrätscht, gehalten, gekämpft, geschossen. Die Klamotten sahen danach auch genau so aus und waren abends völlig hinüber. Doch es war für uns der Beweis, dass wir alles gegeben haben, so wie die Großen. Damals habe ich gelernt, ich darf auch mal verlieren, aber ich darf mir niemals den Vorwurf machen, dass ich nicht alles gegeben habe. Die Leidenschaft für Fußball war größer als sich benehmen, saubere Kleidung, schulische Ansprüche, ja sogar größer als alles Andere in meinem Leben. Weil ich es mit der Zeit immer cooler fand, mit Matsch überzogen nach Hause zu kommen, entschied ich mich schon im Alter von sieben Jahren, Torwart zu werden. Was gibt es Schöneres, als im Flug den Ball zu halten, sich das Objekt der Begierde zu schnappen und den Torerfolg des Gegners zu verhindern? Nix da – der Ball gehört mir!

Meine Kindheit war geprägt vom wilden Sport-Erleben. Mein Schulranzen flog fix in die Ecke und ich war weg. Die Frage meiner Eltern, wohin ich gehe, war völlig überflüssig. Mich konnte keiner halten. Unser Bolzplatz war ein Matschplatz, auf dem wir Jungs jeden einzelnen Buckel und jede Unebenheit kannten. Die Zeit am Nachmittag zwischen drei und sechs war unser Leben. Jeden Tag.

Spielen und Training war Leidenschaft pur, inmitten einer kleinen 500-Seelen-Gemeinde. Imposant, wie wir unsere Fußballstars imitieren konnten. Jeder von uns hatte sein eigenes Idol: Meines war Gerald Ehrmann, Torwart und treue Seele des 1. FC Kaiserslautern, von manchen „Tarzan" genannt.

Wenn ich im Stadion auf dem Betzenberg in Kaiserslautern die Fans beim Einlauf der Spieler „Ehrmann, Ehrmann" brüllen hörte, wuchs in mir der heimliche Traum, dass es eines Tages vielleicht „Andy, Andy!" heißen könnte. Das war mein Antrieb, meine Motivation, mein Ziel, für das ich lebte. Das wurde zu meiner Welt. Um dem Kraft zu geben, simulierten wir – jeder für sich – unsere Stars in der kleinen Ortsarena. Wir spielten täglich, lernten von den Älteren, die gönnerhaft mit uns trainierten und schauten so viele Bundesligaspiele wie möglich an. Wir Jungs liebten diesen Sport.

Als dann 1990 im WM-Endspiel in Rom zwischen Deutschland und Argentinien die deutsche Nationalmannschaft Weltmeister wurde, wuchs meine Euphorie ins Grenzenlose. Jetzt kam alles zusammen: Die Freudentränen über den deutschen Erfolg, der Stolz auf das eigene Land und seine Fußballhelden, mein Traum und die Vorstellung, eines Tages selbst vom Fan zum Protagonisten zu werden. Das alles trieb meinen sportlichen Ehrgeiz an. Genau das war es, was ich wollte: In großen Stadien spielen, ein Star werden, Siege feiern. Das Bild formte sich in mir, wurde überdimensional präsent und ließ sich nicht mehr verdrängen.

Wie ein Wunder wurde ich, trotz meiner kleinen Körpergröße - mit 13 Jahren 1,50 m groß - in die Kreisauswahl berufen. Was für ein Erfolg! Sie hatten mein Talent erkannt, endlich! Das war das mögliche Sprungbrett für einen talentierten Kicker, dachte ich. Doch als Grünschnabel, als schusseliger, unbedarfter und nervöser Nachwuchstorwart vergaß ich eines Tages bei einem Turnier verschiedener Landesverbände zu Hause meine Fußballschuhe. Mein Trainer sprach mit wenigen Worten ein vernichtendes Urteil, das mir eine lebenslange Lehre sein sollte: „Du hast die falsche Einstellung, um ein Großer zu werden". Das saß! Er berücksichtigte mich ab sofort nie wieder und ließ mich einfach links liegen. Später argumentierte er noch, ich sei zu klein. Dabei war ich doch in meinen Gedanken und Vorstellungen schon so groß!

Für mich war das die erste Niederlage in meinem Fußballerleben. Ich kam schnell darüber hinweg. Ich liebte Fußball einfach zu sehr, als dass ich mir darüber Gedanken machte. Dann kam auch schon die nächste Herausforderung. Die Umstellung vom kleinen Jugendtor (5m x 2m) auf ein großes Fußballtor (7,32m x 2,44m) war für mich mit meiner 1,50 m Körpergröße eine Riesensache. Es gab Jungs in meinem Alter, die schon deutlich größer waren. Blöd, ich wuchs einfach nicht und wurde immer weniger beachtet. Ich musste immer mehr tun und besser sein als andere, um überhaupt gesehen zu werden. Echt eine harte Zeit. Doch auch wenn man mich aus sämtlichen Auswahlmannschaften warf, mir sogar in meinem eigenen Verein andere Spieler vor die Nase setzte, konnte mir niemand den Spaß am Fußball nehmen.

Ich ging einfach meinen Weg. Stur. Unbeirrt. Zuversichtlich. Höhen genoss ich, Tiefen trieben mich an. „Ich höre doch nicht auf, weil ein paar Deppen mich nicht als talentiert erachten! Wo käme ich denn da hin?" So erlebte ich eine Jugendfußball- Laufbahn, die zwar nach außen nicht sonderlich erfolgreich, doch für mich sehr bereichernd war, denn ich erlebte viele schöne Dinge mit interessanten Menschen. Freunde, der Spaß und die Leidenschaft mit den Mitspielern, Vertrauen, das alles hat mich sehr geprägt. Lernen und Disziplin mit den Trainern. Stets war ich ein Teil eines funktionierenden Systems, Teil eines Teams und Vereins. Wir waren Jungs, die zusammenhielten. Ich habe daraus viel für mich gelernt und heute ist das der Grund, warum ich allen Eltern empfehle, ihren Kindern Teamsport nahezubringen.

Es gab auch verrückte Erlebnisse. Als 16-jährige pubertierende Jünglinge und damals Tabellen-Zweiter sind wir eines Tages mit zehn Spielern, also einer zuwenig, zu einem Spiel zum Tabellen-Ersten gefahren. Wir, damals die kleine, fast unbedeutende und vor allem, nicht unbedingt zu fürchtende Mannschaft der JSG Hetzerath/Föhren, traten beim großen, Respekt einflößenden Verein SV Morbach an. Die hatten tolle Talente! Leider sollte ich nicht spielen, denn ich hatte mir das Knie verdreht. Zu allem Übel verletzte sich der Ersatztorwart unserer Mannschaft vor dem Spiel so schwer, dass er auch nicht spielen durfte. Wir waren verzweifelt. Ohne Torwart, das geht ja gar nicht. Um das Spiel zu retten, entschied ich mich trotz Verletzung zu spielen. Meine Mutter weiß das bis heute noch nicht, und mein Vater hat mich nie verraten.

Er war damals Trainer und wie ich der Meinung, ich könne die tolle Truppe doch nicht einfach hängen lassen. Ohne meine Ausrüstung, in dünner Jogginghose, zerrissenen Torwarthandschuhen und lädiertem Knie wagte ich mit nur neun verbliebenen Kumpels in der Mannschaft als „Ritter aus Leidenschaft" zu spielen. Glaube es oder nicht, getreu dem Motto: „Einer für Alle und Alle für Einen" haben wir den großen Gegner bezwungen und mit zwei Spielern weniger die Tabellenführung erreicht.

Das war ein Sieg! Der erste große Schritt für uns. Ein paar Spiele später konnten wir den Aufstieg feiern. Sich durchbeißen. Kämpfen. Nicht aufgeben. Ein Sieg dank Eigenschaften, die mich von da an mein ganzes Leben begleiten sollten. Ich habe auf dem Fußballplatz die Dinge gelernt, die jeden Menschen erfolgreich machen: Disziplin, Ehrgeiz, Durchhaltevermögen, Glaube und Spaß. Darauf werde ich später intensiv eingehen.

Einfach nur Fußball spielen, mehr wollte ich damals nicht. OK, zugegeben: Jedes Spiel zu gewinnen und kein Gegentor zu bekommen, war mir auch wichtig! Dann, mit 17, passierte etwas völlig Verrücktes. Ich besuchte auf Impuls des Jugendleiters das Training eines deutschen Fünft- Ligisten. Dort habe ich einen so guten Eindruck hinterlassen, dass man mich sofort verpflichtete. Mit allem Drum und Dran: Man entschädigte sogar Kilometer-Spesen mit einem deutlichen vierstelligen D-Mark–Betrag. WOW! So schnell ging das also. Aus der Jugendmannschaft in die fünfte Liga, zum SV Klausen, bei dem damals schon Spieler waren, die in der 2. Bundesliga gespielt hatten. Das imponierte mir. Ich wurde Teil des Ganzen, auch wenn ich es vor lauter Glück gar nicht fassen konnte. Sogar in der regionalen Tageszeitung waren Bilder von mir!

Natürlich wollte ich weiter lernen, besser werden, doch schon am zweiten Spieltag war es vorbei mit Lernen und Eingewöhnen. Man erklärte mir, ich sei nicht mehr Nummer zwei, der Nachwuchstorwart, sondern ich bekam vom Trainer die Chance, mich zu beweisen. Ich durfte ins Tor gehen. Mit 1:7 war mein Debüt dann allerdings keine Glanzleistung, aber beste Leistung brachte keiner an diesem Tag aus der Mannschaft. War das ein Grund, den Kopf in den Sand zu stecken? Nein, so ein Quatsch! Abhaken, weitermachen und sich auf das nächste Spiel konzentrieren. Aller Anfang ist schwer. Der Blick zurück in die Vergangenheit ist beim Fußball nicht konstruktiv, auch das habe ich damals gelernt. Beim zweiten Mal lieferte ich ein tadelloses Spiel ab. Ohne Gegentor gab´s ein 0:0.

Alles ging so lange gut, bis die älteren Spieler anfingen, gegen den Trainer zu agieren und ein böses Spiel zu spielen. Ich war zu jung, um das zu durchschauen oder gar mitzuspielen. Doch, im Team heißt es „Mit gehangen, mit gefangen". Der Verein verpflichtete nach nur zehn Spielen einen neuen Trainer, der - aus welchen Gründen auch immer - auf mich keine Rücksicht nahm. Er behandelte mich wie Luft und ich wurde nur zu Trainingszwecken eingesetzt. Bitter, doch ich jammerte nicht, sondern nutzte jedes Training, um auf hohem Niveau zu trainieren und mich zu verbessern. Ich tat es für mich, für niemanden sonst. Logisch, dass ich meine Zukunft nicht mehr bei diesem Club sehen konnte. Am Saisonende verabschiedete mich der Trainer mit den höhnischen Worten: „Ach Andreas, Du wirst nie höher als Kreisliga C spielen." Ich habe nie durchschaut, warum er mich nicht mochte und ich ihn nicht überzeugen konnte. Doch so traurig mich seine verletzenden Worte auch machten, gleichzeitig trieben sie mich an und motivierten mich. Mein Ehrgeiz packte mich wie nie zuvor. Nur, weil ein einziger Mensch mich so sah, musste das doch nicht heißen, dass es so ist. Dem würde ich es zeigen!

Im Jahr darauf ging ich erst einmal zurück in die sechste Liga. Meine Leistungen wurden konstant gut, dass ein regionaler Ritterschlag erfolgte: Mit 19 Jahren, im Frühjahr 1999 erhielt ich einen Anruf des damaligen Drittligisten FSV Salmrohr, der viele Profifußballer in seinen Reihen hatte. Man sei auf der Suche nach einem talentierten Torwart und man würde mich gerne zum Probetraining einladen, hieß es. Für mich fühlte sich das so an wie das Hinauffallen auf einer Karriereleiter, gleich um drei Stufen auf einmal. Ich weiß es noch wie heute, die Bedingungen des Probetrainings waren alles andere als profihaft und eine Bauernwiese diente als Fußballplatz. Doch mir war es egal, denn für mich ging es darum, mein

Allerbestes, nein, noch viel mehr, zu geben. Mit den Topstars der Region, mit ein paar Erstliga-Profis und ehemaligen Zweitliga-Spielern, durfte ich zeigen, was ich konnte. Diese Spieler waren treffsicher, cool, abgezockt.

Eine andere Welt! Die Welt, die ich mir wünschte. Ich stand als Torwart unter Dauerbeschuss. Mit unsagbarem Biss, Kampf, Ehrgeiz stand ich im Tor. Meine Chance! Zum ersten Mal in meinem Leben merkte ich, dass in mir auch noch jemand anders wohnte: ein wildes Tier. Nach einer Stunde Training kam der Torwarttrainer zu mir. Ich kannte ihn, er war einmal eine regionale Torwartgröße, Axel war sein Name. Ein Typ wie Gerald Ehrmann oder Oliver Kahn, der zu dieser Zeit schon einer der Besten und mein absolutes Vorbild war. Axel, breites Kreuz, kühle Mimik, hin und wieder wild gestikulierend, unwahrscheinlich präsent. Er war autoritär und sprach kurz angebunden: „Auf die Knie!" „Ich? Wie? Warum?", war meine Frage. „Auf die Knie, aufrecht!" Ich folgte der Anweisung und er postierte sich zweieinhalb Meter in voller Größe vor mir auf, nahm einen Ball und feuerte ihn mir mit enormer Wucht entgegen, mitten ins Gesicht.

Ich wusste nicht, wie mir geschah und war völlig unfähig zu reagieren. Was für ein Schmerz! Der Ball war voll eingeschlagen. Axel zeigte keine Reaktion. Schaute mich fragend an, ohne zu fragen „Was willst du?" Ich wusste, ich hatte genau zwei Möglichkeiten: Aufhören und jammern oder Zähne zusammenbeißen und beweisen, was ich kann. Mein Inneres hatte längst die Entscheidung getroffen: „Schieß, A...loch, " dachte ich. Es kamen noch einige dieser harten Bälle, auf die ich immer besser reagieren konnte, und auf die ich mich mehr und mehr freute. Wenn man einmal den Bogen raushat, reagiert man schnell, sicher und professionell. Es kam dem Training eines Boxers gleich. Es war grandios.

Noch am selben Abend unterschrieb ich den Vertrag beim Präsidenten. Das war das Ergebnis: Ich hatte nicht aufgegeben, war ehrgeizig und lernwillig. Meinen späteren Torwarttrainer hatte das tief beeindruckt, wie er mir bei einem zufälligen Treffen kürzlich versicherte. Bevor ich weitererzähle, lass mich Dich kurz fragen: Wie ehrgeizig bist Du? Wie lernbereit bist Du? Kannst Du Dich durchbeißen wie ein erfolgreicher Fußballer?

In der folgenden Saison bekam ich Individualtraining, durfte sogar auf Vereinskosten Extratrainings im Fitnessstudio einlegen. Ich spielte zuerst in der zweiten Mannschaft des FSV Salmrohr. Da waren mir die erfahrenen Spieler noch etwas voraus und ich wollte das aufholen. Aber nach einem halben Jahr war ich soweit, voll fit und durfte zum ersten Mal im großen Stadion dabei sein. Das erste Mal in einem großen Spiel gegen den großen 1.FC Saarbrücken mit seinem damaligen Trainer Klaus Toppmöller vor 4.000 Zuschauern. Ich war zwar nur auf der Ersatzbank, aber immerhin war ich mit dabei. Das ist mir in meiner jugendlichen, überschwänglichen Freude gleich zu Kopf gestiegen und ich feierte so ausgiebig, dass ich am folgenden Morgen beim Mannschaftstraining mit einer Alkoholfahne auftauchte. Was für eine Dummheit! Die älteren Spieler ließen das nicht durchgehen: „Du stellst Dich verletzt oder wir verpetzen Dich beim Trainer, dass Du noch besoffen bist!" Ehrlich, das ist mir nie wieder passiert. Mir wurde klar, dass in dieser Klasse mit ganz harten Bandagen gekämpft wird. Nach außen waren wir ein Team, nach innen gab es eine brutale Hierarchie und strengste Regeln. Ok, das sollte ich auch noch hinkriegen.

Genau drei Wochen später, an einem Samstagabend besuchte mich unser Trainer zuhause und fragte mich, ob ich mir es zutraue, morgen Sportfreunde Siegen zu schlagen? „Wie? Ich? Ja klar" Es war soweit. Mein Trainingsfleiß, mein Glaube an mich, mein Spaß für den Fußball zahlte sich genau in diesem Moment aus. Jetzt spielte ich gegen Fußballgrößen wie Miroslav Klose, Christoph Metzelder, Paul Freier, Roman Weidenfeller, Ingo Anderbrügge und war stolz wie Oskar, dass ich dazu gehörte.

Mein Traum, vor tausenden von Zuschauern zu spielen, wurde endlich wahr. In Düsseldorf waren es 10.000, in Dortmund 3.000, in anderen Spielen regelmäßig 4.000 Menschen, die mir zusahen. Es waren tolle Spiele, traumhafte Erfahrungen und mein Leben als Profispieler mit zwei Trainings pro Tag war endlich Wirklichkeit geworden. Doch wie es im Fußball ist, wurde wieder mal ein Trainer entlassen und sein Nachfolger Siegfried Melzig, musste auch nach acht Wochen seinen Hut nehmen. Ich habe gelernt, was es bedeutet, wenn eine Mannschaft gegen ihren Trainer spielt. Das ist eine Katastrophe! Was das genau bedeutet, und welche Auswirkungen das auf Business im richtigen Leben haben kann, lehre ich den Teilnehmern meiner Seminare. Du bist herzlich dazu eingeladen.

Es kam also wieder ein neuer Trainer in unsere Mannschaft, leider einer, dem meine Nase und meine jugendliche Art nicht passte. So schnell geht das. Er gab mir unmissverständlich zu verstehen, dass er in mir keine langfristige Perspektive für den Verein sieht. Das war das Aus in diesem Verein. Um nicht auf der Ersatzbank versauern zu müssen, wollte ich wechseln. Leider waren meine Erfolge und mein Name noch nicht so groß, dass man mich mit Angeboten überhäufte. Aber ich wollte aus dem regionalen Niemandsland des Fußballs ausbrechen und in größere Fußballmetropolen Deutschlands kommen. Das gestaltete sich extrem schwierig und endete damit, dass ich schließlich für den ambitionierten Fünft-Ligisten TUS Mayen spielte. Dort bin ich dann ziemlich eindrucksvoll in 34 Spielen und mit nur 20 Gegentoren in die vierte Liga aufgestiegen. Ein junges, nach Erfolg lechzendes Team, das für jeden Sieg hart kämpfte. Gleichzeitig musste ich meinen Zivildienst ableisten, aber den konnte ich gut mit dem Fußball verbinden. Mit 20 Jahren, als Stammtorwart in der vierten Liga brachte ich es zu einem schönen vierstelligen Betrag auf meinen Lohnzettel. Ich wollte aber mehr. Meine Vision war es, bei Testspielen in großen Vereinen wie dem 1.FC Köln oder Borussia Mönchengladbach aufzufallen. Der Duft der großen Fußballbühne zog immer mehr durch meine Nase.

Die Saison in der vierten Liga startete super, Erfolg auf der ganzen Linie, bis zu dem Spiel, als mich erstmalig der Verletzungsteufel ins Visier nahm. Wir lagen im Match gegen den ehemaligen Bundesligisten FC Homburg nach 70 Minuten schon 3:0 vorne, als mich ein einzelner Gegenspieler anvisierte und direkt auf mich zulief. Ich konnte ihn nicht stoppen und er schoss das erste Gegentor. Irgendetwas war bei meinem harten Körpereinsatz passiert, meine Schulter und mein Arm machten nicht mehr so, wie ich wollte. Es war ein übler, mehrfacher Bänderriss in der Schulter, der mir bis heute noch Probleme macht. Ich war aus dem Rennen. Der Verein musste einen neuen Torwart verpflichten. Man verabschiedete sich emotionslos. Aus. Vorbei. Wie ein Schlag ins Gesicht. Jetzt, wo ich mir regional einen Namen gemacht hatte, ein Image als Spitzentorwart aufgebaut hatte, war es von einem zum anderen Tag vorbei.

Ich wollte retten, was zu retten ist und unterschrieb – dank meines ehemaligen Trainers Siegfried Melzig – einen Halbjahresvertrag beim etwas schwächelnden Liga-Konkurrenten SG Eintracht Bad Kreuznach, der allerdings ganze 130 Kilometer von zu Hause weg war. Damit fingen die Probleme an. Ich konnte meine begonnene Ausbildung zum Versicherungskaufmann und meine Verpflichtungen als Spieler nicht vereinbaren und vernachlässigte meine Ausbildung.

Das Ganze war ein Spiel mit dem Feuer, auch sportlich gesehen. Vier Tage in der Woche verbrachte ich in einem Hotel in Bad Kreuznach, zusammen mit vier anderen Profispielern des Vereins. Zu viert kannst Du nicht viel trainieren, maximal zum Laufen gehen oder in den Fitnessraum. Das magere Vormittagstraining gab sportlich nicht allzu viel her. Ich hatte jede Woche Kontakt mit Jürgen Klopp und Testspiele jeden Dienstag gegen die B-Mannschaft des FSV Mainz 05. Doch meine Zeit war einfach zu knapp und ich versuchte mich nach allen Seiten zu zerreißen. Das tat nicht gut. Dennoch setzte ich mich fußballerisch durch, spielte für den neuen Club mein bestes Spiel. Doch die innere Zerrissenheit hatte Folgen. Ich war unkonzentriert und eines Abends nach einem Abschlusstraining flog ich mit dem Wagen meines Vaters bei Tempo 120 auf einer Bundesstraße aus der Kurve und verunglückte.

Ich hatte Glück im Unglück und jede Menge Schutzengel. Neben meiner schon lädierten, nicht heilen wollenden Schulter hatte ich nun auch noch ein Schleudertrauma und eine leichte Gehirnerschütterung. Davon sagte ich nur meinem Physiotherapeuten etwas und spielte am folgenden Tag gegen den SV Mettlach. Wir konnten das Spiel nicht gewinnen und ich kassierte in meinem unkontrollierbaren Gesundheitszustand zwei Tore. Niemand konnte das verstehen und ich meldete gezwungenermaßen am Montag meinen Unfall.

Die Quittung bekam ich am folgenden Donnerstag in der Mannschaftssitzung: Ich wurde völlig überraschend suspendiert. Das Statement des Trainers: „Wir haben hier jemanden im Team, der glaubt, er könne seine Interessen in den Vordergrund setzen und Superman spielen. Mit Verletzung zu spielen, sie zu verschweigen und das Team damit zu schädigen, unterstützt das Team nicht, sondern schädigt es. Andreas, ab sofort spielst du nur noch zweite Mannschaft. Trainieren brauchst Du mit uns nicht mehr."

Das war also der Dank dafür, dass ich dem Team helfen wollte. Aber ich hatte einen Arbeitsvertrag bei diesem Verein, den ich erfüllen musste. Harte Wochen, in denen ich die Region in maximal 20 Kilometern Umkreis von Bad Kreuznach kennenlernen sollte und zu weiteren Spielen nahmen sie mich nicht mehr mit. Das Einzige, was mich noch interessierte, war dass die erste Mannschaft den Klassenerhalt schaffte. In meinem Vertrag war nämlich dafür eine sehr nette Summe fixiert. Die kassierte ich noch und betrachtete das als Schmerzensgeld für mich.

In dieser Zeit wurde mir schmerzlich bewusst, dass ich nicht mehr in der Lage sein würde, meinen großen Traum, ein Fußballstar zu werden, zu realisieren. Meine körperliche Einschränkung mit der Schulter ließen nicht mehr als drei Trainings pro Woche zu. Ich fragte mich, will ich das wirklich noch, nach allen diesen bitteren Erfahrungen? Einen Sport zu machen, in dem Spieler gegen ihren Trainer spielen, in dem Fehler nur selten verziehen werden und in dem Menschen so brutal schnell austauschbar sind? Ein Sport, in dem Spieler manchmal wie Sklaven behandelt werden, in dem sogar, forciert durch Berater, moderner Menschenhandel betrieben wird? Mir wurde schmerzlich bewusst, dass es Zeit wurde, mich von meinem Traum zu verabschieden. Sachlich. Realistisch. Ohne große Emotionen. Das fiel mir nicht leicht und dauerte ein paar Jahre. Meine angeschlagene Gesundheit stand mir zu lange im Weg. Es half sogar nichts mehr, dass Jürgen Klopp mich aufbauen wollte: „Ich würde Dich am Saisonende ja nach Mainz holen, aber wir sind im Moment in allen Positionen aufgestellt."

Meine Schulter und Halswirbelsäule ließen nur noch ein amateurhaftes Spielen zu. Ich spielte noch acht Jahre aktiv in allen möglichen Ligen, zwischen dritter Liga und tiefster Kreisklasse war alles dabei. Dann zerschellte der Traum, Profifußballer zu werden, endgültig. Mir wurde klar, ich musste einen neuen Fokus finden, eine neue Aufgabe, ein neues Ziel. Ich gründete zuerst eine Familie. Zusammen mit meiner Frau feilte ich an unserer neuen Zukunft.

Meine starken sportlichen, persönlichen und menschlichen Eigenschaften haben mich nie verlassen. Im Gegenteil, sie ebneten mir am Ende meiner Fußballlaufbahn meinen Weg in die persönliche und finanzielle Freiheit. Die Eigenschaften, die ich schon früh entwickelte, sind Siegereigenschaften. Sie haben mich bis heute, trotz Tiefschlags, erfolgreich gemacht. Sie können das auch bei Dir tun. Die harte Schule des Fußballs, die Erfahrungen als einzelner Spieler in seiner Position gut zu funktionieren und gleichzeitig ein Teamplayer zu sein, lehrten mich, was es braucht, um sich ein erfolgreiches Leben in Bezug auf Beziehungen, Job und Beruf, Finanzen, Gesundheit und Weiterentwicklung meiner Persönlichkeit aufzubauen. Dieses Wissen gebe ich heute weiter. Wenn Du willst, kannst Du von meinen Erfahrungen als Sportler, in denen ich Durchhaltevermögen, Mut, Überzeugung und Taktik gelernt habe, profitieren.

In meiner Fußball-Laufbahn bin ich gestrauchelt und gefallen, aber immer wieder aufgestanden. Ich habe durchgehalten, wenn keiner mehr an mich glaubte, weitergemacht und den Glauben an mich nie verloren. Auch dann, wenn andere mir nichts mehr zutrauten oder mich ignorierten. Ich bin einmal mehr aufgestanden, als ich hingefallen bin. Egal was passierte. Eins konnte man mir nie nehmen: Den Glauben an mich. Ich habe erlebt: Solange Du an Dich glaubst, kannst Du alles erreichen und alle Chancen der Welt nutzen.

Ich habe nie aufgegeben, so lange, bis es durch die schwere Verletzung unmöglich wurde, weiter zu machen. Wer aufgibt, kommt niemals an. Inspiriert hat mich schon ganz früh in meiner Laufbahn *Winston Churchill,* der in einer berühmten Rede 1940 vor seinem Parlament eine Stellungnahme zu den Angriffen der deutschen Bomber und der fast aussichtslosen Lage seines Landes sagen musste: *„Wir werden kämpfen bis zum Ende. Wir werden uns nie ergeben."* Einige Jahre später wurde er von einer Schule zu einem Vortrag eingeladen und man erwartete eine große Rede von ihm. Unter frenetischem Jubel wurde er begrüßt. Alle warteten gespannt. Seine Rede dauerte genau 3 Sekunden: *„Never, never,*

never give up." *(Gib nie, nie, niemals auf!*" Dieser Satz hatte mich so beeindruckt, dass er zu einer der größten Inspirationen meines Lebens wurde.

Heute bin ich mehrfacher Unternehmer. Neben der Akademie für finanzielle und persönliche Freiheit gründete ich vor einigen Jahren mit meiner Frau ein Fitness-Studio. Ich bin außerdem Geschäftsführer eines Finanzunternehmens (Beratung, Consulting, Vermittlung), einer Immobilien-Vermittlungs-gesellschaft und Inhaber weiterer Unternehmen, die sich unter anderem mit Online-Marketing beschäftigen. Bis heute habe ich in meiner beruflichen Laufbahn einige tausend Gespräche zum Thema „Finanz- und Kapitalsituation optimieren", „Sicherheit und Freiheit erwerben" geführt und sehr viel über das Sicherheitsbedürfnis und die Sehnsüchte der Menschen in Bezug auf finanzielle und persönliche Freiheit erfahren. Meine Dienstleistungen sind darauf ausgerichtet.

Von Natur aus bin ich neugierig. Es war mir immer ein Bedürfnis, mich weiterzubilden. Das hatte nach dem Scheitern meines großen Fußballtraums und dem Abschied von der Profisportkarriere oberste Priorität. Mit sportlichem Ehrgeiz absolvierte ich im Schnelldurchgang eine Ausbildung zum Versicherungskaufmann. Anschließend wählte ich parallel zu meinem Vertriebsjob in der Finanzwelt wieder den Sport und absolvierte gemeinsam mit Olympiasiegern und großen Namen aus dem Sport den Studiengang „Sportökonomie" an der European Business School. Meine selbständige Vertriebstätigkeit war bereits so lukrativ und erfolgreich, dass ich damit mein Geld verdienen konnte, um berufsbegleitend zwei weitere Ausbildungen zum Betriebswirt (FH) und Private Real Estate Manager (ebs) zu finanzieren.

Es ist und war mir immer ein großes Bedürfnis, zu lernen, mehr zu wissen, als andere. Besser zu sein, dieses Wissen zu nutzen und genau das zu machen, was ich wirklich will. Etwas, wo meine Leidenschaft liegt. Da in meinem neuen Leben Profifußball fortan wegfiel, suchte ich Alternativen. Ich besuchte mehr als hundert Seminare, persönlichkeitsbildende Symposien und addierte das neue Wissen zu meinen Erfahrungen aus Sport und Leben. Ich habe mehr als 500 Bücher studiert und hatte das Glück, von den besten Trainern, Speakern und Coaches dieser Welt zu lernen und mir Rat holen zu dürfen.

Rechne ich zusammen, was mich diese Weiterbildungsmaßnamen gekostet haben, komme ich auf gut 80.000 Euro. Sehr gut investiertes Geld. Genau genommen sollte das Buch, das Du jetzt in den Händen hältst das „80.000 Euro-Buch" heißen. Dieses gesamte Wissen hat mich dahin gebracht, wo ich heute stehe. Ich bin dank meiner verschiedenen Unternehmen finanziell so unabhängig und frei, dass ich mein Lebenswissen als „Der Freiheitstrainer®" und als Partner eines globalen Coaching- und Mentoring- Business in Zukunft an Menschen wie Dich weitergeben möchte.

Aus meiner persönlichen und meiner erfolgreichen Business-Erfahrung basieren die größten Erfolgsgeheimnisse von Unternehmern, Privatpersonen, Finanzprofis und Elite- Sportlern immer auf einigen elementaren Gesetzen und wenigen wichtigen Eigenschaften. Diese Eigenschaften haben meinen sportlichen, privaten und beruflichen Erfolg geprägt. Sie haben mich zu persönlichen und finanziellen Höchstleistungen gebracht. Ich werde sie Dir verraten. Du kannst ab sofort von meiner Symbiose aus Sport, Business und Privatleben profitieren. Es ist mir eine Ehre, Dich auf Deinem Weg zur persönlichen und finanziellen Freiheit zu begleiten. Mit diesem Buch oder Du buchst mein Coaching oder besuchst meine Seminare. (Mehr Infos: www.andreas-klar.com). Mein Ziel ist es, die Einzigartigkeit derer zu fördern, die sich verändern und ihre besonderen Fähigkeiten und Stärken weiter ausbauen wollen. Es wäre mir eine Ehre, Dich zu mehr Stärke und Erfolg zu führen.

Regel Nummer 1: Du bist einzigartig. Sei stolz auf Dich!

Kapitel 2:
Dein Traum gehört nur Dir

„Es ist ein Privileg, im Leben man selbst sein zu können"
(Joseph Campbell, Musiker)

Oliver Kahn, Christiano Ronaldo, Lionel Messi, Manuel Neuer, Philipp Lahm, Franz Beckenbauer, Pélé...

Die Liste grandioser Fußballer lässt sich beliebig erweitern. Es handelt sich um die Besten, die dieser Sport hervorgebracht hat. Sie alle haben eines gemeinsam: Schon früh in ihrer Kindheit haben sie ihre Liebe zum Fußball entdeckt. Ihr bester Freund aus Leder hat sie für die Strapazen der Schule und des Paukens entschädigt. Sobald sie zu Hause waren, flog der Schulranzen sofort in die hinterste Ecke. Sie tauschten ihn, so schnell es ging, gegen Fußballschuhe und Kicker-Klamotten und nutzten jede freie Minute, um das zu tun, was ihnen am meisten Spaß machte: Fußball spielen, rum kicken, den Ball ins Netz schießen. Sie haben, genau wie ich, ihren Idolen nachgeeifert, auf der Straße, dem Bolzplatz, zwischen Bretterbuden. Wo immer es möglich war, haben sie versucht, das runde Leder ins eckige Tor zu schießen. Alles andere wurde unwichtig: Schule, Hausaufgaben, Verpflichtungen. Das Wichtigste war, beim Abendessen mit den Eltern den Erfolg vom Fußballspielen am Nachmittag zu teilen.

Die Gedanken dieser jungen Drei-Käse-Hochs waren immer die gleichen: „Wie werde ich so gut wie mein Idol?" „Wie schaffe ich es, auch so weit zu kommen?" Alle Kinder, die Fußball spielen, haben Idole, mich eingeschlossen. Philipp Lahm, ehemaliger Kapitän der deutschen Nationalmannschaft, hatte seine Vorbilder in Paolo Maldini (ehemaliger Spielführer der italienischen Nationalmannschaft und AC Mailand), Maradona, Mehmet Scholl (ehemalige Mittelfeldspieler des FC Bayern München).

Ich vermute, auch Philipp Lahm hatte als Kind, genauso wie wir alle, die Namen seiner Vorbilder beim Kicken am Nachmittag und bei seinen Trainings nicht nur im Kopf sondern auch ständig auf den Lippen. Du kannst Dir das in etwa so vorstellen: „...und nun kann nur noch Paolo Maldini retten. Er gewinnt den Zweikampf und hat den Ball. Dieser Teufelskerl gewinnt jeden Zweikampf!" Unbewusst, wie Kinder es machen, wollte sicher auch Philipp Lahm diesen Situationsstolz in sich tragen, sich damit identifizieren und das Vorbild als Momentum des eigenen Wachstums sehen. Und? Hat er es geschafft? Ja, natürlich. Das wissen wir alle. Sein Traum war, so zu spielen wie sein Star. Philipp Lahm, Blaupause von Paolo Maldini. Er ist weit darüber hinausgewachsen und hat seinen eigenen Stil entwickelt. Er selbst ist Schmied seines Erfolgs. Doch die Vorbilder waren zuerst da, dann kommt die eigene Persönlichkeit und der eigene Stil dazu.

Welche Bedeutung haben Träume und Wünsche? Welchen Traum hast Du? Wie wichtig ist er für Dich und für den Weg, den Du gehen willst? Ein Traum oder ein Wunsch ist immer eine Ausgangsbasis, der Startblock und manchmal sogar die Pole Position für einen Erfolgsweg. Er ist die Grundlage zur Entscheidung was Du erreichen willst.

Bei den Kinderkickern wurde aus dem Traum die Vision, eines Tages selbst in ein großes Stadion einzulaufen, in dem Tausende Menschen jubeln und feiern, wenn sie gegen den Ball treten. Dieses Traumbild trieb alle, heute erfolgreichen Fußballer, an, als sie noch ein Kind waren. Sie haben sich unbewusst einer der mächtigsten Strategien aus dem Mentaltraining bedient: der sogenannten Visualisierungstechnik. Diese Technik ist die Kunst, sich etwas deutlich und detailliert vorzustellen, genauso, wie Du es gerne hättest. Im Idealfall sind diese Bilder so in Deinem Unterbewusstsein manifestiert und eingebrannt, dass es Dich dabei unterstützt, diese mentalen Bilder Wirklichkeit werden zu lassen. Grundsätzlich hat das Unterbewusstsein immer das Bestreben, Deine Gedanken zu verwirklichen. Noch stärker reagiert das Unbewusste auf konkrete

Bilder oder bildhafte Vorstellungen, je lebendiger, klarer und bunter, desto besser.

Man sagt, das Unterbewusstsein hat nicht die Fähigkeit zwischen Wirklichkeit und Vorstellung zu unterscheiden. Warum ist das wichtig? Es ist eine große Chance und eine innere, meist unbewusste Antriebskraft, wenn Dein Unterbewusstsein Dein „Traumbild" für Realität hält. Sie gibt Dir Kraft, es zu verwirklichen. Das hat sie bei Philipp Lahm, Beckenbauer & Co. getan und kann es auch für Dich tun. Durchschnittlich veranlagte Menschen ohne große Leidenschaften neigen dazu, ihre Träume tief in ihrem Inneren zu verbannen, sie förmlich unter ihrer eigenen Oberfläche zu begraben. Sie sind sich dessen nicht bewusst, doch irgendwann kommt der Schmerz über das Verlorene, das nicht Gelebte, hoch. Das kann ziemlich weh tun.

Wie wären die Karrieren verlaufen, wenn Philipp Lahm, Franz Beckenbauer, Oliver Kahn und andere Spitzenspieler im jugendlichen Alter ihren Traum begraben hätten? Gründe dafür gab es allemal. Oliver Kahn zum Beispiel ist mit 15 Jahren aus der Kreisauswahl geflogen, weil er zu klein und körperlich zu schwach war. Ja, richtig gelesen! Das wäre für ihn der Zeitpunkt gewesen, sein Traumbild aufzugeben. Hat er es getan? Nein. Er hat fest an sich geglaubt und gehört heute zu den Besten. Das hat er sich sehr hart erarbeiten müssen. Erfolgreiche Menschen tragen ihre Träume nicht zu Grab. Sie verteidigen sie, kämpfen dafür und lassen sie sich von niemandem nehmen oder kaputt machen. Auch nicht von sogenannten Traumdieben, vor dem sich jeder in Acht nehmen sollte.

Was sind Traumdiebe? Zur Erklärung ein Beispiel: Menschen verhalten sich manchmal wie gefangene Krebse in einem Eimer. Kein Krebs klettert hinaus oder schafft es, abzuhauen. Einer versucht es vielleicht, sich in Richtung Eimerrand zu bewegen, um in die Freiheit zu gelangen. Doch alle anderen Krebse im Eimer zerren ihn wieder zurück nach unten. Sie wollen ihn retten. Würden sie alle zusammenarbeiten, sich gegenseitig helfen, wäre ihr Weg in die Freiheit einfach und für jeden möglich. Traumdiebe verhalten sich wie Krebse, sie hindern Dich, den Weg aus dem Eimer zu finden und wollen, dass Du bei ihnen in der Masse bleibst, auch wenn das ein Gefängnis ist.

Bei Oliver Kahn hat man immer wieder versucht, ihm seinen Traum streitig zu machen. Jedem erfolgreichen Fußballer ist das so ergangen. Und fast jedem Menschen passiert das in seinem Leben. Doch erfolgreiche Menschen lassen sich davon nicht aufhalten. Also, mein Rat: Lass Dir von niemandem sagen, dass Du nicht schaffen kannst, was Du schaffen willst. Glaube es nicht, wenn Dir jemand sagt, dass Dein Traum unrealistisch ist und Du nicht die Fähigkeiten hast, die Du brauchst.

Diese Fähigkeiten, dieser Glaube und diese Kraft ist ein Geschenk, das jeder von uns mitbekommen hat, eine Art Starterpaket, das wir nutzen können oder auch nicht. Du kannst es abrufen, wenn Du es brauchst. Es wurde Dir in die Wiege gelegt. Welchen Traum trägst Du in Dir? Was wünschst Du Dir vom Leben? Was möchtest Du erreichen? Gibt es Dinge, die Du immer schon mal tun wolltest und bis jetzt noch nicht geschafft hast? In welche Länder möchtest Du schon lange reisen und hast es immer noch nicht getan? In welchem Job würdest Du gerne arbeiten? Wie stellst Du Dir Deine ideale Beziehung zu einem Partner oder einer Partnerin vor, zu Freunden und zur Familie? Wie sieht es mit Deiner Gesundheit aus? Ist das Deine Quelle der Kraft oder ist sie lädiert? Wie sieht Dein Traum in finanzieller Hinsicht aus? Alles was Du träumen kannst, kannst Du auch erreichen! Warum solltest du es sonst träumen können? Wie unlogisch wären Schöpfung und Natur, wenn Du nur träumen, es aber nicht erreichen könntest? Warum sollte das Universum Dir die Kraft zum Träumen verleihen, aber vergessen, Dir auch die Fähigkeiten zum Erreichen dieser Träume zu geben? Alles, was Du kennst, jedes Ereignis auf dieser Welt, jedes noch so eindrucksvolle Bauwerk, egal was, alles wurde zuerst geträumt, dann in Gedanken gefasst und erst dann realisiert.

Zurück zum Fußball: Die erfolgreichen deutschen Nationalspieler haben schon lange vor der WM 2014 die Bilder vor ihren geistigen Augen gehabt, wie sie den Weltmeisterpokal in die Höhe strecken und mit ihren Fans im Stadion feiern. Sie haben sich die Bilder ihrer Idole angeschaut, auch Bilder der deutschen Weltmeister der WM 1990. Sie haben alles intensiv studiert: Wie war die Stimmung im Stadion? Wie hat sich das Jubeln der Fans angehört? Sie haben jedes Detail förmlich in ihren Traum- und Wunschbildern aufgesogen. Sie haben den Moment der Siegerehrung gedanklich so oft durchgespielt, bis er Teil eines lebendigen, inneren Bildes wurde.

Das Ergebnis ist bekannt: Mario Götze schießt Deutschland zum Weltmeister. Nichts wurde den Spielern geschenkt, der Weg war unangenehm, steinig und hart. Auch schlechte Spiele waren dabei, mediale Schelte und Kritik. Alles musste das Team verkraften, doch sie ließen sich den Traum nicht nehmen, glaubten in jedem Moment an sich, ihre Fähigkeiten und spielten sich dem Sieg entgegen. Sie handelten aus der tiefen, inneren Überzeugung heraus, dass sie es schaffen werden. Schau jetzt mal auf Dich: Aus welcher tiefen Überzeugung heraus handelst Du? Sind Deine unerschütterlichen Träume die kraftvolle Ausgangsbasis für Dein Denken und Handeln? Sind Deine Wünsche die treibende Kraft, das eigentliche Motiv Deines täglichen Tuns und Schaffens?

Viele Menschen verlassen irgendwo unterwegs den Weg zu ihren Träumen, weil sie ihnen zu unrealistisch und zu schwer erreichbar erscheinen. Es kommt immer der Moment, in dem man sich fragt: „Hätte ich es vielleicht doch schaffen können? Wäre ich doch..." Mal ehrlich, wer hält Dich wirklich davon ab, Deinen Träumen entgegen zu gehen? Doch nur Du, oder? Wenn andere es schaffen, dass Du aufgibst, dann ist Dein Traum einfach zu schwach und nicht wichtig genug. Frage Dich: Sind Deine Träume wirklich große WÜNSCHE oder nur kleine „Wünschleinchen"?

Ein wirklich großer Traum stirbt nie. Er kehrt immer wieder zurück und bleibt Dir zeitlebens treu. Er ist in Dir und Du bist sein Hüter. Auch wenn Du Dir dessen nicht bewusst bist und ihn vielleicht wegdrückst. Es ist also Deine Aufgabe, Deinen Traum anzuerkennen, zu achten, zu hegen und zu pflegen, ihn zu gießen wie eine Pflanze, um ihn wachsen zu lassen. Und ihn dann in Realität zu verwandeln. Schließe kurz die Augen und stelle Dir vor: Wie sieht Dein Traum aus? Welche tiefen Wünsche trägst Du in Dir? Welches Idol hast Du, das vielleicht schon einen ähnlichen Weg gegangen ist? Was genau fasziniert Dich an Deinem Traum? Mein Tipp: Nimm Dir Zeit, in Ruhe Deine Träume aufzuschreiben. Du wirst sehen, wie wunderschön sie sind, wie kraftvoll und unwiderstehlich. Du hast das Potenzial in Dir, ihn zu erreichen und das Aufschreiben macht Dir bewusst, was Du wirklich willst. Noch besser wäre es, wenn Du ein Bild davon malst oder Dir eine Collage bastelst. Hänge es auf, so dass Du es jeden Tag sehen kannst: Es ist Dein persönliches „Warum-Bild". Dieses Bild zeigt Dir den Grund, warum Du jeden Morgen aufstehst und den Tag mit allen seinen Aufgaben und Pflichten beginnst. Es ist der wahre Antrieb in Deinem Leben.

Selbst wenn Du jetzt den Impuls spürst, dem zu widersprechen. Es ist so. Du kannst zwar versuchen Deine Träume zu unterdrücken, aber sie werden immer wieder auftauchen. Du bist es Dir selbst schuldig, sie wahrzunehmen und zu versuchen, sie in die Wirklichkeit zu bringen. Deine Träume zu leben ist der Weg in die Freiheit. Gehe diesen Weg und Dein Lohn dafür ist Glück und Zufriedenheit. Verlässt Du diesen Weg oder machst Dich erst gar nicht auf, wirst Du unzufrieden und spürst, dass Dir etwas fehlt.

Nahezu alle großen Fußballstars, großen Trainer und großen Sportler haben ihren Traum in die Wirklichkeit gebracht. Jeder von ihnen ist seinen Weg gegangen. Sie haben alles getan, um den Traum zu bewahren, zu schützen, zu pflegen und haben mit Mut, Entschlossenheit und Glaube an sich selbst dafür gearbeitet und gekämpft. Irgendwann sind sie belohnt worden. Das ist die logische Konsequenz, die immer eintritt.

„Träume bis zu den Sternen. Wenn Du dort angekommen bist – träume weiter!"

(Andreas Klar)

Fußballprofis haben ihr großes Hobby, das, was sie über alles lieben, zum Beruf gemacht. Ihre Passion und Leidenschaft für diesen Sport war so unendlich groß, dass es eine logische Folge war, dass sie zu einem erfolgreichen Profi wurden. Natürlich spielt das Talent eine Rolle, aber es ist untergeordnet zu betrachten. Es ist immer nur ein Teil Talent, der Rest ist harte Arbeit. Talent ist förderlich, doch nicht das Wichtigste. Oliver Kahn überholte mit Trainingsfleiß, Ehrgeiz und seinem Glauben alle talentierten Torhüter und fand sich erst dann am Ziel, als er Deutschlands Nummer 1 Torhüter war. Als Jugendlicher hatte man ihm das Talent abgesprochen. Wenn Du ihn fragen würdest, fielen ihm sicherlich viele Mitstreiter ein, die talentierter waren als er. Doch er war der ehrgeizigste, fleißigste und wurde der Beste.

Also überbewerte den Faktor Talent nicht. Es macht lediglich 10 bis 20 Prozent Deines möglichen Erfolges aus. Den Rest musst Du lernen, trainieren, immer wieder probieren und wiederholen, bis Du es kannst. Du brauchst die gleichen Fähigkeiten, die junge Sportler als Kind an den Tag legen, um ihre Träume zu verwirklichen.

„Wenn Du liebst was Du tust, wirst Du nie wieder in Deinem Leben arbeiten!"

(Konfuzius, 500 v. Christus)

Regel 2: Dein Traum gehört nur Dir – bewahre und lebe ihn!

Kapitel 3:
Stecke Dir hohe Ziele

„Ein Traum ist kein Ziel"

(Philipp Lahm)

Es ist geschafft! Die deutsche Nationalmannschaft hat sich für die Endrunde der Fußball-Weltmeisterschaft 2018 qualifiziert. Nun stell Dir vor, der deutsche Nationaltrainer gäbe seiner Mannschaft das Ziel für 2018 vor: „Wir fahren mal hin zu dieser WM und schauen, was uns da so erwartet. Dann werden wir nach ein bis zwei Spielen mal sehen, wie es so läuft. Wenn wir gut drauf sind, könnten wir sogar mit etwas Glück eine Medaille gewinnen." Noch unverbindlicher könnte man es wohl nicht ausdrücken, oder? Was glaubst Du, wie dieser Trainer von den Spielern gesehen wird? Was glaubst Du, mit welchem Erfolg sie heimfahren?

Wer kein Ziel hat, irrt ohne Plan umher. Für solche Mannschaften und solche Menschen kann es keinen echten Erfolg geben. Einfach, weil sie keinen Plan und noch weniger ein erstrebenswertes Ziel haben. Sie haben folglich auch keinen roten Faden, der Ihnen zur Orientierung auf dem Weg bis zum Ziel dient.

Doch schauen wir uns zuerst einmal an, was ein Ziel ist? Der Duden definiert: *„...ein Punkt, bis zu dem jemand kommen will", „...ein Ort, den jemand erreichen will", „etwas, worauf Jemandes Handeln, Tun oder Ähnliches ganz bewusst gerichtet ist, was jemand als Sinn und Zweck, angestrebtes Ergebnis seines Handelns, Tuns zu erreichen sucht."*

In diesen Definitionen ist deutlich zu erkennen, dass ein Ziel konkret und spezifisch sein muss. Es reicht nicht aus zu sagen, dass man mal zu dieser WM fährt und schaut, wie es so läuft. Das ist nicht messbar. In der Trainer-Kommunikation in Richtung Mannschaft und zu jedem einzelnen Spieler würde ein solches schwammiges Ziel zu Null Anerkennung und Akzeptanz führen. Es wäre schlichtweg lächerlich. Es passt nicht zu einem ambitionierten Sportler, wenn er nur „einmal schauen will, wie weit er kommt." Das bringt gar nichts. Ein Ziel hat die Aufgabe zu motivieren und immer wieder neu anzutreiben. Ein schwammiges und intransparentes Ziel lässt Auswege und Ausflüchte offen. Eine echte Zielsetzung ist eindeutig. Mit der sogenannten SMART-Formel kannst Du Deine Ziele hinterfragen, konkretisieren und perfektionieren.

Nach SMART muss ein Ziel so formuliert sein:

spezifisch	Was konkret ist das Ziel?
	→ Wir werden Fußball-Weltmeister
messbar	Wie viel möchtest Du erreichen?
	→ Wir werden zum fünften Mal Fußball-Weltmeister und wir gewinnen jedes Spiel
akzeptiert	Passt das Ziel zu Deinen Wertvorstellungen und zu Dir?
	→ Ist das Ziel für das Team passend und passt es zu deren Ansichten und Werten?
realistisch	Ist das Ziel realistisch im Zeitraum „xy" zu erreichen?
	→ Ist es realistisch, mit dem Leistungsniveau der einzelnen Spieler und des gesamten Teams 2018 Weltmeister zu werden?

terminiert	Wann willst Du das Ziel erreicht haben?
	→ am genauen Enddatum der WM 2018, Ort, Zeit

Im Sport sind die Zeiträume durch Rahmenveranstaltungspläne, also Wettbewerbsplan, Spieltage, Weltmeisterschaften, Europameisterschaften, festgelegt und damit exakt terminiert. Ein einzelner Fußballer konnte sich beispielsweise das Ziel setzen: Bis zum 01.10.2018 bin ich Stammspieler bei Borussia Dortmund und stehe mindestens bei 75 Prozent aller Spiele auf dem Platz. Dieses Ziel wäre SMART.

Wenn ein Ziel gemäß dieser Formel formuliert und festgelegt wird, sorgt es zwangsläufig für das Wachstum Deiner Persönlichkeit. Stillstand ist Rückschritt, ob persönlich, finanziell, in Deiner Beziehung und im Job. Stillstand macht unzufrieden. In der Natur ist alles, was nicht mehr wächst, ohne Leben, also tot. Es stirbt einfach ab, weil es sich nicht mehr entfalten kann. Wie sieht das bei uns Menschen aus? Meiner Meinung nach ganz ähnlich. Auf Dauer zerreißt es Dich innerlich, wenn Du planlos umherirrst, keinen roten Faden im Leben und keine Ziele hast, an denen Du Dich orientieren, messen kannst. Ein Ziel gibt Dir die Möglichkeit, immer wieder neue Seiten an Dir zu entdecken, Dich zu entwickeln und zu wachsen. Willst Du besser werden? Dann ist ein Ziel Grundvoraussetzung. Das gilt auch für Deinen Weg zu Deinen Träumen und Visionen. Der Traum von Oliver Kahn war es, der beste Torhüter der Welt zu werden. Dafür musste er viele Hürden überwinden, immer wieder neue, größere Ziele erreichen. Bei ihm genügte nicht eines, er hatte viele große Ziele und noch mehr Zwischenziele.

Puh, das hört sich nach Arbeit an. Ja, in unserer Welt bekommt niemand etwas geschenkt. Wir neigen dazu, nur das Ergebnis zu sehen und zu bewerten. Nicht aber den langen, steinigen Weg dorthin. Die Zwischenziele auf dem Weg zum besten Torwart der Welt waren die Eckpfeiler seiner Laufbahn. Olli Kahn musste zuerst einmal Torwart Nummer eins bei einem Bundesliga-Verein werden. Allein dieser Weg dorthin war eine lang anhaltende Berg- und Talfahrt. Dann kam der nächste Schritt, sich durch kontinuierliche

Leistungssteigerung für den Top-Verein und Dauermeister Bayern München zu qualifizieren. Dort musste er sich auch zuerst einmal durchsetzen, konstant auf höchstem Niveau bleiben und erst dann wurde er zur Nummer 1 in der Nationalmannschaft. Dazu musste er bestimmte Voraussetzungen erfüllen: hundertprozentige Gesundheit, konditionsstarke Fitness und persönliche Weiterentwicklung. Wenn nur einer dieser Faktoren nicht gestimmt hätte, wäre das ganze Kartenhaus zusammengebrochen. Es war also für Olli Kahn das Wichtigste, permanent die Physis zu berücksichtigen und im Einklang mit der Gesundheit zu sein. Er hat es geschafft. Kahn wurde dreimal zum besten Torhüter der Welt gewählt. Ein Ergebnis jahrelanger harter Arbeit, absoluter Fokussierung und Training, Training, Training... Das hat er für seinen großen Traum investiert. Der Weg war nicht immer gradlinig: Rückschläge, Scheitern und Talsohlen zu durchlaufen gehörte dazu. Ist jedoch das Ziel erstrebenswert genug, gibt ein Sportler wie Olli Kahn nicht auf.

Wie steht es um Dich? Hast Du Dir darüber schon mal Gedanken gemacht? Welche Ziele hast Du? Wie sehen Deine Zielbilder aus? Was möchtest Du erreichen? Du hast nur dieses eine Leben, hast nur eine Chance, Deine Ziele zu verwirklichen. Die Zeit ist JETZT. Was willst Du daraus machen? Oder hast Du innere Boykottierer und Deine innere Stimme schreit Dir förmlich ins Ohr: „Nein, dass Ziel ist nicht realistisch", „Wie willst Du das denn erreichen?", „Das ist unmöglich", „Dafür bist Du zu klein, zu arm, zu schwach, zu dumm". Blende sie aus. Sag, sie soll ihre Klappe halten. Trainiere das. Ja, das geht, sag es ihr energisch, immer wieder, bis sie es kapiert.

Zur inneren Stimme kommen wir später noch. Jetzt bleiben wir noch bei Deinen Zielen. Egal, wie groß oder klein sie Dir erscheinen, hab den Mut, sie genau anzuschauen. Traue Dich, sie zu fixieren. Schreibe sie auf. Male sie auf. Stelle sie Dir bildlich vor. In welchem Zeitraum willst Du sie erreichen? Mache eine konkrete Timeline zu jedem Ziel. Alle erfolgreichen Menschen, Unternehmen und Vereine planen ihre Ziele ganz genau. Wer Ziele hat, wird an ihnen wachsen. Wenn Du ein Ziel erreicht hast, setze Dir das nächste.

Borussia Dortmund, einer der aktuell erfolgreichsten Vereine der Deutschen Bundesliga, plant seine Ziele anhand der eigenen, strategischen Ausrichtung. Diese Ausrichtung basiert auf einem Zeitraum von jetzt bis .... in Jahren. Der Verein propagiert in der Öffentlichkeit, dass man sich in den nächsten Jahren primär für die Wettbewerbe Champions League oder Europa League qualifizieren möchte, also in der europäischen Weltspitze mitspielen will. Darüber hinaus will man durch Ausbildung von Nachwuchskräften gute Spieler dazu gewinnen und durch lukrative Spielerverkäufe Transfererlöse erzielen. Durch Steigerung von Merchandising-Umsätzen füllt man die Kassen. Das ist der öffentliche Zielplan des Spitzenvereins und für jedermann zugänglich und öffentlich messbar.

Ich kann Dir sagen, dass es intern im Verein Borussia Dortmund einen ganz konkreten Erfolgsleitfaden, also einen Zielerreichungsplan gibt. Den arbeiten Management, Trainer und Spieler, jeder in seinem Ressort, Stück für Stück und sehr akribisch ab. An diesem Plan werden alle Beteiligten gemessen. Es ist wie ein Controlling-Instrument oder ein Ist–Soll- Abgleich, wie man ihn aus großen Unternehmen kennt. Eine der Zielformulierungen beim BVB ist, sich in der Tabelle direkt hinter Bayern München dauerhaft zu etablieren, sozusagen festzusaugen. Man will dem großen Rivalen immer im Nacken sitzen. Es gibt einen langfristigen 5-Jahres-Zielplan, einen mittelfristigen 3-Jahres-Zielplan und auch einen kurzfristigen Saison-Zielplan. Nun wird es interessant. Wenn es langfristige 5-Jahres-Ziele gibt, ist die Frage, wie sehen die kurzfristigen Ziele aus, die helfen müssen, das langfristige Ziel zu erreichen? Die Antwort ist einfach: Alle einzelnen fünf Jahresziele müssen in Summe das langfristige 5-Jahres-Ziel ergeben. Damit haben wir zugleich den angesprochenen effektiven Ist-Soll-Vergleich für diesen Zeitraum.

Gibt es dazwischen Rückschläge, hat der Verein ein schlechtes Jahr, heißt das nicht, dass das langfristige 5-Jahres-Ziel nicht mehr erreichbar ist. Ein schlechter Start oder eine Talsohle überbewertet man im Fußball nicht. Ein Ist-Soll-Vergleich läuft niemals linear, nicht im Sport und schon gar nicht im Leben. Vielmehr wird es gute und weniger gute Zeiten geben. Nur weil Borussia Dortmund in einem Jahr eine schwächere Phase hat, heißt das nicht, dass sie von vorne beginnen müssen.

Eine Talsohle bietet Gelegenheit, Prozesse und Entscheidungen zu überdenken und neue Kräfte freizusetzen. Hätte sich der Verein jedoch keine anspruchsvollen, hohen Ziele gesetzt, so würde man in einem „Krisenjahr" locker über Probleme hinwegsehen und sie weder mit dem langfristigen Ziel identifizieren, noch Prozesse optimieren und neue Schritte einleiten. Nur eine konkrete Zielplanung zeigt, ob man im Soll unterwegs ist oder noch „eine Schippe drauflegen muss". So funktioniert es im Sport – so funktioniert es bei Dir, bei mir, bei jedem. Also plane Deinen Weg. Plane genau, was Du konkret vorhast. Du und jeder von uns trägt so viele Fähigkeiten und Ressourcen in sich. Jeder sollte sie nutzen.

Apropos Ziele formulieren: Kennst Du das sportliche Ziel im Fußball: „Nicht-Abstieg"? Das hört man manchmal, wenn eine Mannschaft in eine neue Liga aufgestiegen ist. So ein Ziel ist für mich absoluter Schwachsinn. Man beschäftigt sich mit der Assoziation eines drohenden Misserfolgs. Abstieg ist ein negativer Begriff, und Nicht- Abstieg hört sich auch nicht viel besser an. Unser Gehirn und unser Unterbewusstsein können nicht differenzieren. Beide verstehen das Wort „nicht" nicht. Abstieg und Nicht-Abstieg sind für sie das Gleiche. Es wäre also nicht verwunderlich, wenn dieses Team absteigt, denn ihr Ziel ist nicht klar genug formuliert. Du glaubst das nicht? OK, dann habe ich eine Aufgabe für Dich: Denke mal NICHT an einen rosa Elefanten. Denke an alles Andere, nur nicht an einen rosa Elefanten. Hast Du es? Dann mach mal. Was passiert? Klar, Du denkst NUR an einen rosa Elefanten und kannst das Bild gar nicht mehr aus Deinem Kopf kriegen. Aber Du wolltest nicht daran denken! Doch so funktioniert unser Geist. Du verstehst jetzt, was ich mit „Nicht-Abstieg heißt Abstieg" meine? Also, formuliere niemals, was Du NICHT willst, sondern nur klar und deutlich, was Du willst. Das ist das Bild, das sich in deinem Innern verankern wird.

Als Coach höre ich oft von meinen Klienten: „Ich mag meinen Job nicht." „Ich mag diesen Teil meines Lebens nicht." Die zentralen Fragen sind: „Was willst Du konkret? Was macht Dich glücklich? Wie soll es aussehen? Wann ist es soweit? Wie kannst Du es erreichen? Was genau kannst Du dafür tun?" Meine Aufgabe an

Dich: Formuliere Deine Ziele immer positiv! Und plane Deine großen Ziele punktgenau, so wie die Fußballer.

Wo willst Du in fünf Jahren in den Bereichen Persönlichkeit, Beruf, Job, Gesundheit, Fitness, Beziehung und Finanzen sein? Sei mutig und denke groß. Du hast so viel Potenzial und fünf Jahre ist eine lange Zeit. Hältst Du es für möglich, dass Du Deinen großen Traum oder mehrere Deiner Träume in fünf Jahren realisiert hast? An welchem Ort wirst Du sein? In welcher Stadt? In welchem Haus? Wie sieht das Zimmer aus, in dem Du bist? Welche Menschen sind bei Dir? Wie ist das Wetter? Wie fühlt es sich an, wenn Du Dein Ziel erreicht hast? Je bunter Du das innere Bild „malst", desto kraftvoller ist Deine Zielvision.

Wenn Du Deinen großen 5-Jahres-Plan gemacht hast, wird es ernst. Nun übernimmst Du die Verantwortung für ihn. Unterteile den Zielplan in kleinere Schritte: Was kannst Du in drei Jahren erreichen? Drei Jahre fühlen sich ähnlich weit entfernt an wie fünf Jahre, findest Du nicht? Dann breche die Timeline weiter herunter. Wo willst Du in 12 Monaten, also in einem Jahr stehen? Hier wird´s jetzt enger, emotionaler, sportlicher. Ein Jahr ist bald rum. Jetzt wird Deine Leidenschaft geweckt, nun beginnt die Herausforderung. Dieses Zwischenziel wird greifbar. Die Aufgaben stehen quasi vor Deiner Tür. Wie soll Dein 12-Monats-Ziel aussehen, das Du brauchst, um Deinen 3-Jahresplan und Deinen 5-Jahresplan zu erreichen?

Zurück zum Fußball: Borussia Dortmund muss in dieser Saison mindestens unter die ersten vier der Bundesliga kommen, um im nächsten Jahr Champions League spielen zu dürfen. Das ist eines der Saisonziele, das 12-Monats-Ziel. Um das zu schaffen, müssen viele kleine, einzelne Erfolge erreicht werden. Im Fußball ist das konkret die Punktetabelle, also möglichst viele Siege. Je mehr Siege, desto besser die Platzierung. Im Fußball wird jedes Tor und jeder Sieg gefeiert. Das tun wir im richtigen Leben meist nicht. Doch wer, wie die Fußballer gelernt hat, auch den kleinsten Erfolg zu feiern, wird süchtig danach und will dieses Gefühl immer und immer wieder spüren. Feiern motiviert auf dem Weg zu den großen Zielen. Jedes Tor und jedes gewonnene Spiel ist ein wichtiger Schritt auf dem Weg zum Ziel.

Übrigens: Der englische Begriff „Goal" (Tor) hat zwei Bedeutungen: Einmal steht er für das Tor im Fußball und einmal für das Ziel, das man erreichen will. Nun plane Deine konkreten Schritte und Zwischenziele auf dem Weg zu Deinem 12-Monats-Plan. Welche Erfolge solltest Du bis dahin erzielen, um im 5-Jahres-Plan zu liegen? Bedenke dabei, dass die Zielplanung Dein roter Faden ist, der Dir Orientierung und Perspektive gibt. Auch wenn es mal nicht ganz nach Plan läuft, geht es weiter in Richtung 5-Jahres-Ziel. Ein Tief macht noch lange keinen schlechten Sommer. Arbeite mit der „Siegertaktik". Mehr dazu im Kapitel 6.

Wer sich mit dieser Art der Zielplanung noch nicht beschäftigt hat, unterschätzt, was man in fünf Jahren erreichen kann und überschätzt, was man in einem Jahr erreichen kann. Zu hohe 12-Monats-Ziele erzeugen Druck. Druck erzeugt Gegendruck. Wichtig ist, dass Du Deinen Traum oder Deine Träume in erste realistische Ziele umformulierst. So wird daraus ein greifbares, messbares Ziel. Das ist der Beginn einer Reise zu etwas ganz Großem. Um diese Reise anzutreten, reicht es nicht, Ziele einfach nur schriftlich zu formulieren. Sie müssen detailliert beschrieben und konkretisiert werden.

Mal angenommen, das Ziel von Borussia Dortmund für die kommende Saison wäre Deutscher Fußballmeister zu werden. Ein klares Ziel. Noch kraftvoller wäre es, wenn es folgendermaßen kommuniziert wird: „Team, wir kämpfen in jedem Spiel um jeden Ball. Spiel für Spiel. Punkt für Punkt. Jedes einzelne Tor zählt. Am Saisonende, am 27.05.2016, feiern wir gemeinsam mit 100.000 Fans in unserem Stadion und danach am Borsigplatz in einem Meer von schwarz-gelben Fahnen unseren Sieg zur Deutschen Meisterschaft und präsentieren unseren treuen Fans stolz die gewonnene Meisterschale. Alle Kameras sind auf uns gerichtet und die Journalisten warten darauf, jeden einzelnen von Euch zu interviewen."

Siehst Du den Unterschied? Erkennst Du, dass Du Dich in einem Bild befindest? Du spürst die Kraft der Visualisierung? Darum suche Dir kraftvolle, innere Bilder zu deinem Ziel, zu jedem Deiner einzelnen Zwischenziele und male sie mit Worten, Farben, Stimmungen, Emotionen, Gerüchen so detailliert aus, dass Du es sehen, riechen und schmecken kannst. Dieses Bild oder diese Bilder müssen ein Teil von Dir werden, der Dich antreibt. Nur so kannst Du erreichen, was Du Dir vornimmst.

Dein 3-Jahres-Zielbild könnte zum Beispiel so aussehen:

Heute in drei Jahren, am .... arbeite ich in meinem Traumberuf als... Ich gehe morgens strahlend ins Büro, sehe meinen Schreibtisch, den ich so liebe und begrüße mein Team, von dem jeder schon an seinem eigenen Schreibtisch sitzt. Die Sonne scheint ins Büro. Heute analysiere ich die Umsätze vom letzten Monat und sehe, dass ich ... Prozent mehr Business gemacht habe. Jeder aus meinem Team hat ebenso seine Zahlen um ... Prozent positiv verbessert.

Ich beraume ein Meeting an und lobe jeden einzelnen. Wir tun den Menschen Gutes mit dem, was wir machen. Ich bekomme täglich Anerkennung, Dankbarkeit und Liebe für das, was ich tue. Am Nachmittag gehe ich um 16 Uhr. Ich kann es mir leisten, frühzeitig aufzuhören zu arbeiten, weil ich so erfolgreich und effektiv bin. So bleibt mir viel Zeit für meine Familie und meine Freunde. Meine Lieben freuen sich schon auf mich. Heute gehen wir zusammen auf eine Feierabend-Radtour und meine Frau hat zur Überraschung einen Picknick- Korb gepackt. Wir grillen an der Isar, die Kinder toben im Wasser. Ich bin so glücklich darüber, wie sich mein Leben positiv verändert hat.

Dein 1-Jahres-Zielbild könnte zum Beispiel so aussehen:

Der Urlaub mit meiner Frau auf den Malediven ist traumhaft. Die Sonnte strahlt den ganzen Tag, das Wasser ist Türkisfarben und ich genieße leckere Cocktails. Beim Schnorcheln habe ich kleine Haie gesehen. Ich habe Zeit, Bücher zu lesen. Wir gehen viel spazieren, reden miteinander und ich spüre, wie sehr wir miteinander verbunden sind.

Beschreibe Dein Bild, so dass Du ein Teil davon wirst. Mache es kraftvoll, energiegeladen und konkret. So prägt es sich als wirkliches Ziel bei dir ein. Du nimmst es der Zeit vorweg und weißt genau, was Du erreichen willst. Stecke Deine Ziele hoch. Niemand erwartet von Dir, dass Du in kurzer Zeit die Welt rettest. Doch mache die Ziele herausfordernd, erstrebenswert. Deine Zielvorstellungen geben Dir Kraft und Motivation, täglich für sie zu kämpfen. Sie sind Lebensmotive und der Grund, warum Du letztendlich auf diese Erde geboren wurdest. Wenn Du tief in Dich hinein hörst, siehst Du den Weg zu Deiner Lebensaufgabe, zu Deiner Vision. Sie ist es, die Dich täglich antreibt, aufzustehen, zur Arbeit zu gehen, Dein Fitnessprogramm zu absolvieren, Dich mit Freunden zu treffen und eine Familie zu haben.

Warum machst Du das alles? Es ist, damit Du Dir und Deinen Träumen in Form von Zielen gerecht wirst. Damit du glücklich bist. Was macht Dich glücklich? Fortschritt in allen Bereichen Deines Lebens. Wenn die Beziehung zum Partner einschläft, steigt die Wahrscheinlichkeit, dass Dein Partner bald woanders einschläft. Stagniert der berufliche Fortschritt, weil Du Dich im Hamsterrad bewegst, frage Dich, ob Du noch erfüllt bist in Deinem Job. Oder wie ist es, wenn Deine Finanzen stagnieren und sich abbauen? Ganz bitter wird es, wenn sich Deine Gesundheit, Fitness und Vitalität nicht weiterentwickeln. Wodurch entstehen Zivilisations-Krankheiten? Wie entstehen Zellverkapsulungen (Krebs), Schlaganfall, Herzinfarkt? Das sind Blockaden, die sich in unserem Körper niedergelassen haben.

Deine Ziele sind die Wege zu Deinen Träumen. Alles was Du träumen kannst, kannst Du auch erreichen. Einfacher ist es, wenn Du auf dem Weg dorthin an einigen Stationen Halt machst, erfolgreich Deine Aufgaben löst, Erfolge feierst und dann weitergehst. Wer seine Ziele erreicht, kommt seinem Träumen immer näher. Also mache Dich auf den Weg, immer dem großen Ziel entgegen. Er führt Dich zu persönlicher Freiheit!

„Wir sind am Ziel aller Träume"

(Bastian Schweinsteiger nach dem WM-Gewinn 2014 in Brasilien)

Regel 3: Die kurzfristigen Ziele weisen Dir den Weg. Gehe damit Schritt für Schritt dem großen Ziel entgegen.

Kapitel 4:
Das Spiel – Dein Spiel des Lebens

„Das Spiel zeigt den Charakter"
(dt. Sprichwort)

Fußball ist nicht nur ein Spiel. Fußball ist viel, viel mehr. Ein Spieltag in der Bundesliga ist ein großes Spektakel für Fans und Medien. Hinter den Kulissen läuft aber ein ganz anderer Film ab. Während für die Fans die 90 Minuten zwischen An- und Abpfiff und dem leidenschaftlichen Kämpfen um Sieg und Niederlage Ziel der Aufmerksamkeit sind, ist das für beide Mannschaften nur ein Bruchteil eines umfassenden Plans, der lange, lange vor dem Spiel begonnen hat. Die Fans sehen, Samstag, 15.30 Uhr, das Bundesliga-Spitzenspiel FC Bayern München vs. Borussia Dortmund zieht viele Menschen ins Stadion. Fans verfolgen dort, am Bildschirm, übers Radio und in der abendlichen Sportschau das Spiel oder lassen sich von Freunden, spätestens am Sonntagmorgen informieren.

Für die Spieler sieht der Tag ganz anders aus. Sie haben das Spiel schon sehr viel früher in ihrem Bewusstsein präsent. Das beginnt nach dem letzten Spiel. Nach dem Spiel ist vor dem Spiel. Eine ganze Woche lang liegt der neue Fokus auf den nächsten Gegner, die nächsten 90 Minuten „dagegen halten", Strategien entwickeln und siegreich den Platz verlassen. Das Ziel, auf das sich die Spieler in einen leidenschaftlichen Tunnel des Funktionierens manövrieren, heißt die Erfolgshandlungen im Spiel zum Automatismus werden zu lassen. Wie schaffen Spieler das?

In der ganzen Woche zwischen den Spielen wird die ganzheitliche Balance zwischen Training, Erholung, Physiotherapie mit muskulären und physiologischen Impulsen, guter Ernährung, Teamkommunikation und Einzelbesprechung, Analyse des Gegners und genügend Freizeit und Familienzeit gesucht. Am Freitag dann, der Tag vor dem Spiel, quartieren sich die Teams bereits am Spielort in einem Hotel ein, abgeschottet von allen äußeren Einflüssen. Die Kräfte werden gebündelt, im Team wie bei jedem Einzelnen. Der Tunnel, der Fokus auf die Herausforderung, wird bewusst verstärkt. Ab jetzt reagiert und agiert jeder Spieler genau nach Plan.

So könnte das konkret aussehen:

23.00 Uhr	Bettruhe und selbstverständlich Alkoholverbot
08.00 Uhr	Aufstehen
08.30 Uhr	gemeinsames Frühstück
09.30 Uhr	letzte Videoanalyse des Gegners
10.30 Uhr	Spaziergang oder lockerer Lauf mit Dehnübungen, um Sauerstoffzirkulation und Stoffwechsel anzuregen und den Körper strapazier- und bewegungsfähiger machen
11.30 Uhr	Zeit zur freien Verfügung
12.30 Uhr	gemeinsames Mittagessen mit leichter kohlenhydratreicher Kost, um den Energiespeicher aufzufüllen
13.00 Uhr	Teamsitzung: Die Einzelheiten der Mannschaftsaufstellung werden bekannt gegeben, danach klare Aufgabenverteilung an jedes Teammitglied, Taktikbesprechung, der Schlachtplan wird vorgestellt, letzte Zielbesprechung: „was wollen wir heute konkret erreichen?", mentale Ausrichtung, jeder wird gepusht und die Qualität jedes Einzelnen wird herausgestellt
13.55 Uhr	Abfahrt ins Stadion
14.15 Uhr	Ankunft im Stadion, ab in die Umkleidekabine
14.20 Uhr	Umziehen

14.30 Uhr	Bewegungsübungen und Dehnen im Innenbereich des Stadions
14.50 Uhr	Die Teams betreten den Rasen des Stadions, zuerst der Gegner, dann die Heim-Mannschaft, es folgt ein Aufwärmprogramm, technische, Abläufe werden nur angedeutet, das Gefühl für den Ball und die Schuhe kommt, die Atmosphäre im Stadion wird geschnuppert, man versucht Betriebstemperatur zu erreichen.
15.15 Uhr	Die Teams beenden das Aufwärmen und gehen zum Umkleiden, das Teamtrikot wird angezogen. (Übrigens werden für große Spiele immer neue Trikots produziert) Der Mannschaftskapitän und der Trainer fassen die Aufgaben in Worte und Bilder zusammen, die das Ziel klar vor Augen bringen, es folgen mentale Suggestionen und das Setzen eines Ankers.

Setzen eines Ankers? Ja, sind wir denn beim Segeln? Nein, jedes Team bedient sich eines mächtigen Instrumentes, das Setzen eines mentalen Ankers. Dieses Ankern beruht auf einer sogenannten Reizreaktionskopplung. Haben Sie schon siegreiche Teams im Sport beobachtet? Sie hüpfen glücklich, Arme über den Schultern liegend, im Kreis und feiern die Stärke ihres Teams. Alle sind dabei beteiligt, sogar der Busfahrer. Denn jeder hat seine Aufgabe im Team. Selbst Teams, die nicht gewonnen haben, stellen sich im Kreis auf und besprechen sich kurz in dieser Formierung.

Kaum etwas Anderes hat eine höhere Symbolkraft; es ist ein Synonym für Teamstärke, Willenskraft, Zielerreichung, Erfolg, Sieg, Vision, „gemeinsam sind wir stark". Im Teamsport ist dieser Kreis zum Ritual geworden, das Kraft und Zusammenhalt verleiht. Damit wird das Maximum an Energie, Wille, Power und Ehrgeiz herausgekitzelt. Dieser Anker macht jeden Einzelnen stolz, schmerzfrei, willensstark, hungrig nach Erfolg, glücklich und demonstriert innere Stärke. Jeder erfolgreiche Einzelsportler, jedes Team hat einen

Anker. Das muss nicht unbedingt ein Kreis sein. Erinnerst Du Dich an Boris Beckers legendäre Becker-Faust? Das war sein Anker, seine Kraftquelle und sein Zeichen von Größe, Stärke und Ausdruck seiner Fähigkeiten. Jeder Torjubel ist letztendlich ein mentaler Anker, der beflügelt. Basketballer klopfen sich auf die Brust wie Verrückte, um weiter ihre Leistung abzurufen. Für einen Boxer kann es ein Anker sein, wenn er den ersten Schlag, meist vom eigenen Trainer, auf die Wange bekommt. Das heißt: Jetzt ist er wach, nun werden die Hormone Adrenalin, Endorphin und körpereignes Morphin freigesetzt, die ihn zur Höchstleistung antreiben.

Wie geht der Zeitplan der Fußballer weiter?

15.30 Uhr	Spielbeginn, alle äußeren Einflüsse werden ausgeblendet, der Fokus wird auf die Abläufe gelegt. Jetzt steht das eigene Spiel zu 100 Prozent im Vordergrund.
16.15 Uhr	Halbzeit, Pause, in der Gedanken sortiert werden, der Status Quo besprochen und kurz analysiert wird. Gegebenenfalls wird jetzt die Taktik verändert oder jetzt noch einmal bestätigt.
16.30 Uhr	Das Spiel geht weiter.
17.15 Uhr	Spielende. Jetzt wird entweder gefeiert oder die Köpfe gehen nach unten, Enttäuschung macht sich breit. Jedoch nur für kurze Zeit. Denn das nächste Spiel fordert wieder 100 Prozent Fokus von den Profis und eine gute mentale wie physische Vorbereitung.
Nächster Tag	Analyse des Spiels im Team, Rückblick: was war gut, was war schlecht? Bewertung der einzelnen Spieler, Teambewertung und Ausblick: Was können wir kurzfristig, und was müssen wir mittelfristig verbessern?

Gerade weil die Top-Spieler gut fokussieren können, spielen sie in der Bundesliga. Sie gehören zu den Besten, weil sie die Fähigkeit haben, sich auf das Wesentliche, auf ihre Erfolgshandlungen zu konzentrieren. Sie sind bereit, von Trainern, Mitspielern und Gegnern zu lernen. So geplant läuft es in jeder Sportart ab, egal ob Handball, Basketball, Golfsport, Skisportarten oder Motorsport. Vorbereitung, Konzentration, Fokus, Herausforderung, Erfolg, Reaktion wie Feiern oder Enttäuschung, danach Analyse und Rückblick. Dann, sofort nach dem Spiel oder Wettbewerb, der Ausblick auf die nächste Herausforderung. So läuft es in jedem Verein und so sollte es auch in jedem Unternehmen laufen, überall dort, wo man Erfolge erzielen will.

Es ist also völlig egal, welches Spiel Du spielst, welchen Sport Du machst. Die Gesetze sind überall gleich. Das größte Spiel, in dem Du Dich bewegst, ist das Spiel Deines Lebens. Die Vorstellung, dass Dein Leben einem Spiel gleicht, hat den Vorteil, dass Du spielerisch an den „Ernst des Lebens" herangehen kannst. Du kannst mit dieser Sichtweise die Fähigkeit entwickeln, Problemen und Herausforderungen spielerisch mit Leichtigkeit zu begegnen und nicht etwa daran zu kapitulieren. Wenn Du nicht agierst, trittst Du nicht an. Also nimm immer die Herausforderung des Spiels Deines Lebens an. Du kannst nur gewinnen.

Was geschieht im schlimmsten Fall, wenn Du Deine kleinen Zwischenspiele oder das große Ziel nicht erreichst? Niemand wird Dir das Lebensrecht entziehen. Du bleibst weiter im Spiel. Es ist einfach eine Niederlage, die Du einstecken musst. Vielleicht rutschst Du einen Tabellenplatz nach unten. Klar, ist das unangenehm, aber auch dort geht das Spiel weiter, hat seine Sonnen- und auch seine Schattenseiten. Umgekehrt wirst Du mit dieser spielerischen Ansicht Erfolge nicht überbewerten. Du siehst sie als das, was sie sind. Erfolge auf dem Weg zum großen Ziel. Sie sind es wert, geteilt zu werden. Aber es ist nicht der Gesamtsieg, auf dem man sich ausruhen kann. Ein Erfolg verändert die Qualität Deines Lebens. Er gibt Dir ein gutes Gefühl. Jeder Erfolg macht Dich glücklicher. Diese vielen, aneinander gereihten, guten Gefühle kannst Du nutzen. Das Spiel des Lebens hält soviel Freude für Dich bereit. Nutze die Spielwiese des Lebens, um täglich Deinen Herausforderungen zu begegnen. Sie sind wie Gegner, die Du besiegen musst, privat wie beruflich. Jetzt könnte die kleine Stimme in Dir natürlich intervenieren. „Moment mal! Das Leben ist kein Spiel. Dazu ist es deutlich zu ernst, zu hart, zu echt, zu schwierig." Meine Meinung dazu? Das ist totaler Quatsch. Es stimmt einfach nicht. Wer hat Dir das erzählt? Es gibt nicht nur schwarz und weiß. Das Leben ist ein Spiel wie Monopoly, wie Fußball, wie Hallenhalma. Sieh es mal von dieser Seite. Mit Deiner Geburt wurde Dir erlaubt, das Spiel des Lebens mitzuspielen. So, wie Du am Anfang in das Spiel eingestiegen bist, also geboren wurdest, so wirst Du definitiv am Ende dieses Spielfeld verlassen. Mit NICHTS dabei, nackt und alleine. Nur DU. So, wie du auf die Welt gekommen bist, so wirst Du sie verlassen. Das ist der Kreislauf des Lebens. Also kannst du unterm Strich nur um eine gute Zeit auf dieser Erde spielen. Da Du nichts mitnehmen kannst, kannst Du auch nichts verlieren. Du kannst hier nur gewinnen.

Alles, was zwischen Anfang, der Geburt, und Ende, dem Tod, geschieht, hast Du selber in der Hand. Wie Deine Lebenskarriere verläuft, kannst Du ebenso professionell gestalten, wie der Profisportler seine Karriere plant. An dieser Stelle bitte ich Dich, vergleiche Dich mal mit den Besten des Sports, mit den Menschen, die nach ihrer aktiven Laufbahn ihren Beitrag zu einer besseren Welt geleistet haben. Sie haben in ihrer Lebenszeit die Welt ein kleines Stück besser gemacht. Nimm mal einen Franz Beckenbauer, Pele, Muhamad Ali, Michael Jordan, John McEnroe, bald auch Wladimir und Vitali Klitschko, alles Menschen, die irgendwann physisch nicht mehr in der Lage sind, ihren Sport auszuüben. Sie treibt ihre Lebensmission über den Sport hinaus weiter voran. Sie haben sich der Aufgabe verschrieben, vielen Menschen Mut zu machen und ihnen Perspektiven zu bieten. Sie wollten ein Beispiel, ein Vorbild für andere sein.

Wie erfüllend würde es für Dich am Ende Deines Lebens sein, wenn Du wüsstest, dass Du diese Welt ein kleines Stück besser gemacht hast? Du hast auch alle Potenziale dazu in Dir. Mache, was Dich erfüllt. Die Grundvoraussetzung ist, Spiele nur das Spiel, das Dir gefällt. Spiele das Spiel, das Dir Spaß macht und Dich in erster

Linie mit Freude und Leidenschaft erfüllt. Du hast nur ein Leben. Suche den Weg, der Dich persönlich bereichert, nicht nur im ideellen Wert, sondern auch faktisch. Nur wenn du in Deiner eigenen Erfüllung lebst, sind erfüllte Zustände die Folge. Das sind eiserne Lebensgesetze. Nicht nur im Sport.

Die Folge der ideellen Erfüllung eines Franz Beckenbauer ist, dass er finanziell erfolgreich dasteht. Er ist seiner Passion und Mission stets treu geblieben. Man stelle sich vor, er hätte mit 20 Jahren entschieden, dass er von nun an Boxer sein wolle. Er hätte sich eine blutige Nase in vielerlei Hinsicht geholt. Das war nicht seine Passion. Was wäre, wenn sein Vater ihm befohlen hätte, einen Job in einer Fleischerei anzutreten? Für einen begnadeten Fußballer wie Franz Beckenbauer wäre es Freiheitsberaubung gewesen. Man hätte ihm ein Korsett aufgezwungen.

Was ist für Dich Freiheitsberaubung? Wie sieht Dein Korsett aus? Kannst Du Dich befreien und Deine Leidenschaft finden? Ein Fußballer lebt seinen Traum. Lebst Du auch Deinen Traum? Oder trägst Du Dich jeden Morgen mürrisch zur Arbeit, weil es Montag 8.00 Uhr ist und Zeit, Geld zu verdienen, so dass Du und Deine Familie überleben können? Das sind falsche Voraussetzungen, um persönlich und finanziell frei zu werden. Es sind falsche Voraussetzungen, um glücklich zu werden. Meine Frage an Dich: Liebst Du das, was Du tust? Liebst Du Dein Leben? Wenn JA, herzlichen Glückwunsch! Das ist das, was ich persönliche Freiheit nenne. Wenn NEIN, hast Du allein die Macht, das zu verändern. Du selbst musst es verändern, um Gefühle wie Glück, Erfolg, Spaß und ein positives Spiel des Lebens zu bekommen.

Jeden Tag bekommen wir eine neue Chance. Jeden Tag können wir uns neu entscheiden, auch wenn es manchmal nicht so aussieht. Wir werden als Originale geboren, viele sterben als Kopien. Gestalte Dein Leben so, wie Du es willst und wie es für Dich vorgesehen ist. Das geht! Du bist in diesem Leben nur einem einzigen Menschen Rechenschaft schuldig: DIR selbst. Was hält Dich also davon ab, zwischen Deiner Geburt und Deinem Lebensende das Leben zu führen, das Du wirklich willst? Wenn Du es tust, ist das die Quelle Deiner täglichen Motivation, Deines Wohlfühlfaktors und Deines Lebens in Freiheit. Du wirst feststellen, welche Energie in Dir frei wird, wenn Du tust, was Du liebst.

Ein erfolgreicher Fußballer muss Fußball lieben, sonst könnte er nicht erfolgreich spielen und sich den täglichen physischen und geistigen Herausforderungen stellen. Was sind Deine Herausforderungen? Hast Du darüber nachgedacht und die einzelnen Bereiche Deines Lebens analysiert, Dich und Deine Persönlichkeit, Deine Beziehungen und Familie, Job, Freizeit, Gesundheit, Finanzen? Du solltest lieben, was Du tust. Du solltest Dich und Dein Leben lieben. Worin bestehen Deine kleinen und großen Herausforderungen?

Wenn Du Dein Spiel liebst, beginnen alle Herausforderungen Spaß zu machen. Es entwickelt sich der Wunsch nach immer neuen Herausforderungen, so dass Du daran wachsen und Dich messen kannst. Liebst Du Dich selbst? Es ist die Grundvoraussetzung dafür, dass Du auch andere Menschen lieben kannst. Du kennst vielleicht den weit verbreiteten Spruch: „Liebe kann man nicht nehmen, nur geben." Wie willst Du Liebe geben, wenn Du sie nicht in Dir selbst trägst? Mit Liebe zu Dir wirst Du aus einem erfüllten Zustand heraus alle Deine Lebensbereiche schöpferisch gestalten und sie mit ideellen Kräften, Visionen und Zielen weiter entwickeln. Deine Beziehungen werden eine neue Qualität bekommen, wenn Du Liebe gibst, anstatt Liebe zu erwarten. Was Du gibst, kommt vollautomatisch zu Dir zurück. Nicht zwingend von dem, wohin du es gibst und auch nicht zeitgleich, aber es kommt zu Dir zurück. Das ist ein kosmisches Lebensgesetz. Was du ausstrahlst, strahlt auf Dich zurück. Das ist das Gesetz der Resonanz. Ein Volksspruch sagt: „Wie man in den Wald ruft, so schallt es hinaus!"

Mit dieser Kraft spielt es für Dich keine große Rolle, auf welchem Spielfeld Du Dich bewegst. Du liebst das Spiel? Dann ist es völlig egal, ob Du ein Heimspiel oder ein Auswärtsspiel hast. Der Fußballer muss ständig Auswärtsspiele bestreiten, in fremden Stadien, in fremden Städten, vor fremden Fans. Er muss raus aus seiner Komfortzone. Nur wenn er auch diese Spiele gewinnt, diese Herausforderungen annimmt und ihnen erfolgreich begegnet, kann er Champion werden. Erst dann kann er sich mit den besten Fußballern der Welt messen. Es ist also wichtig, Aufgaben außerhalb der eigenen Komfortzone anzunehmen und zu meistern.

Meine Frage an Dich: Nimmst Du Herausforderungen außerhalb Deiner Komfortzone an? Woran merkst Du das? Wie fühlt es sich an? Was machst Du dann? Wie gehst Du damit um? Angelegenheiten, die Du als Probleme wahrnimmst, die ein mulmiges Gefühl in Dir hervorrufen, Dinge, die Du vor Dir herschiebst und verdrängst, DAS sind Herausforderungen außerhalb Deiner Komfortzone. Nehmen wir ein Beispiel. Du willst fünf Kilo abnehmen. Soweit, so gut. Jedes Mal, wenn Du zum Sport ansetzen willst, spricht Deine kleine Stimme: „Ach, lass es heute bleiben", „Mach´s morgen," oder „Sport ist Mord - lass mal stecken."

Du kannst davon ausgehen, immer, wenn diese innere Stimme mit Dir spricht und Du Dich ihr widersetzt, bist Du dabei, Deine Komfortzone zu verlassen. Dann bist Du im Begriff zu wachsen. Klasse! Nimm das wahr. Es ist eine Leistung, ein kleiner Sieg, ein fettes Tor, das Du schießt. Du lässt das Angenehme und Bequeme hinter Dir und gehst auf etwas Neues und Unbekanntes zu. Das ist Weiterentwicklung. Du arbeitest konstruktiv an der Lösung Deines Problems, das lediglich eine Herausforderung außerhalb Deiner Komfortzone ist. Mehr nicht. Vielleicht ist das etwas unangenehm, aber das macht nichts.

Wenn Du Dein Problem gelöst hast, Deine Challenge gemeistert hast, darfst Du stolz auf Dich sein! Es ist wie ein gewonnenes Spiel. Das kannst Du feiern. Du bekommst dafür nicht drei Punkte in der Bundesligatabelle, sondern Deine Belohnung ist persönliches Wachstum und ein starkes Siegergefühl. Beim nächsten Mal nimmst Du ein ähnliches Problem gar nicht mehr als Herausforderung wahr, sondern nur noch als eine ganz normale Aufgabe, die Deinem Kenntnisstand entspricht. Auch Ängste sind große Herausforderungen, immer außerhalb unserer Komfortzone. Wenn Du einmal die Angst besiegt hast, ist sie verschwunden und kommt nicht zurück.

Wenn Du Dich regelmäßig mit Deinen Herausforderungen beschäftigst, sind es nur noch kleine Aufgaben. Das Gleiche passiert mit manchen Phobien oder Hysterien: Wenn Du eine Spinne siehst oder mit einer Schlange konfrontiert bist, kostet es beim ersten Mal massive Überwindung, ruhig zu bleiben und das Richtige zu tun. Bei einer Phobie durchfährt Dich bei der Konfrontation ein Adrenalinstoß, Kaltschweiß bricht aus, der Puls schnellt in die Höhe, das Herz klopft bis in die Ohren. Aus jeder Zelle Deines Körpers schreit es: Angst. Jetzt ruhig zu bleiben, ruhig zu atmen, und zu überlegen, was Du tun kannst, ist die Kunst. Das ist das Ziel. Je öfter Du eine solche Konfrontation übst, desto besser meisterst Du sie. Das unangenehme Gefühl lässt nach, die Angst verschwindet. Sie ist besiegt. Verstehst Du, dass alles, was ein Fußballer auf dem Platz spielt, einst angstbehaftet war? Es gab irgendwann mal den Moment, wo dieser Pass, dieses Tor, dieser Schuss ein weit entfernter Traum war, ein fast unerreichbar großes Ziel und eine Riesenherausforderung.

Wie war es, als Du geboren wurdest? Du musstest Dir den ersten Schritt deines Lebens hart erarbeiten. Stolpern, immer wieder hinfallen, aufstehen, neuer Versuch. Konntest Du schon sprechen, rechnen, schreiben, Auto fahren? Nein, alles, was Du kannst, war irgend wann eine Herausforderung, die du angenommen und gemeistert hast.

Ziele, Träume, Visionen, alle liegen außerhalb unserer Komfortzone. Um sie zu erreichen, musst Du Dinge tun, die Dich fordern. Du musst Dich dazu überwinden, weil sie unangenehm sind. Vergleichbar mit einem Auswärtsspiel beim Fußball, für das ich in ein fremdes Stadion gefahren bin, vor fremden Fans gespielt habe, die nicht uns, sondern ihrer Mannschaft zugebrüllt und uns ausgepfiffen haben. Das ist, was ich mit „außerhalb der eigenen Komfortzone sein" meine. Doch weil wir gewinnen wollten, um aufzusteigen, mussten wir es tun. So auch bei Dir. Welches Spiel, welche Meisterschaft willst Du gewinnen, welche Ziele, Träume, Visionen realisieren? Die „BIG Points" im Spiel Deines Lebens sind die Herausforderungen, die Du annimmst und meisterst. Sie machen Dich stolz, erfolgreich und glücklich. Durch deren Bewältigung und dem Besiegen Deiner inneren Ängste, näherst Du Dich unaufhaltsam Deinen Zielen. Visionen, die einmal weit entfernt schienen, kannst Du Dir auf einmal eine Armlänge entfernt als erreichbar vorstellen. Setze Dir kleinere Zwischenziele, messbare Erfolgsschritte und es wird leichter und motivierender, die großen Ziele zu erreichen.

Spiele das Spiel des Lebens wie ein Profifußballer. Jedes einzelne Spiel ist ein Zwischenziel auf dem Weg zu Deiner Meisterschaft.

Betrachte als Endziel einen Siegerpokal, den Du beim Erreichen stolz in den Himmel reckst und tosender Beifall der Lohn ist. Jedes gewonnene Spiel bringt Dich näher. Jedes verlorene Spiel, ein Misslingen eines Zwischenziels, wirft Dich zwar zurück, doch die Analyse der Gesamtsituation und der Blick auf das große Endziel wird Dir helfen, diese Niederlage zu verkraften. Du kannst die Erfahrung nutzen, um daraus zu lernen. Mit dem richtigen Lernen aus einer Niederlage, kann der Nutzen einer Niederlage sehr viel größer sein als aus einem Sieg. Kling paradox, doch es macht Dich stärker und weckt Deinen Ehrgeiz mit „jetzt erst recht". Du wirst noch entschlossener das nächste Spiel gewinnen. Deine Spiele sind vielleicht Verkaufsgespräche, eine Stufe höher auf die Karriereleiter, Herausforderungen mit Partner, Familie oder Freunden zu meistern, eine Aus- oder Weiterbildung, der Englischkurs, ein Projekt in Deinem Verein, das Auswählen einer Kapitalanlage, der Fitnessplan oder was auch immer für Dich ansteht. Du wirst es meistern. Du hast, wie jeder Einzelne von uns, Deine ganz individuellen Spiele, die Du erfolgreich gestalten musst.

Meine Frage an Dich: Wie bereitest denn Du Dich auf Deine Herausforderung vor? Glaubst Du, der FC Bayern München wäre so erfolgreich, wenn man sich und die Spieler nicht professionell auf ihre Spiele vorbereiten würde? Glaubst Du, ein Spieler würde die Strapazen einer langen Saison überstehen, wenn es nicht ein entsprechendes Vorbereitungstraining gäbe? Wenn Du nun Dein Ziel klar formuliert und den Weg dorthin mit kleinen Zwischenzielen festgelegt hast, mache Dir einen Plan, erarbeite eine Strategie, um es zu erreichen.

Gehe an die Sache heran wie eine Fußballmannschaft und Ihre Trainer, die unbedingt Meister werden wollen. *„Nach dem Spiel ist vor dem Spiel"*, sagte der berühmter Bundestrainer Sepp Herberger. Das kannst Du bedenkenlos vom Sport übernehmen. Die Kraft der Strategieplanung entscheidet über Deinen Erfolg. Je gezielter die Vorbereitung, Training, Simulation, Einstellung und Fokussierung auf alle geplanten Aktivitäten und Handlungen, desto besser wird das Ergebnis sein. Perfektioniere Den Weg bis zum Ziel. Die Herangehensweise, Deine Taktik wirst Du sicher noch verändern, so wie das ein Fußballteam macht, je nachdem ob es zuhause oder auswärts antritt. Aber Taktik, Plan, Weg und Ziel stehen schon vor jedem Spiel fest.

Wenn Du die Entscheidung getroffen hast, das Spiel zu spielen und die Herausforderungen anzugehen, lege Deine Strategie fest. Überlege, welche großen Herausforderungen Du bis jetzt in Deinem Leben gemeistert hast. Waren sie im Vorfeld unangenehm? Musstest Du dazu aus Deiner Komfortzone heraus? Wie hast Du Dich gefühlt, als Du es geschafft hast? Wahrscheinlich hast Du trotz anfänglicher Skepsis und mit einem mulmigen Gefühl die Aufgabe mit Bravour gemeistert. Siehst Du, Du hast dieses Siegergen schon in Dir. Hole Dir das tolle Gefühl zurück, wann immer Du es brauchst. Nimm es mit zur Unterstützung, wenn Du jetzt angreifst. So machen das die Fußballer! Auch Du bist ein Sieger.

Hast Du einen persönlichen Poweranker? Eine kraftvolle Faust in die Luft recken und dazu den Satz „Ich schaffe das!" oder „Yes, I do!" könnten so ein kraftvoller Anker sein. Nimm etwas, das zu Dir passt. In meinen Seminaren lernen meine Teilnehmer als Erstes einen kraftvollen, dynamischen Anker zu setzen, der ihnen in schwachen Momenten Kraft und Motivationspower gibt. Doch zunächst versuche es allein. Wiederhole Deinen Anker fünfmal. Am besten vor einem Spiegel. Spürst Du wie sich Deine Energie verändert, wie ein Prickeln aus dem Bauch hochsteigt und Dich ausfüllt? Wie Du Dich stärker fühlst und spürst, welche Kraft Du in Dir hast? Glaubst Du nun, dass Du die Dinge schaffen kannst, die Dir zuvor noch so schwer erschienen?

Und nun, greife an! Deine persönliche Herausforderung wartet auf Dich. Das Spiel geht los. Angriff! Auf geht´s in Richtung Tor. Genieße die Atmosphäre des Spiels. Stelle Dir vor, Du bist auf dem Platz und wirst das Siegtor schießen. Lasse Dich beflügeln von den Menschen, die Dich unterstützen. Deine Fans. Chancen bekommt man nicht, Chancen erarbeitet man sich. Also, los geht´s, Angriff. Mit dieser Einstellung kannst Du Dir jede berufliche Chance erarbeiten, Chancen mit Partnern, Deals, die es zu verhandeln gilt, Verkäufe und Umsätze, die Du machen willst. An allem muss man arbeiten, nichts kommt automatisch. Bleibe Deiner Strategie, Deinem Training treu, arbeite konstant am Erreichen der Zwischenziele auf dem Weg zum großen Ziel. Wenn Du Dir diese Chancen erarbeitet hast, nutze sie.

Auch das ist wichtig: Chancen muss man erkennen lernen. Ein Fußballteam, das taktisch sauber spielt, eine gute Spielanlage hat, aber die Chancen nicht sieht und sie nicht nutzt, also keine Tore schießt, verliert. Also erarbeite Dir Deine Chancen, überlege taktisch und strategisch, wie Du sie nutzt. Mache dafür, was nötig ist. Leider bekommt man nur selten etwas geschenkt. Verwandle dann Deine Chance in etwas Zählbares, in Erträge, in Weiterentwicklung, Wachstum, Gewichtsabnahme, Fortschritt, Geld, beruflichen Aufstieg oder in bessere Beziehungen. Überall bekommst Du Chancen, Du musst sie nur erkennen und sie nicht an Dir vorbeiziehen lassen. Das Leben bietet dem agilen, dem wachsamen, dem denkenden Menschen sehr, sehr, sehr viele dieser Gelegenheiten, so viele, dass es kein Drama ist, sie - ab einem gewissen Spielstand - auch mal „zu versieben". So wie das im Fußball passiert, passiert es auch im richtigen Leben. Deine Taktik? Erkennen, akzeptieren, abhaken, volle Konzentration aufbauen und weiterspielen. Wieder auf Angriff gehen. Die nächste Chance kommt sicher.

Vielleicht war Dein Energielevel unten, als Du die Chance vertan hast? Wie im Fußball macht es auch im Lebensspiel Sinn, sich während der laufenden Herausforderung auch einmal eine Pause zu gönnen. Das ist kein Luxus. Das ist sogar ein Muss! Dich kurzfristig bewusst herauszunehmen und einen Blick auf das eigene Spiel zu werfen, ist eine grandiose Gewinnereigenschaft.

Die Beobachtungsperspektive einzunehmen ist der Moment, in dem Du Dich selbst reflektieren kannst:

- führt meine gewählte Strategie immer noch zum Ziel?
- was war gut, was war nicht so gut?
- was sollte ich verändern?

- wen könnte ich zusätzlich aus dem Spiel nehmen oder welchen Ersatzspieler sollte ich einsetzen?

Je länger Deine Herausforderung andauert, desto mehr Fortschritte wirst Du erkennen. Wenn Du das Ziel hast, Körperfett zu verlieren und Deinen Muskelanteil aufzubauen, so ist es ein gutes Gefühl, während eines Trainings bis an die Grenzen zu gehen und die Muskeln zu fordern bis sie brennen. Dann Entspannungsphase, Regeneration. Nur das führt zu einem spürbaren Veränderungsprozess, den es zu wiederholen gilt. Immer wieder neue Reize zu setzen ist das Geheimrezept, um Muskeln wachsen und Fett verbrennen zu lassen. Übrigens nicht nur die Muskeln: Neue Reize lassen generell jeden Menschen wachsen! Es ist eine, in allen Lebensbereichen wiederkehrende Systematik. Am Ende einer Herausforderung gibt es nur zwei Ergebnisse. Entweder warst Du erfolgreich oder Du hast verloren. Hast Du Erfolg, ist es einfach, damit umzugehen, verlierst Du, brauchst Du eine Strategie, das zu verkraften. Darauf gehe ich später ein. Doch zuvor ein kleiner Exkurs:

Was sind Ergebnisse?

Im Fußball gibt es vier Arten von statistischen Ergebnissen. Statistiken lassen sich auch auf das Leben übertragen, aber die Ergebnisse sind im Leben nicht so messbar wie ein klassisches 1:0, 0:3 oder 2:2. Man unterscheidet im Fußball zwischen Sieg, Niederlage, Kantersieg (= hoher Sieg) und Debakel. Im Leben gibt es kein Unentschieden (= Remis) als Endergebnis. Solange es unentschieden steht, ist es eben „noch nicht entschieden" und eine Entscheidung muss getroffen werden. In der Regel von Dir. Also entscheide Dich ganz klar, ob Du dieses Projekt zum Erfolg bringen willst oder nicht

Was sind Siege?

Ein Sieg ist das erfolgreiche Meistern Deiner persönlichen Herausforderungen. Du hast nach einem Plan gehandelt und am Ende Dein Ziel oder Zwischenziel erreicht. Das kann das erste verlorene

Kilogramm in Folge eines neuen Ernährungsplans oder Fitnessprogramms sein. Es kann der erste Arbeitstag in einem neuen Job sein, die Silberhochzeit mit Deinem Partner, eine erfolgreiche Geldanlage, ein abgeschlossenes Studium oder ein bestandener Lehrgang. Was immer es ist, feiere Deinen Sieg. Feiere jede bestandene Herausforderung. Das hast Du Dir verdient. Es war das Siegergefühl, das Dich angetrieben hat. Sei stolz auf Dich. Ein Sieg motiviert zum Weitermachen und belohnt Dich für das Erreichte. Denke an die Teams, die jedes einzelne Tor und jeden Sieg feiern. Warum solltest Du das nicht tun? Und danach: „Nach dem Spiel ist vor dem Spiel."

Was sind Niederlagen?

Du hast es nicht geschafft, hast die Herausforderung nicht gemeistert und das Ziel oder Zwischenziel verpasst, ein Spiel verloren? Das ist vielleicht eine harte Nuss für Dich, doch wie im Fußball macht auch im Leben ein einziges verlorenes Spiel noch lange keine verlorene Meisterschaft. Was lernst Du daraus? Akzeptieren, analysieren, abhaken, neue Konzentration aufbauen, durchstarten und Angriff. Für mich gibt es keine klassische Niederlage. Es gibt zwar einen Mangel an Erfolg, aber das kannst Du in jeder Sekunde verändern, indem du aus Misserfolgen lernst. Entscheide Dich für den Erfolg und arbeite professionell daran, wie ein Fußballteam. Misserfolg ist nichts anderes als das Sammeln von Erfahrungen. Sie geben Dir beim nächsten Mal die Chance, es anders, es besser zu machen. Analysiere, was nicht so gut ging, und verbessere Deine Taktik je nachdem, was gefehlt hat. Werde dynamischer, ruhiger, schneller, langsamer, leidenschaftlicher oder geplanter, je nachdem, was Du brauchst.

Manchmal ist eine Niederlage strategisch wichtiger als ein Sieg. Klingt paradox, aber im Fußball sehen wir es so. Nämlich dann, wenn man gestärkt aus der Niederlage hervorgeht. Wenn man die Schwächen analysiert und sie in Stärken umwandelt. Das Erkennen von Schwächen lässt zu, dass Du anders handelst und die Situationen veränderst. Alleine das Erkennen einer Schwäche ist ein Erfolg. Erkennen von Schwächen bedeutet Glück im Unglück. Entscheide für Dich: War es eine Niederlage oder kann ich daraus einen Gewinn für mich ziehen und mich selbst verbessern? Oliver Kahn hätte genügend Gelegenheiten gehabt, den Kopf in den Sand zu stecken, aber er hat jede Niederlage genutzt, um daran zu wachsen. So wurde er der beste Torhüter der Welt.

Obwohl...

...er mit 15 Jahren aus der Kreisauswahl flog, weil er als zu klein und schmächtig galt.

...er mit 16 Jahren in die dritte Mannschaft der Jugend zurückversetzt wurde.

...er mit 17 Jahren nur in der A-2 (zweite Mannschaft der A-Jugend) spielen durfte.

...er bei seinem ersten Bundesligaspiel 0:4 verlor.

...er sein zweites Spiel auch noch 1:3 verlor.

...er sich bei Bayern München mit 25 Jahren einen Kreuzbandriss zugezogen hat, was für Torhüter in der Regel das end gültige Aus bedeutet

...er fünf Jahre bei der Nationalmannschaft von Deutschland auf der Bank als Ersatztorwart saß.

Oliver Kahn zog aus allem noch so Schlechten immer das Beste für sich heraus und hatte von Kindesbeinen an den unstillbaren Hunger, sich zu verbessern. Oliver Kahn suchte niemals nach Schuld, Fehlern und Problemen beim Trainer, bei Mitspielern und irgendwo im Außen. Er identifizierte seine persönlichen Schwächen, arbeitete an ihnen und wurde dadurch jeden Tag besser. Er übernahm bei Rückschlägen und Niederlagen immer selbst die volle persönliche Verantwortung.

Das ist eine Gewinnerhaltung. Wem Du die Verantwortung gibst, dem gibst Du die Macht. Die Macht, Dinge zu verändern, Dich zu verändern, über Dich zu bestimmen, Dein Leben zu manipulieren, Dich von Deinem Weg abzubringen oder Deine Gedanken zu verändern. Es gibt tausend Möglichkeiten, dass andere Einfluss auf Dein Leben nehmen. Lass das nicht zu!

Du willst der Gewinner sein? Dann mache es wie Oliver Kahn, übernehme die volle Verantwortung für Dein Handeln, Deine Siege und Niederlagen. Nur so wirst Du besser. Oliver Kahn tat das ständig. Er lernte aus allem. Zum Beispiel stellte er nach einer Niederlage selbständig sein Training um, beschäftigte sich mit Mentaltraining, arbeitete mit speziellen Trainern, fokussierte auf alles, was ihn besser machen konnte und trainierte situativer, intensiver und motivierter.

Trainiere auch Du Deine Fähigkeit, nach einer Niederlage das Positive darin zu suchen und nicht zu verzweifeln oder gar aufzugeben. Verwandle Niederlagen in Ehrgeiz und Motivation. „Jetzt erst recht" oder „Ich zeig´s Euch, dass ich das besser kann!" Schon in der altgriechischen Mythologie ist „Phönix aus der Asche" entstanden. Phönix, ein mythischer Vogel, der verbrennt und stirbt, dann aber aus dem toten Leib wieder neu aufersteht. In jeder tiefen Niederlage steckt genügend Potenzial, das Dich befähigt wie „Phönix aus der Asche" aufzusteigen und einen neuen, noch besseren Anlauf zu wagen.

Was ist ein Kantersieg?

Im Fußball spricht man von einem Kantersieg, wenn man einen hohen Sieg mit mehreren Toren erzielt hat. Also etwa Ergebnisse wie 6:1, 7:0, 5:1. Man war der Situation übermächtig, hat über den Gegner nach Belieben bestimmt, hat ihn vorgeführt. Die Herausforderung war an diesem Tag zu klein. Vielleicht war man besser vorbereitet als der Gegner, in besserer Form und die eigene, mentale Stärke war zu dominant. Wenn Du einen Kantersieg erzielst, hast Du extrem gut trainiert und vorher viele Erfolgshandlungen vollzogen. Prüfe, ob Du vielleicht gar Dein Zwischenziel nicht zu niedrig angesetzt hast. Oder warst Du einfach stärker? Analysiere Kantersiege genau und verfalle auf keinen Fall in ein überhebliches Gefühl!

Deine Freude über einen solchen Sieg hält sich verständlicherweise in Grenzen, wenn Du einen schwachen Gegner hattest oder die Herausforderung nicht der Rede wert war. Bei einem schwachen Gegner macht das Tore schießen gar keinen so großen Spaß. An solchen Siegen wächst man nicht. Es ist wie Eigenmanipulation: Du „machst Dir selbst die Taschen voll". Das ist mal ok, aber dauerhaft bringt Dich ein Kantersieg nicht vorwärts. Das können nur echte Herausforderungen. Bei einem Kantersieg analysiere die Situation sehr genau und entscheide, wie Du weitermachst.

Was ist ein Debakel?

Wir sprechen im Fußball von einem Debakel bei den Niederlagen, die wir am liebsten sofort vergessen würden. Man schämt sich über seine eigene, schlechte Leistung. Sicher gibt es plausible Erklärungen für ein Debakel, aber es bleibt, was es ist: Ein Debakel. Analysiere es genau! Übernimmst Du selbst die Verantwortung oder suchst Du die Schuld bei anderen? Nimm Dir ein Beispiel an Oliver Kahn. Nur so kannst Du wachsen, Dich verbessern und beim nächsten Mal Deinen Handlungsweg optimieren.

Finde heraus, ob grundsätzlich Deine Zielsetzung und Deine Herausforderungen realistisch sind oder sind sie zu anspruchsvoll? Bist Du den Herausforderungen gewachsen oder musst Du zuerst noch an Dir arbeiten, mehr trainieren, um dann stärker durchzustarten? Musst Du kleinere Schritte planen, so dass sich kleinere Erfolge einstellen? Zu hoch und zu oft zu verlieren, macht keinen Spaß, strapaziert die Motivation und ist auf Dauer zum Scheitern verurteilt.

Wenn Du keinen Trainer oder Coach zur Seite hast, der Dich immer wieder aufbaut und fördert, wirst Du irgendwann genervt aufgeben. Gehe das Risiko nicht ein. Wenn Du an diesem Punkt bist, lade ich Dich herzlich ein, eines meiner Seminare zu besuchen. Betrachte grundsätzlich alle Deine Herausforderungen und Ziele als Dein Spiel des Lebens. Es gibt zwar Mitspieler, aber letztendlich bist Du ein Einzelspieler, der versuchen muss, möglichst erfolgreich und glücklich zu werden. Im Fußball ist Messi ein gutes Beispiel. Er, einer der besten Fußballer der Welt, ist ein gesunder Egoist, egal, was er tut oder in welchem Team er spielt. Er schafft es, beides zu sein: Egoist und Teamplayer. Das ist genau die Herausforderung, die es zu meistern gilt.

Was ist die Motivation, um wirklich erfolgreich zu werden? Oft höre ich in meinem Coaching, dass „Geld verdienen" und „reich werden" die Motive sind. Doch stimmt das wirklich? Kann Geld allein eine so große Motivation sein? Ich gebe zu bedenken, dass unser letztes Hemd keine Taschen hat. Geld ist klasse. Viel Geld zu haben, macht das Leben angenehmer. Fragst Du aber Profisportler, so ist Geld nie der Antriebsmotor für außerordentlich gute Leistungen. Es ist ihre Leidenschaft, ihre Liebe zum Fußball. Wie ist das bei Dir? Wenn Du aus Liebe, aus Leidenschaft, aus Freude agierst, weil Dir jeder Tag in Deinem Leben und das, was Du tust wirklich Spaß macht, ist Geld und finanzieller Erfolg nur die logische Folge Deiner Erfolgshandlungen, nicht mehr. Wenn Du Dein eigenes Spiel wie ein Leistungssportler planst, um Ziele zu erreichen, dann muss die Motivation woanders herkommen. Nicht vom Geld, sondern aus Deinem Innern. Wie Du diese Erfolgshandlungen konkret planst, erfährst Du im Kapitel: "Mit der Siegertaktik zum Erfolg."

Mein Tipp: Gehe an jedes Spiel, an jedes Projekt, an jede Arbeit mit dem unbezwingbaren Vorsatz heran, es zu gewinnen, den Deal zu machen, den Tag erfolgreich zu gestalten. Das ist der kleine Unterschied, der Sieger ausmacht: Spielst Du das Spiel, um zu gewinnen oder spielst Du das Spiel nur, um nicht zu verlieren? Alle erfolgreichen Profispieler spielen NUR, um zu gewinnen. Das bedeutet für Dich, um zu gewinnen, musst Du lieben, was Du tust. Nur so bist Du langfristig in der Lage, hundertprozentig alles zu geben. Ein Fußballer macht sein Hobby zum Beruf und seine Leidenschaft zum Job. Liebst Du Dein Spiel des Lebens, so wirst Du grandiose Erfolge erzielen, auch solche, die Dir bis dato unerreichbar erschienen. Lenke, denke und übernehme die volle Verantwortung, denn nur dann kannst Du alle Chancen nutzen, die Du Dir erarbeitest.

Mit Deiner Geburt hast Du die Eintrittskarte zu Deinem Spiel des Lebens erhalten. Eines Tages wirst Du die Karte abgeben müssen und das Spiel ist zu Ende. Dazwischen entscheidest Du jeden Tag, wie Du Dein Spiel gestaltest und ob Du gewinnst oder verlierst. Freue Dich, über jeden neuen Spieltag, über jedes Training, jede Herausforderung. Sie geben Dir immer wieder die Chance der beste Spieler zu sein, der in Dir steckt!

„Spiel ist notwendig zur Führung eines menschlichen Lebens."

(Thomas von Aquin, ital. Philosoph)

Regel 4: Spiele das Spiel Deines Lebens, um zu gewinnen, nicht um nicht zu verlieren.

Kapitel 5:
Die Spielregeln: Bleibe immer im Spiel

"Schiedsrichter zu werden, kommt für mich nicht in Frage. Eher etwas, dass mit Fußball zu tun hat."

(Lothar Matthäus, ehem. Nationalspieler Deutschland)

Der Stürmer läuft alleine aufs Tor zu. Nur noch der Torwart steht als letztes Hindernis vor ihm. Plötzlich rauscht von der Seite ein Gegenspieler an und, in der Fußballsprache gesprochen, „kehrt den Stürmer weg!" Er foult ihn und die sichere Torchance ist vertan. Der Stürmer liegt mit schmerzverzerrtem Gesicht am Boden. Der Schiedsrichter, der das Regelwerk dieses Sports zugrunde legen muss, entscheidet: „Der Gegenspieler hat durch ein Foul eine eindeutige Torchance verhindert und wird dadurch mit einem Feldverweis bestraft." Was passiert? Er bekommt die rote Karte. Die rote Karte bekommen Spieler für grobe Fouls, unsportliches Verhalten, Tätlichkeiten wie Beschimpfungen, Treten, Schlagen und für gefährliches Spiel. Für leichtere Vergehen, die ebenfalls nicht mit dem Regelwerk konform sind, bekommen Spieler eine gelbe Karte. Sie dient als Verwarnung mit der klaren Botschaft: „Mach mal langsam" und „Noch einmal, dann darfst Du nicht mehr mitspielen". Wer im Profifußball in einer Saison fünfmal eine gelbe Karte kassiert hat, ist vorbestraft und muss beim nächsten Spiel aussetzen.

Erkennst Du Parallelen zum echten Leben? Man kann vom Fußball viel lernen, und das möchte ich mit Dir genauer anschauen. Im Fußball vertritt der Schiedsrichter die Spielregeln. In unserer westlichen Gesellschaft gibt es demokratische Regeln, die das System stabilisieren. Das sind Finanzgesetze, Steuergesetze, Grundgesetze, bürgerliche Gesetze, Verkehrsgesetze. Unsere gesellschaftliche, oberste Instanz, der Staat, hat ein Heer von Schiedsrichtern zur Achtung und Kontrolle des Fair Plays, die uns jeden Tag begegnen. Die Polizei, Bundeswehr, Beamte in den Ämtern wie Jugendamt, Finanzamt, Ordnungsamt. Bekommt man gesellschaftlich die gelbe Karte, kommt man mit einem blauen Auge davon. Das kann eine Verwarnung in Form von Geldbuße in die Staats- oder Gemeindekasse oder zugunsten eines karitativen Zwecks sein. Die chronischen Falschparker unter uns wissen, wovon ich spreche. Viele gesellschaftliche Bereiche haben ihre eigenen Gesetze. Wirst Du im Verkehr mehrfach verwarnt, darfst Du ab einem bestimmten Zeitpunkt nicht mehr fahren. Man nimmt Dir Deinen Führerschein weg und Du wirst aus dem Spiel genommen.

Je schwerer das Vergehen, desto größer ist die Strafe. Die Spielregeln des Lebens zwingen uns auch mal in längere Pausen vom wahren Leben. Was ich meine? Die größte Denkpause ist eine Haftstrafe. Wir werden komplett aus dem Spiel genommen, müssen Platz und sogar Reservebank verlassen. Und Tschüss! In einigen Staaten geht´s noch krasser: Da wird Dir bei schwerwiegenden Vergehen wie Mord oder politischem Verrat Dein Spielrecht auf Dauer entzogen und es gibt die Todesstrafe. Diese Parallelen mögen süffisant erscheinen, doch so meine ich es nicht. Fakt ist, dass wir Regeln brauchen, damit nicht manche von uns ausreißen und durchbrennen. Systeme müssen funktionieren, egal ob auf dem Fußballplatz oder in staatlichen Gesellschaften. Wir können froh sein, dass es Regeln und Gesetze gibt, die unsere Demokratie aufrecht halten. Ich möchte an dieser Stelle keine Grundsatzdiskussion oder politische Meinungsäußerung betreiben. Mir ist nur wichtig, Dir die Parallelen vom Fußball zum Alltag zu zeigen, damit Du anhand dieses Spiels auch die Attribute und Erfolgshandlungen für Dein eigenes Spiel des Lebens entsprechen regelkonform planen kannst.

Beachte, wie Du im Kleinen spielst, so spielst Du auch im Großen. Wie Du im Sport spielst, so spielst Du auch im Leben. Wie Du mit Deinem Lebenspartner umgehst, gehst Du auch mit Geschäftspartnern um. Deine Gewohnheiten sind Dein Charakter. Hart aber wahr! Ich finde, ein Ansatz für jeden Menschen, darüber nachzudenken. Ich gehe davon aus, dass Du als mein Leser ethisch und moralisch in der Lage bist, Dich an die Regeln unserer Gesellschaft zu halten. Wenn jeder Einzelne von uns das tut, ist ein reibungsloses Funktionieren und Erfolg für alle möglich.

Anders tickt der größte Schiedsrichter in unserem Gesellschaftssystem, der Medienapparat. Unser Staat setzt ein hocheffektives Steuerungsinstrument ein. Mit täglichen Nachrichten, leider oft negativ formuliert und Sendungen, die den Intelligenzquotienten schmälern, versucht man, den Mainstream im Griff zu halten. Frei nach dem Grundsatz: „Gib den Menschen genügend Informationen, damit sie wissen, worüber sie sprechen, aber gib ihnen nur so viele Informationen, damit sie nicht schlau werden." Warum macht man das? Schlaue Menschen können einem System gefährlich werden. Mit Fernsehen und Internet lassen sich heute in Sekundenschnelle Informationen verteilen, die Handlungen des Mainstreams, der Mehrheit der Bevölkerung nach sich ziehen. Prüfe genau, was Du den Medien entnimmst und achte auf die Quellen Deiner Informationen. Mache Dir Dein eigenes Bild und lasse Dir von niemanden dieses Bild verzerren.

Es gibt noch weitere Einflussfaktoren, die meiner Meinung nach noch gefährlicher sind als die Medien. Ich meine die vielen Schiedsrichter, die Menschen rechts und links von Dir. Die wissen alle nur zu genau, was gut für Dich ist. Sie beurteilen, was Du tust, sagen Dir, was Du lassen und wissen vor allem ganz genau, wie Du Dein Leben leben solltest. Dabei hast Du sie gar nicht gefragt. Kennst Du die? Kannst Du diese Schiedsrichter identifizieren? Gibt es sie in Deinem Leben?

Ich bin sicher, denn wir alle haben diese Art von Menschen um uns herum. Das fängt schon früh an. Während Du im Kindergarten noch alles machen darfst, bekommst Du in der Schule schon die erste Zwangsjacke verpasst. Nach Talent wird nicht gefragt, Spaß zu haben, ist völlig unwichtig, und wenn Du dennoch mal enthusiastisch mit glänzenden Augen begeistert von Deiner Leidenschaft erzählst, bekommst Du nüchterne und pragmatische Antworten: „Das tut man nicht!", „Das geht doch nicht!", „Das kannst Du nicht." „Dafür bist Du zu klein!", „Dafür haben wir kein Geld!" „Dafür musst Du aber studieren!" Kommt Dir das bekannt vor? Egal wie groß oder klein Deine Wünsche und Träume waren, schon früh haben Menschen, Regeln, Moralvorstellungen, Gesellschaftsnormen versucht, sie Dir auszutreiben. Ja, ich kritisiere unser Schulsystem. Es arbeitet kontraproduktiv und fördert nicht die Talente, die in unseren jungen Menschen stecken. Es ist ein System, in dem Menschen dienen und funktionieren müssen. Lehrpläne werden Kindern übergestülpt. Talente und Fähigkeiten haben keine Chance. Man versucht Schwächen auf gleiches Niveau wie Stärken zu bringen. Meiner Meinung nach und - ich stehe da nicht allein - der völlig falsche Ansatz. Schwächen stehen im Fokus der Aufmerksamkeit, nicht Stärken und Kinder müssen früh lernen, was sie alles schlecht und welche Fehler sie machen. Doch lernt man nicht viel besser durch einen positiven Ansporn, durch Visionen, durch Förderung von Talenten, Bestärkung nach Erfolgen? Irgendwie ist das an unserem Schulsystem völlig vorbeigegangen und unsere Kinder müssen es immer noch ausbaden.

Das Drama setzt sich im Erwachsenenleben fort. Wir arbeiten in Berufen, die keinen Spaß machen und behalten unsere Zwangsjacke an, weil niemand da ist, der sie uns abnimmt. So kommt es, dass Du bis zum Ende Deiner Schulkarriere Dinge lernst, die Du in Deinem Leben nie wieder brauchst. Allgemeinbildung? Ok, aber ist es wirklich so wichtig zu wissen wie lang der Nil ist oder wie viele Einwohner Mexiko hat, was sich sowieso jeden Tag ändert? Wir lernen nicht einmal ansatzweise, was in uns steckt, was unsere Träume sind, wie wir daraus Ziele machen und wie wir sie erreichen können. Viele haben durch die Kanalisierung des Wissens durch Lehrer, Lehrpläne und Schulnoten in der Schule ihren eigenen Weg noch nicht gefunden, wenn sie die Schule verlassen. Wenn doch, kann es ihnen passieren, dass sie wieder davon ablassen müssen, weil sie nicht den Normen der Gesellschaft entsprechen und andere Dinge von außen eine höhere Priorität bekommen.

Wer dennoch seine inneren Bilder und Träume lebendig halten konnte, hat sie dann vielleicht bei der nächsten Prüfung verloren, bei der so viele Ratgeber ein Mitspracherecht beanspruchen. Die Berufs- oder Studienwahl steht an. Jetzt wissen alle Freunde, Eltern, Onkel, Tanten, Oma und Opa, welcher Job der richtige für Dich ist. Ganz klar, Du wirst Arzt, Rechtsanwalt, Psychologe, Banker. Alles schön und gut, aber fragt man den jungen Menschen auch, was sich sein Herz wünscht? In dem Alter sind die Wenigsten so stark, dass sie sich den so gut gemeinten Empfehlungen ihres Umfeldes widersetzen können. Es würde einem Spießrutenlauf gleichkommen, die wirklichen Träume vor dieser Jury zu vertreten. So haben wir im Laufe unseres jungen Lebens schon Hindernisse zu überwinden, in denen viele natürliche, in der Kindheit entstandene Träume auf der Strecke bleiben. Dann aber kommt irgendwann der Punkt, wo man aufwacht und sich fragt: „War das schon alles?"

Vielleicht bist Du jetzt in diesem Moment an diesem Punkt? Hast Du, vielleicht unter Druck Deiner Schiedsrichter oder wegen der Sorge um Deine Existenz, einen Job und eine berufliche Ausrichtung gewählt, die nichts damit zu tun hat, wovon Du als Kind geträumt hast? Stehst Du immer noch unter Beschuss Deiner Schiedsrichter, die nicht einmal zulassen, dass Du jetzt die Richtung in Deinem Leben änderst? Aber Du hast das Gefühl, dass sich etwas ändern muss, dass etwas nicht passt, sich nicht richtig anfühlt? Dann ist es gut, dass Du dieses Buch in den Händen hältst. Die Parallelen zum Fußball können Dir helfen, neue Wege zu finden. Die erste Hürde, die Du zu bewältigen hast, ist Dich FÜR und GEGEN etwas zu entscheiden. Das braucht Mut.

Wir bekommen im Alltag meist nicht so recht die Anerkennung für das, was wir machen, sondern für das, wer wir sind. Wenn wir uns ändern und uns weiterentwickeln, wird es so einige Schiedsrichter geben, die damit nicht einverstanden sind. Persönlichkeitsentwicklung heißt die Veränderung persönlicher Eigenschaften. Doch die Anerkennung der Menschen in unserem Umfeld ist uns wichtig. Wir brauchen sie. Eines der unangenehmsten Gefühle ist es, nicht dazu zu gehören. Das gab es übrigens schon in der Steinzeit: Wer nicht zur Sippe gehörte, musste sich alleine um Nahrung und ums Überleben kümmern. Übertragen gilt das immer noch. Wer heute anders ist als andere, erfolgreicher, lauter, besser oder aus der Reihe tritt, wird beneidet, gemobbt, bekämpft, gehasst, sozial geächtet und gehört nicht dazu. Wenn sich dann der große Erfolg einstellt, kippt das Bild: dann wird man zwar noch beneidet, aber die Menschen fangen an, einen zu verehren. Auf einmal kennen Dich alle, wollen in Deiner Nähe sein und in Deinem Ruhm glänzen. Leider ist es ein langer, steiniger Weg bis da hin.

„Zuerst ignorieren sie dich, dann lachen sie über dich. Dann bekämpfen sie dich und dann gewinnst du!"

(Mahatma Gandi)

Du brauchst ein dickes Fell, um Dich erfolgreich gegenüber den Menschen in Deinem Umfeld durchzusetzen, denn Du hebelst Schiedsrichter aus und entziehst Ihnen Ihre Macht. Das tut weh. Sie werden sich wehren. Du musst Dich mental darauf einstellen und Dich innerlich stärken. Das ist der Preis, den Du für Deinen Erfolg zahlst. Diesen Preis hat jeder erfolgreiche Sportler, Unternehmer und jedes noch so große Vorbild zahlen müssen. Und ehrlich gesprochen: Er ist es wert.

Aus einem anderen Blickwinkel gesprochen bedeutet das: Wenn Du es schaffst, in Dir Deine Zielbilder so unwiderstehlich zu implementieren, wird niemand in der Lage sein, Dich von Deinem Vorhaben abzubringen. Dein Umfeld hat vielleicht ganz einfach nicht die Vorstellungskraft, zu erkennen, was Du mit Deiner Vision verbindest. Versuche die wichtigsten Menschen mit einzubinden in Deine Pläne, Dein Ziel zu erklären und um Verständnis und Mithilfe zu bitten.

Jeder lebt und denkt anders, jeder tickt anders und jeder hat andere Vorstellungen von seinem Leben. Es kann klappen oder auch nicht. Dennoch hat niemand das Recht, einem anderen Menschen die Träume und Ziele zu nehmen. Das geht auf Dauer nicht gut. Charles Lindbergh wollte schon als ganz junger Mensch den Atlantik mit einem Flugkörper überqueren. Das war sein Traum. Irgendwann hat er es realisiert. Wie lange wurde er belächelt? In unserer Gesellschaft lacht man oft Kinder aus, wenn sie ihrer Kreativität freien Lauf lassen. Ihr Denken hat keine Grenzen. Wie viel Vorstellungskraft, intuitives Wissen und Leidenschaft steckt in kindlichen Träumen? Viele Erwachsene wären glücklich, hätten sie ihre kindliche Vorstellungskraft noch.

Auslachen ist eine Art von Kritik. Im Sport ist Kritik innerhalb des Teams ein absolutes No-Go. Das ist ein ungeschriebenes Gesetz. Wenn man analysiert, dann konstruktiv, aufbauend, gibt positive Anregungen und Möglichkeiten. Insbesondere unter Trainern ist Kritik verpönt. Hast Du Dich schon mal gewundert, dass Du in Interviews so selten offene Kritik an Spielern oder am Trainer hörst oder dass ein Profispieler schlecht über seine Mitspieler spricht? Das kommt extrem selten vor, ebenso wenig wie in der Öffentlichkeit darüber gesprochen wird, was ein anderer Spieler in seinem Spiel verbessern sollte. Das sind Themen, die intern und im 1:1-Gespräch stattfinden und dann in einer sehr respektvollen, konstruktiven Weise.

Hiervon können wir lernen! Wie oft maßen wir uns im Alltag Kritik an, beurteilen und verurteilen andere Menschen und stecken sie in eine unserer Schubladen? Achte mal drauf! Kritik ist nur dann angebracht, wenn sie vom Gegenüber erfragt wird. Dann darf sie persönlich an denjenigen gerichtet werden, aber ehrlich und nicht abwertend formuliert. Kritik soll der Verbesserung dienen, so dass derjenige daraus lernen und dankbar dafür sein kann. Das geht nur positiv und respektvoll. Ist es das nicht, kannst Du getrost in Zukunft weghören, wenn es die Menschen von außen besser wissen. Selektiere genau, wem Du Gehör schenkst und wessen Meinung Dir wichtig ist. Bitte jemanden aktiv um ein Feedback, wenn Du es Dir wünschst. Eine gute Technik ist es, nur wirklich die Meinung anzuhören, die Du hören willst und negative Verurteilungen zu überhören und auszublenden. Ein positives Feedback kann unsere Seele streicheln, ein konstruktives Feedback bietet uns den Rahmen, uns zu verbessern. Beides tut sehr gut, Du kannst es nutzen, um Deine Vision und Ziele zu erreichen.

Für Dich persönlich ist es wichtig, dass Dein inneres Bild in aller Pracht leuchtet und stark genug ist, negative Vorstellungen anderer Leute zu überstrahlen. Daraus schöpfst Du Energie für Deine Arbeit, Deinen Glauben, Deine innere Kraft. Entscheidend ist letztendlich, wessen Glaube größer ist, Deiner oder der von Deinen Schiedsrichtern. Blende sie aus, wenn sie Dich blockieren. Wenn sie auf Deiner Seite sind, schenke ihnen Aufmerksamkeit. Dann sind sie wertvoll. Dann kannst Du die Bestärkung und Unterstützung, die sie Dir geben, mit auf Deinen Weg nehmen. Mein Tipp: Umgib Dich nur mit Menschen, die gut für Deine mentale Ausrichtung sind.

Der härteste Schiedsrichter der Welt bist Du selbst

Du hast von Deinen Schiedsrichtern im Außen gehört, von Menschen die Dich be- oder verurteilen und an deren Spielregeln Du Dich halten solltest, um nicht bestraft zu werden. Bestrafung in Form von Freiheitsentzug, Liebesentzug, Auftragsentzug oder anderen negativen Reaktionen. Du wirst sie in Zukunft sofort erkennen und Dir eine Strategie zurechtlegen, um damit umzugehen. Doch wer ist der strengste, mächtigste und brutalste Schiedsrichter in Deinem Leben? Das bist Du selbst und Deine innere Stimme. Wer spricht öfter mit Dir, als diese innere Stimme, die permanent kommentiert, was Du tust, denkst, möchtest? Die Quasselstrippe, der schlaue Dialogführer, der kleine Saboteur?

Es ist Dein Unterbewusstsein, die eingebaute Festplatte mit unendlich großer Speicherkapazität. Sie speichert jedes jemals gesprochene und gehörte Wort, jede Lebenserfahrung, jede Angst, jede Freude, einfach ALLES. Vom Tag der Geburt bis zum letzten Augenblick. Das Unterbewusstsein unterscheidet allerdings nicht zwischen Realität und Fiktion. Es legt nicht nur alle realen Worte und Erfahrungen in seinem Archiv ab, sondern auch alle, jemals mit allen Sinnen empfangenen Informationen und kann sie augenblicklich abrufen.

Denke einmal an das Essen, das Du als Kind nicht mochtest. Ist doch abgespeichert, oder? Der Geruch, der Geschmack. Sobald Du daran denkst, wird Dir jetzt noch übel. Das Unterbewusstsein vergisst niemals etwas. Je öfter wir Dinge hören, sehen, schmecken und fühlen, egal ob Schmerz oder Freude, desto intensiver wird diese Information implementiert und desto schneller ist sie wieder abrufbar. Sobald Du dem Unterbewusstsein ein Stichwort lieferst wie etwa: „Sommerurlaub", schießen Dir sofort Bilder vergangener Urlaube mit den Kurzbewertungen wie „super", „wunderschön", „zu kalt", „zu teuer", „verliebt", „nie wieder" durch den Kopf. Dein Unterbewusstsein bombardiert Dich geradezu mit diesem gesamten Informationsordner, weil es nicht filtern kann. Wenn es Dich zum Beispiel bei einer Entscheidung unterstützen will, bekommst Du alle Informationen in Sekundenschnelle. Das ist bei positiv besetzen Stichworten relativ einfach. Aber was ist, wenn es sich um Gefühlsknöpfe handelt, die Du drückst? Da sieht es plötzlich ganz anders aus. Wird zum Beispiel Angst in einer bestimmten Situation assoziiert, spult Dein Unterbewusstsein umgehend alles ab, was Dir Deine Angst wieder bewusstmacht. Ziemlich kontraproduktiv in Situationen, in denen Du aus Deiner Komfortzone heraus musst und eben diese Angst überwinden willst.

Deine darauffolgende Reaktion ist in aller Regel das Resultat dieser gespeicherten Gefühls- und Verhaltensinformationen, die auf Dich einstürmen. Die kommen als Gedanken, Selbstgespräche, Überzeugungen, Routinen, Glaubenssätze und Blockaden. Mit anderen Worten: Das Unterbewusstsein ist die wirkliche Jury und der machtvollste Schiedsrichter in Deinem Leben, ob Du willst oder nicht.

Vor ihm musst Du Dich täglich verantworten – und in Acht nehmen. Manchmal ist er hart, unfair, schmerzhaft, aber immer treu, ehrlich und zuverlässig. Er urteilt nach Deinen persönlichen Wertevorstellungen, die Du Dir über Jahre hinweg durch Bildung, Erziehung und persönliche Lebenserfahrung aufgebaut hast. Er bestimmt, wie Du alles siehst und machst und ist die Grundlage, das Leitbild, die Ausrichtung von Vereinen, Gruppierungen, Unternehmen, Parteien, ja sogar ganzer Nationen. Er ist Herr über Deine Werte.

Werte sind spezifische Glaubenssysteme, die wir im Leben richtig oder falsch finden, unsere Urteile darüber, was unser Leben lebenswert macht. Werte beinhalten, warum wir etwas tun, was uns antreibt oder hindert. Die meisten Menschen haben sich noch nie bewusst mit Ihren Werten auseinandergesetzt. Sie tun manchmal Dinge, ohne zu wissen warum. Erfolgreiche Menschen dagegen sind sich sehr wohl über ihre Werte im Klaren. Steve Jobs, Bill Gates, Abraham Lincoln, Helmut Kohl, Konrad Adenauer, Helmut Schmidt, Arnold Schwarzenegger, Christiano Ronaldo, Oliver

Kahn, Franz Beckenbauer und diese Liste lässt sich endlos fortsetzen, jeder hatte seine Vision. Ihre Werte, dieser Vision zu folgen, war für sie die innere Antriebskraft, die auf einer starken moralischen Basis aufbaut. Dieser innere Motor war Grundlage ihres Handelns, Basis und Sinn, warum und wie sie genau das taten, was ihr Leben so einzigartig gemacht hat oder bei einigen bis heute noch macht. Das Erkennen und Verstehen dieser Grundwerte ist einer der wichtigsten Schlüssel zum persönlichen und finanziellen Erfolg und damit zur wirklichen dauerhaften Freiheit. Das Leben nach seinen Werten zu gestalten, ist ein hohes Gut, das heute leider nicht allen Menschen auf der Welt möglich ist.

Werden also die Strategien erfolgreicher Sportler, Politiker, Unternehmer und letztendlich aller Menschen von ihren Werten beeinflusst? Da kommt ein ganz klares JA. Wenn es eine Strategie erforderlich macht, Dinge zu tun, die mit den individuellen Wertevorstellungen nicht übereinstimmen, ist sie Wert-los. Eine langfristige Identifikation mit der Strategie ist unmöglich. Menschen, die gegen ihre Werte handeln, zerbrechen oft daran, weil sie sich selbst verraten. Das kann sich in Rücktritten von politischen Ämtern äußern, Kündigungen in hohen Unternehmenspositionen, schleichende Krankheiten, die nicht heilen wollen, Beziehungen, die plötzlich zerbrechen. Der innere Konflikt, der auftaucht, wenn man gegen seine Werte handelt, wächst unmerklich und zerreißt einen schließlich innerlich. Das ist wie ein Dauerbeschuss des innerlichen Schiedsrichters, dem man sich irgendwann nicht mehr stellen kann. Man bekommt die rote Karte. Wie drastisch dieser Konflikt sein kann, sieht man an solchen Menschen, die zuerst unglaublich erfolgreich sind, um dann am Ende ihren eigenen Erfolg zu sabotieren.

Kennst Du Deine Werte? Kennst Du die Werte Deines Lebenspartners? Wertevorstellung beeinflussen Deine persönliche Ausrichtung, Dein Handeln, Denken und Fühlen. Ist es Dein Bestreben, sportlich zu sein, wird Dein Unterbewusstsein spätestens nach dem dritten Tag ohne Sport zu Dir sprechen, dass es so nicht weiter geht. Hörst Du das dann? Achtest Du darauf? Ist Zielstrebigkeit für Dich ein wichtiger Wert, so solltest Du Dir auch Ziele setzen, die es wert sind, danach zu streben. Damit machst Du Dich und Deinen inneren Schiedsrichter glücklich und die innere Jury ist stolz und gibt mal Ruhe. Umgekehrt ist es so, wenn Du nicht nach Deinen persönlichen Werten handelst, bist Du unglücklich und weißt gar nicht, warum. Denke in dem Fall mal nach: Woran liegt es? Deine Werte sind wie ein Branding, eine Corporate Identity eines Unternehmens, ein Leitbild an dem man sich ausrichtet. Möchtest Du wissen, was Deine Werte sind?

Dann schlage ich folgende kleine Übung vor:

Kreuze Deine acht wichtigsten Werte an. Bringe sie in eine Rangfolge von 1 (wichtig) bis 8 (unwichtig)

○ Abenteuer   ○ Abwechslung   ○ Aktivität

○ Anerkennung   ○ Ansehen   ○ Anziehungskraft

○ Attraktivität   ○ Aufrichtigkeit   ○ Aussehen

○ Ausstrahlung   ○ Authentizität   ○ Bedeutung

○ Beförderung   ○ Begeisterung   ○ Beharrlichkeit

○ Beliebtheit   ○ Besitz   ○ Bewunderung

○ Beziehung   ○ Bindung   ○ Bindungsfähigkeit

○ Charisma   ○ Ehrgeiz   ○ Ehrlichkeit

○ Eloquenz ○ Entfaltungsfreiheit ○ Entwicklung

○ Erfolg ○ Erholung ○ Familie

○ Fitness ○ Fortschritt ○ Freigiebigkeit

○ Freiheit ○ Freizeit ○ Freude

○ Freundschaft ○ Geborgenheit ○ Gelassenheit

○ Geselligkeit ○ Geld ○ Genuss

○ Gesundheit ○ Gerechtigkeit ○ Glück

○ Harmonie ○ Häuslichkeit ○ Heiterkeit

○ Höflichkeit ○ Humor ○ Intellekt

○ Intelligenz ○ Karriere ○ Kinder

○ Kreativität ○ Lebensfreude ○ Lebensstil

○ Leistung ○ Lernen ○ Liebe

○ Macht ○ Mobilität ○ Nachhaltigkeit

○ Nostalgie   ○ Offenheit   ○ Optimismus

○ Ordnung   ○ Partnerschaft   ○ Perfektionismus

○ Pflichterfüllung ○ Pflichtgefühl   ○ Pünktlichkeit

○ Reichtum   ○ Respekt   ○ Romantik

○ Rückhalt   ○ Ruhe   ○ Selbstwert

○ Sexualität   ○ Sicherheit   ○ Sieg

○ Sinn   ○ Sorgfalt   ○ Sportlichkeit

○ Sympathie   ○ Teamfähigkeit   ○ Toleranz

○ Tradition   ○ Treue   ○ Überlegenheit

○ Unabhängigkeit ○ Unbekümmertheit ○ Ungebundenheit

○ Unternehmungslust   ○ Verantwortungsbewusstsein

○ Veränderung   ○ Vergnügen   ○ Vertrauen

○ Vision   ○ Wachstum (persönlich, geistig)

○ Wertschätzung ○ Wohlstand ○ Zielstrebigkeit

○ Zugehörigkeit ○ Zukunftsorientierung

○ Zuverlässigkeit

Wenn Du das gemacht hast, ordne die Werte den fünf Lebensbereichen Persönlichkeit (P), Beziehungen (B), Beruf/Arbeit (A), Gesundheit/Fitness (G), Finanzen (F) zu. Gehe zum Abschluss noch mal in jeden Wert hinein und spüre, wie wichtig er Dir ist.

Dann treffe hier und jetzt die Entscheidung, dass Du in Zukunft Deine Werte achtest und sie niemals verletzt. Mache ein Kommitment, einen Vertrag mit Dir selbst. Nimm das Formular, fülle es aus und unterschreibe es. Das ist der Ehrenkodex mit Dir selbst, den Du in Zukunft auf Deinem Weg zum Erfolg einhalten wirst.

Ehrenkodex mit mir selbst

Ich, _____, verpflichte mich, bei meiner Arbeit, in meinem Job, in der Beziehung zu meiner Familie, Freunden und insbesondere meinem Partner/in, meiner Gesundheit/Fitness und bei meinen Finanzen die mir persönlich **elementar wichtigsten Werte vorzuleben und stets ohne Einschränkung anzuwenden.**

Meine fünf wichtigsten persönlichen Werte sind:

1.

2.

3.

4.

5.

Diese Werte sind mein Antrieb, um persönliche und finanzielle Erfolge zu erzielen.

Mir ist bewusst, dass ich mich bei Missachtung oder Zuwiderhandlung selbst sabotiere.

Ich betrüge meine innere Jury, meine Weltanschauung und setze meinen Erfolg auf's Spiel.

_____

Ort, Datum, Unterschrift

Einen solchen Ehrenkodex mit Wertvorstellungen kannst Du für die Zusammenarbeit mit Geschäftspartnern und Kunden nutzen, ebenso wie mit Deinem Lebenspartner. Es entsteht eine kraftvolle Verbindung, wenn man sich auf gemeinsame Werte verständigt, und die Werte des anderen achtet und respektiert. Je konkreter Du diese Erklärung formulierst, desto effektiver ist sie. Es empfiehlt sich sogar, eine Konventionalstrafe einzubauen, die bei Zuwiderhandlung greift. Beispielsweise, wenn sich ein Vertragspartner nicht an die Abmachung hält. Das könnte so lauten: Hält sich einer der Beteiligten nicht an die formulierten Werte, so ist dem Vertragspartner eine Entschädigung zu leisten. Dann die Entschädigung konkretisieren wie etwa: in Form eines Abendessens, in Höhe einer Zahlung von 250,- € oder was immer Ihr gemeinsam festlegt. Der Ehrenkodex ist ein perfektes Mittel, ein persönliches Leitbild für den Weg zum Ziel aufzubauen.

Du hast Dir nun die „Leitplanken" gesetzt, die Dich auf Deinem Weg begleiten und Dir helfen, Dir selbst treu zu bleiben. Schaffst Du das, wird Deine innere Stimme zu Deinem besten Freund. Erst wenn Du Deinen Korridor verlässt, wird sie sich beschweren. Ansonsten wird Dich Deine innere Stimme zu Deinem Ziel navigieren, vorausgesetzt das Ziel passt zu Dir und Deinen Wertvorstellungen. Ein Fußballprofi der sich plötzlich überlegt, Startenor an der Mailänder Skala zu werden, tritt einen gewaltigen Disput mit seinem Unterbewusstsein los. Er wird scheitern, weil sein Ziel nicht zu ihm und seinen Fähigkeiten passt.

Was ist Deine Leidenschaft? Passt Dein Traum, Dein Ziel zu Deinen Werten und Deinem Wissen, nicht aber zu den Erfahrungen in Deinem Unterbewusstsein? Prüfe das regelmäßig immer wieder. Deine innere Jury muss Dir nicht bei allem sofort zustimmen. Sie muss Dir nur Deinen Weg erlauben. Spreche mit Deinem Unterbewusstsein. Wäge sachlich Vor- und Nachteile, Chancen und Risiken ab und entscheide dann, was Du tun willst. Manchmal ist die Stimme der inneren Jury auch überlagert von Angst vergangener Erlebnisse. Höre auch auf Dein Herz, selbst wenn Du das Unterbewusstsein überstimmen musst. Dieses kann nur die sachliche Vergangenheit beurteilen, nicht aber die vor Dir liegende emotionale Zukunft. Es war und ist die Aufgabe unseres Gehirns, Dein Überleben zu sichern, daher ist Dein Unterbewusstsein grundsätzlich Dein Freund und diese Jury meint es gut mit Dir. Aber manchmal muss es auch überzeugt werden, wenn es um Dinge geht, die unbekannt, neu und abenteuerlich sind. Allen unseren bewussten Entscheidungen, egal ob Torschuss, Telefonat, Jobwechsel oder eine Reise gehen intuitiv gegebenen Informationen der inneren Jury voraus.

Du glaubst zwar, dass Du Dich bewusst für den Torschuss entschieden hast? In Wirklichkeit ist das aber ein vielschichtiges Konstrukt, bei dem das Unterbewusste eine große Rolle spielt. Dein Bewusstsein ist nämlich nur ein ausführendes Organ. Wenn Du aber im ständigen inneren Dialog mit Deinem inneren Schiedsrichter, dem Unterbewusstsein bist, ist es viel einfacher. Dann kannst Du seine Macht nutzen, um neue Wege zu gehen, neue Ergebnisse zu erzielen und Veränderungen zu erleben. Es wird für Dich arbeiten. Wenn nicht, kommst Du in Konflikte, die Du alleine mit Dir austragen musst. Die Informationen, denen Deine Jury unterliegt, müssen laufend ein Update mit aktuellen Informationen bekommen und auf dem neuesten Stand der Gedanken und Gefühle gebracht werden. Du kannst Dein Unterbewusstsein trainieren, erweitern und umprogrammieren. Fängst Du etwas komplett Neues an, hat das Unterbewusstsein keine verfügbaren Informationen von erlebten Erfahrungen und reagiert erst mal mit Abwehr. Das ist ein Selbstschutz-Mechanismus, den Du überlisten musst.

Alte negative Gedanken und Erfahrungen aus der Vergangenheit kannst Du überschreiben. Das ist der Grund, warum Profifußballer so klasse spielen. In ihrer Kindheit haben sie tausende Dateien angelegt, sie wurden mit jeder Datei besser und haben sie dann immer wieder neu überschrieben und das Noch-Bessere verankert. Sie spulen vollautomatisch ihr Programm ab, müssen nicht überlegen, was in kritischen Situationen zu tun ist. Hundertfache Übung hat Strategien im Unterbewusstsein eingebrannt. Aus diesem Grund trainieren die Spieler auch immer noch weiter, obwohl sie schon erfolgreich sind. Sie trainieren ein und denselben Vorgang, Spielzug, Trick, Eckball, Torschuss, immer und immer wieder, um ihn so im Unterbewusstsein zu fixieren und das jeweils Beste langfristig zu implementieren. Wenn sie dann die Spielsituation real erleben, können sie es automatisch abspulen.

So machen es die besten Fußballer der Welt. Du kannst davon lernen und diese Strategie in Deinem Leben anwenden, um Deinen Erfolg zu kreieren. Du kannst auch die Festplatten Deines Unterbewusstseins überschreiben. Wie? Lernen, üben, lernen, üben, lernen, üben. Mit ständiger Wiederholung verankerst Du jeweils das Beste. Mit Wiederholungen bekommst Du den direkten Zugang zu Deinem Unterbewusstsein, sozusagen das Passwort. Es lässt Dich hinein, weil es Dir glaubt und vertraut. Denke mal an Lesen und Schreiben lernen, Vokabeln pauken, Radfahren lernen, es gilt überall für alle Lebensbereiche, selbst die Fahrstrecke zu Deiner Arbeit, die Du heute wie im Schlaf fährst. Manchmal fragst Du Dich vielleicht sogar, wie Du überhaupt am Zielort angekommen bist. „Ich fahre wie im Schlaf," sagt man. Es zeigt, dass diese Handlungsabläufe in Deinem Unterbewusstsein manifestiert sind und Du sie vollautomatisch abspulst.

Um die Kraft des Unterbewusstseins zu nutzen, werden im Fußball Mentaltrainer eingesetzt, die auf die Stärken der Sportler fokussieren und limitierende Schwächen überschreiben. Misserfolge und negative Gedanken werden mit Hilfe des Coaches und mit Hilfe von Erfolgsprogrammen dauerhaft überschrieben. Dadurch gewinnt der Spieler deutlich an Leistungsniveau. In meinem Coaching und den Seminaren arbeite ich konkret an diesem Thema. Du lernst Methoden kennen, wie Du Erfolgsdateien im Unterbewusstsein anlegst und nutzlose, alte Daten überschreibst. Ziel ist, mit neuer Kraft nach vorne zu schauen, Deinen Erfolg genau zu planen und auf dem Weg dorthin alle Ressourcen zu nutzen.

Du siehst, Du hast die Möglichkeit, einen Dialog zwischen Deinem Bewusstsein mit den täglichen, neuen Herausforderungen und dem sehr viel mächtigeren Unterbewusstsein zu führen. Der Fußball-Profi nutzt Wissen, Erfahrungen und alle Informationen seines Unterbewusstseins, um sie mit dem realen Bewusstsein zu vernetzen. Er nutzt positive wie negative Botschaften der inneren Jury, um neue Fähigkeiten und Synapsen zu entwickeln.

Synapsen nennt man die neuronalen Verbindungen, die durch Training und ständige Wiederholung entstehen. Dauerhaft werden die Sportler durch diese Art von Training stärker und erfolgreicher. Darum mein Tipp: Verdränge Deine innere Stimme nie, ohne sie genau angehört zu haben. Nimm sie wahr, nimm sie ernst. Arbeite mit ihr zusammen. Nutze den Dialog und mache sie Dir zum Freund. Dieser innere Schiedsrichter sollte Dein treuester Begleiter werden, denn er will Dich schützen. Dass er Dir dabei manchmal im Weg steht, weiß er nicht und das ist auch nicht seine Absicht. Aber da Du es weißt, kannst Du handeln und damit umgehen. Welche Fähigkeiten und Erfolgshandlungen Dir konkret helfen, Dein Unterbewusstsein effektiv zu nutzen, um noch besser zu werden, erfährst Du im Kapitel 6: „Mit der Siegertaktik in die Champions League".

„Das Unterbewusstsein ist ein gefährlicher Mitwisser. Es weiß all' die Dinge, von denen wir nichts mehr wissen wollen."

(Lilli U. Kreßner, Schriftstellerin)

Regel 5: Mache Dir den inneren Schiedsrichter zum Freund

Kapitel 6:
Mit der Siegertaktik in die Champions League

> *„Mach´ nur einmal das, von dem andere sagen, dass du es nicht schaffst, und du wirst nie wieder auf deren Grenzen achten müssen."*
>
> *(James Cook, britischer Entdecker und Seefahrer)*

Bist Du Dir inzwischen klar über Deine Träume und Visionen? Sind Dir Deine Ziele bewusst? Die Entscheidung, aus Deinem Leben ein Meisterwerk zu machen, hast Du hoffentlich ohne Zögern getroffen. In diesem Kapitel schreibe ich, wie Du Deine Ziele erreichen kannst. Was genau Du dazu brauchst. Darüber, wie sich der Profifußballer vom weniger erfolgreichen Amateur unterscheidet. Was macht der Experte besser als der Laie? Welche Eigenschaften machen den Erfolgreichen reich?

Kann man das wirklich pauschal sagen? Die Sache ist komplex, zugegeben, aber überschaubar. Mit dieser Taktik verrate ich Dir ein Rezept, das grundsätzlich Erfolgspotential hat. Zusammen mit Deinem speziellen Wissen wird es Dich punktgenau zu Deinem persönlichen und finanziellen Erfolg führen. Nur wenige Menschen befassen sich mit einer echten Strategie, die sie erfolgreich machen kann. Sie haben keine Taktik, keine Ausrichtung, keinen Plan. Sie entscheiden sich vielmehr schon beim ersten Gegenwind für eine andere Fahrtrichtung oder geben resigniert auf. Doch Erfolg fällt nicht in den Schoss. Es ist harte Arbeit, die professionell geplant sein will. Wie viel wert wäre Dein Entschluss, wenn Du mit einem Segelboot eine Insel erreichen willst und der erste Gegenwind Dir so viel Respekt einflößt, dass Du umdrehst? Wie effektiv wäre es, wenn Du beim Fußball nach dem ersten Gegentreffer Deine Sachen nimmst und das Spielfeld verlässt? Du spielst das Spiel und kapitulierst bereits nach dem ersten Gegentreffer, obwohl Du noch alle Chancen hast, das Spiel herumzureißen und zu gewinnen? Du kapitulierst, bevor Du überhaupt begonnen hast zu kämpfen? Du hast zwar ein Ziel, lässt Dich aber durch Gegenwehr davon abbringen, es zu erreichen?

Ist das Deine eigene innere Einstellung oder lässt Du Dich von gut gemeinten, äußeren Ratschlägen ins Boxhorn jagen? Was es ist, spielt keine Rolle. Tatsache ist, dass Du Deinen Kurs verlässt und Dein Ziel aus den Augen verlierst, wenn Du nicht hartnäckig genug bist. Im Klartext bedeutet das, Du kannst das Spiel des Lebens nicht gewinnen, wenn Du es nicht spielst. Wenn Du Deinen Weg verlässt, machst Du Dein Spiel uneffektiv oder drastischer gesagt, Du nimmst gar nicht daran teil. Das stimmt dann sicher nicht mit Deinen persönlichen Werten überein, oder?

Welche Eigenschaften haben aus Oliver Kahn den besten Torwart der Welt, Franz Beckenbauer zum großen Fußball-Idol, den FC Bayern München zu einem der besten Vereine der Welt gemacht? Was haben sie anders gemacht als die breite Masse? Was genau hat Deutschland zum Fußball-Weltmeister 2014 gemacht? Was hatte diese Mannschaft allen anderen Teams voraus? Sie sind grundsätzlich gesehen, mit den gleichen Voraussetzungen auf diese Welt gekommen wie Du und ich. Was unterscheidet die Elite von den Experten, die Experten von den Guten, die Guten vom Durchschnitt und die Durchschnittlichen vom Rest? Es ist die Intensität, mit der sie die nachfolgende Siegertaktik anwenden.

„Siegertaktik"? Was ist denn das? Die Siegertaktik ist das Erfolgssystem, das alle Erfolgreichen anwenden. So, wie es im Fußball Spielsysteme gibt, die erfolgreich sein können, gibt es die Siegertaktik für´s Leben, für Deinen Job, Deine Beziehungen, Deine Gesundheit. Eine Taktik für ein Fußballspiel kann jederzeit verändert werden. Sie wird den persönlichen Vorlieben, Stärken und Schwächen der Spieler, an Gegner und Situationen angepasst. So geht das auch im Leben. Du kannst Deine Siegertaktik verändern, je nach Deinen persönlichen und beruflichen Herausforderungen, Deinen Stärken und Schwächen. Du willst wissen, wie die Siegertaktik aussieht? Gut, ich will Dich nicht länger auf die Folter spannen. Lass uns die Siegertaktik anschauen, mit der Erfolge möglich sind.

Doch zuvor eine Frage: Mit welcher Siegertaktik spielst Du aktuell in Deinem Leben? Welches Erfolgssystem benutzt Du? Wer sind Deine Mitspieler, die Du ins Rennen schickst? Welche Eigenschaften haben Dich dorthin gebracht, wo Du heute bist? Wie sehen die Gewinnerattribute aus, die Dich für künftige Aufgaben trainieren? Lerne von den Erfolgreichen, baue Dir eine unschlagbare Siegertaktik mit effektiven Gewinnerhandlungen auf. Setze auf Spieler und Eigenschaften, die Dich zur Meisterschaft führen. Mit der Verpflichtung einiger Charaktere spielst Du bald in der Champions League. Systeme haben Schwachstellen, geraten ins Wanken, vor allem, wenn einzelne Teile des Ganzen nicht funktionieren und ihre Aufgaben nicht erfüllen. Du als Mensch bestehst aus vielen kleinen und großen, wichtigen und unwichtigen, persönlichkeitsbildenden Eigenschaften, die Dich letztlich zu dem formen, was Du heute bist. Du bist die Summe Deiner Fähigkeiten, Stärken, Schwächen und Charakterzüge.

Ein sehr gutes Fußballteam besteht nicht nur aus 11 guten Einzelspielern. Man hat mindestens 16 bis 18 gesunde Spieler, die perfekt miteinander harmonieren. Vielleicht hast Du schon mal von einem 4-4-2, 3-5-2, 3-4-3 gehört? Das sind Spielsysteme aus dem Fußball. Sie zeigen, wie viele Abwehr-, Mittelfeldspieler und Stürmer neben dem Torwart auf dem Platz stehen. Sie besagen, wie offensiv oder defensiv die aktuelle Taktik für dieses Spiel sein soll. Jeder Spieler hat seine eigene, individuelle Funktion in diesem System. Die Abwehr sorgt für Stabilität und Ausrichtung des Spiels, das Mittelfeld ist für den kreativen und ideenreichen Spielaufbau zuständig, die Stürmer schießen Tore und entscheiden das Spiel.

Diese taktischen Ausrichtungen sind eins zu eins auf Dein Leben übertragbar. Welche Position, welche Ausrichtung passt zu Dir und Deinen Werten? Was glaubst Du? Du hast Dir Ziele gesetzt. Jetzt geht es darum, Voraussetzungen für die Siegertaktik zu schaffen, denn Du gehst wie eine ganze Mannschaft ins Spiel. Auf Fußball übertragen bedeutet das: Jeder Spieler ist wichtig, jeder hat seine Aufgabe. Das ist eine eiserne Regel aus dem Sport. Team bedeutet nicht: **T**oll **e**in **a**nderer **m**acht´s. Team bedeutet: Wir haben eine gemeinsame Ausrichtung auf ein Ziel und arbeiten mit allen uns vorhandenen Bestandteilen daran, es zu erreichen.

Die Aufstellung eines Teams ist übertragbar auf Dich als Person. Stelle Dir vor, jeder Spieler ist ein Teil von Dir und Du stehst mit einer vollständigen, inneren Mannschaft da. Jeder Spieler hat bestimmte Eigenschaften, die Du sehr professionell einsetzt.

Das ist die Siegertaktik ALLER erfolgreichen Einzelpersönlichkeiten, Vereine, Unternehmen und Vorbilder, die die Welt je hervorbrachte! Wenn Du diese Taktik umsetzt, also Dich selbst wie eine komplette Mannschaft betrachtest und ein perfektes Teamspiel umsetzt, wirst Du zwangsläufig persönlich und finanziell erfolgreich. Du kannst es dann gar nicht mehr verhindern. Ein kleines „Aber" gibt es dennoch: Die Siegertaktik kann so gut sein, wie sie will, wenn nicht jeder einzelne Deiner inneren Spieler seine allerbeste Leistung abruft und alle verfügbaren Ressourcen einbringt, wird es für einen Sieg nicht reichen.

Aufstellung der Siegertaktik

Der Torwart

> *„Ich bin Optimist. Sogar meine Blutgruppe ist positiv!"*
>
> *(Toni Polster, ehem. österreichischer Fußballer)*

1: Positives Denken

„Du kannst vorn so viele Tore schießen, wie Du willst, wenn Du hinten mehr Tore rein bekommst, hast Du verloren." Deswegen ist es wichtig, einen hervorragenden Torwart im Team zu haben. Der Torwart rettet, auch wenn es schon nach einem sicheren Treffer aussieht und eröffnet das Spiel von hinten nach vorne. Es ist schwer, an einem guten Torwart vorbeizukommen. Doch wenn er einen Fehler macht, oder in geistiger Abwesenheit glänzt, kann der Gegner sein Tor machen. Der Torwart ist die Basis des gesamten Aufbauspiels der Mannschaft. Wenn er ein verlässlicher Rückhalt ist, kann beim Spiel nicht viel schiefgehen. Darum belege ich in meinem System Siegertaktik die Position und Eigenschaft des Torwarts mit dem Namen „Positives Denken".

Positiv zu denken ist die wichtigste Basis für jeden Erfolg. Dein positiver Gedanke ist Grundstein allen Handelns. Positives, kraftvolles und entschlossenes Handeln kann nur aus positiven Gedanken heraus entstehen. Henry Ford sagte dazu: *„Ob du denkst, du kannst es oder du kannst es nicht: Du wirst auf jeden Fall recht behalten."* Wenn der Profifußballer daran glaubt, dass er den Ball vor seinem Gegenspieler erreicht, dann kann er es schaffen. Denkt er von Anfang an, dass er es nicht schaffen kann, dann sinkt sein Leistungsniveau und er wird den Ball auch wohl nicht erreichen.

Wir Menschen tendieren leider dazu, uns eher auf Fehler zu konzentrieren, anstatt zuerst das Gute zu sehen. Jedem von uns schießen im Laufe des Tages durchschnittlich 60.000 Gedanken durch den Kopf. Experten sagen, nur drei Prozent davon sind positiv. Das liegt teilweise an unserer unbewussten Festplatte, teilweise aber daran, dass wir von der ersten Klasse an auf Fehler und Schwächen konditioniert wurden. Durch ständiges Training können wir unsere Gedanken formen und eine positive Grundhaltung einnehmen. Wenn wir sie beeinflussen können und trotzdem 97 Prozent negative Gedanken denken, wäre das doch ziemlich dämlich, oder? Denn auf negative Gedanken folgen negative Handlungen. Positiven Gedanken folgen positive Handlungen. Nur die können erfolgreich sein. Leider gibt es in unserer Gesellschaft, zu viele negativ geprägte Menschen, die in diesem Muster gefangen sind. Dazu kann ich nur sagen: „Es gibt nichts Schlimmeres als das, was man sich selber antut!"

Sieger sind schlauer. Sie fokussieren sich auf die positive, kraftvolle Energie, die aus ihren positiven Gedanken kommt. Wenn Du immer darüber nachdenkst, was Du falsch machst oder falsch machen könntest, steigert das nicht Deine Leistungsfähigkeit sondern eher die Wahrscheinlichkeit, dass Du Fehler machst. Viel zufriedener und selbstbewusster bist Du, wenn Du positive Gedanken entwickelst: „Der Mensch ist gerade so glücklich, wie er sich zu sein entschließt.", sagte Abraham Lincoln. Du hast es in der Hand, wie Du die Welt siehst. Pippi Langstrumpf singt dazu: „Ich mache mir die Welt, wie sie mir gefällt!"

Alles im Leben ist Energie. Jedes Geschöpf besteht in seinem kleinsten Teil aus Atomen. Atome sind reine Energie. Das Gesetz der Resonanz, eines der wichtigsten Lebensgesetze, besagt: „Gleiches zieht Gleiches an", positive Gedanken sind positive Energie und die zieht positive Ergebnisse, positive Handlungen und positive Menschen an. Es ist die Entscheidung jedes Einzelnen, wie er die Welt sieht. Für mich ist es eine elementare Grundhaltung, immer mit positiven Gedanken an mein Tagewerk zu gehen. Selbst, wenn in meinem Umfeld Dinge geschehen, die ich vielleicht als Negativ erachten könnte, versuche ich immer zuerst das Gute zu sehen. Für mich funktioniert das. Wie sieht es mit Dir aus? Kommen zuerst positive oder negative Gedanken? Siehst Du zuerst Fehler oder das, was gut geklappt hat?

Meiner Meinung nach ist es ein langer, sehr bewusster Prozess, sich selbst auf Positiv zu polen. Das schaffst Du mit Aufmerksamkeit, Kontrolle Deiner Gedanken und Worte, die Du sagst. Es macht in diesem Prozess viel Sinn, dass Du Dich von permanenten Nörglern und negativen Menschen fernhältst. Ihre negative Energie erzeugt negative Schwingungen, zieht Dich automatisch runter und beeinträchtigt Deine Balance. Sich gegen negativer Energie zu wehren, kostet unsagbar viel Kraft. Ein Beispiel aus dem Fußball: Verliert der FC Bayern München einmal ein Spiel gegen Konkurrent Borussia Dortmund, so ist das eine schmerzvolle Angelegenheit. Mit der Macht der positiven Gedanken entgegnet man der Niederlage: „Wer weiß, wofür das gut war!" Auch wenn das Ereignis selbst viel Negatives in sich birgt, kann es trotzdem positive Aspekte haben, wie zum Beispiel noch akribischer zu planen, noch mehr zu trainieren und den Gegner noch besser zu studieren. Und das ist ja prinzipiell sehr positiv. Diese Niederlage war also unterm Strich wichtig für die Weiterentwicklung aller Beteiligten.

Für Dich kommt es darauf an, Dich auch auf positiv zu konditionieren. Dieses Gewinnerdenken kannst Du, nein solltest Du Dir aneignen. Das sind die Qualitäten des Torwarts. Du brauchst sie, um erfolgreich zu sein. Sportler und Vereine arbeiten dafür mit Mentaltrainern. Die Techniken, die sie anwenden, lösen negative Gedanken durch eine positive Grundhaltung ab. Aus dem chronischen Nörgler wird ein begeisterter Optimist. Auch in meinen Seminaren überarbeiten wir die negativen Glaubensmuster und ersetzen sie durch positive Grundhaltung. Sind Deine Gedanken positiv, so wird Dich jeder Erfolg, egal ob privat, beruflich, gesundheitlich oder finanziell, immer zuerst freuen. Ein Rückschlag wirft Dich nicht aus der Bahn. Es ist sogar erwiesen, dass positiv denkende Menschen weniger krank sind als andere.

Du siehst, die Position des Torwarts ist eine Schlüsselposition. Sie ist entscheidend für die Energie, die Ausrichtung und Effektivität Deines gesamten Spiels. Spiele immer mit ausgeprägtem positivem Denken, dann hast Du den wichtigsten Grundstein für Deinen Erfolg gelegt. Selbst wenn andere Menschen Dich negativ beeinflussen wollen, kannst Du mit Deiner positiven Einstellung dagegenhalten und im besten Fall diese Nörgler positiv infizieren.

Ein Beispiel aus dem Fußball: Erinnerst Du Dich daran, wie Olli Kahn auf dem Platz mit seinen Teamkollegen umgegangen ist? Er hat sie mit positiven Handlungen angetrieben. Er strotzte vor positiver Energie und steckte andere damit an. Er konnte damit einen Flächenbrand entfachen. Gut, wenn Du das auch kannst. Es hilft Dir ungemein auf dem Weg zum Erfolg. Alles beginnt in Deinem Kopf. Mit jedem Gedanken entscheidest Du aufs Neue: Will ich mir von negativen Gedanken meine Kräfte rauben lassen oder will ich mit positiven Gedanken in meine volle Energie gehen? Hast Du schon einmal bemerkt, wie sich Deine Ausstrahlung und Körpersprache verändern, wenn Dir schöne Dinge widerfahren? Oder hast Du das bei anderen Menschen bemerkt? Man lächelt, hat einen aufrechten, elastischen Gang und die eigene Wirkung auf andere ist eindrucksvoll und manchmal sogar unwiderstehlich. Du sendest positiv aus und gemäß des Resonanz-Prinzips widerfährt Dir auch Positives. Positive Gedanken erzeugen positive Gefühle und hellen Deine Stimmung auf.

Hier kommen ein paar Tipps, wie Du es schaffst, positiv zu denken:

1. Umgebe Dich mit positiven Menschen. Bei einem Fußballteam ist das einfach, denn alle haben das gleiche Ziel. Suche Dir in Deinem persönlichen und beruflichen Umfeld positive, inspirierende Menschen. Hast Du Menschen um Dich herum, die Dir ein gutes Gefühl geben? Wenn sie Dich und Deine Gedanken positiv beeinflussen, sind diese Leute gut für Dich. So kannst Du herausfinden, wer Dir guttut: Positive Menschen freuen sich mit Dir über Deine Erfolge, sie helfen Dir, geben Dir konstruktive Rückmeldung. Sie sind weder neidisch noch jammern sie dauernd rum, unterstützen Dich, bauen Dich auf und geben Dir Kraft.

2. Mache Dir bewusst, was an Deinem Leben wirklich gut ist. Selbst in einer echt ausweglosen Situation gibt es viele Menschen, denen es schlechter geht als Dir. Es gibt sehr viel in Deinem Leben, was gut ist. Schau mal hin. Es liegt an Dir, es zu sehen und diesen Anteil gezielt auszubauen und zu erhöhen. Ich garantiere Dir, das macht Dich glücklicher.

3. Du kannst Dich ärgern, bist aber nicht verpflichtet dazu. Anstatt Dich über Deine Fehler oder Niederlagen lange zu ärgern, erkenne, was Du beim nächsten Mal verbessern kannst. Akzeptiere den dazu gewonnenen Erfahrungswert. Die Erkenntnis, dass ein Fehler Dich zurückgeworfen hat, kann Dir einen unbezahlbaren Wissensvorsprung bringen und für Dich einen entscheidenden Schritt in Richtung Zielerreichung bedeuten.

4. Opfer gewinnen nicht. Verlierer denken: „Immer passiert mir so etwas!", „Warum habe nur ich so ein Pech?", „Nur ich bin immer schlecht dran." Ändere Deine Gedanken und verbanne diese „Immer-Ich-Gedanken" aus Deinem Sprachschatz. So etwas hörst Du niemals von erfolgreichen Menschen. Sie erschaffen Situationen und jammern nicht wie Opfer. Sie agieren und brauchen selten zu reagieren. Was bringt es Dir, wenn Du die Schuld den Umständen oder anderen Menschen gibst? Wenn Du wirklich positiv denken lernen willst, sei aufmerksam gegenüber positiven Aspekten in allen Lebensbereichen. Nimm sie wahr und freue Dich darüber. Verlasse die Opfer-Position und werde zum „Täter". Übe aktiv Taten aus, die Dich erfolgreich machen und wende die Siegertaktik an.

5. Lache so oft Du kannst. Beim Lachen werden Glückshormone ausgeschüttet. Je mehr Du lachst, desto besser. Menschen, die wenig lachen, neigen angeblich zu Fettleibigkeit. Beim Lachen fühlst Du Dich gut, lebendig, frei und baust Stress ab. Wenn Du also viel lachst, beeinflusst das sofort Dein Denken und Handeln. Wenn Du lachst oder auch nur lächelst, merken alle im Umfeld, dass es Dir gut geht. Teile Deine glücklichen Momente indem Du lachst. Genieße es. Du kannst glückliche Augenblicke auch durch Musik, gemeinsames Rumblödeln, Quatsch machen bewusst herbeiführen. Dein Lachen infiziert. Dein Lächeln gewinnt Sympathien. Lächeln macht Dich glücklich. Du wirst mit einem

Lächeln auf den Lippen automatisch positiv denken. Lachen ist einer der größten Gewinnerfaktoren im Verkauf. Ein strahlender Mensch hat immer Erfolg!

Die Abwehr

Die Abwehr oder auch Hintermannschaft genannt, hat die wichtige Aufgabe, gegnerische Angriffe abzuwehren. Ein altbekannter Spruch im Fußball: „Mit dem Sturm gewinnst Du Spiele, mit der Abwehr die Meisterschaft." Das liegt daran, dass die Mannschaft mit den wenigsten Gegentoren in der Tabelle oben steht. Der Spielaufbau auf dem Platz findet von hinten heraus statt. Der Torwart ist der Macher, die Abwehr nimmt an. Erfahre, welche vier Abwehrspieler Grundpfeiler für Deine Siegertaktik sind. Mit diesen vier Charaktereigenschaften legst Du den Grundstein für Deinen Erfolg.

2: Dein Talent

„Talent bestimmt, was man tun KANN, Motivation bestimmt, wie viel man bereit ist zu tun, Einstellung bestimmt, wie gut man es tut."

(dt. Fußballsprichwort)

Talent ist ein außergewöhnliches Geschenk. Von Talent sprechen wir bei Fähigkeiten, die Dir mit „in die Wiege gelegt" wurden. Mittlerweile ist erwiesen, dass Talent auch genetisch bedingt sein kann. Es ist wunderbar, Talent zu haben, aber nicht selbstverständlich. Wenn Du es hast, ist es eine gute Ausgangsbasis für Deinen Erfolg, aber kein Garant. Um erfolgreich zu werden, musst Du in Deiner inneren, imaginären Mannschaft die anderen Mitspieler in Form von Siegereigenschaften einsetzen. Talent allein genügt nicht. Das sieht man daran, dass es viele Talentierte nicht bis in die Weltspitze schaffen, obwohl die meisten Spitzensportler alle ein gewisses Maß an Talent mitbringen.

Befragt man sie, so schätzen sie, dass ihr Erfolg auf fünf bis maximal zehn Prozent auf Talent basiert. Selten mehr. Egal, ob man erfolgreiche Fußballer, Skifahrer, Handballer beobachtet oder Unternehmer anschaut, wenn das angeborene Talent genutzt wird, bringt es uns einen signifikanten Vorsprung. Nutzen die Talentierten ihre Gabe, kann es sie mit großen Schritten zum Erfolg führen. Nutzen sie es zu wenig oder gar nicht, haben sie die gleichen Voraussetzungen wie Untalentierte. Weniger talentierte Menschen ziehen an ihnen vorbei und überholen sie auf der Erfolgsspur, weil sie andere Siegereigenschaften besser einsetzen.

Bist Du in einer Sache begabt, nutze den Vorteil. Werde Dir bewusst, was Du besonders gut kannst. Vielleicht hast Du Talent für eine Sportart, bist ein Organisationstalent, Führungstalent, hast musikalisches und künstlerisches Talent, Sprachtalent? Wenn Du kein besonderes Talent hast, so ist das kein Ausschlusskriterium, um erfolgreich zu werden. Im Gegenteil: Im Fußball gibt es oft das Phänomen, dass eine Mannschaft mit einem Spieler weniger manchmal das Spiel so erfolgreich für sich entscheiden kann und damit alle überrascht. Wenn nur das Talent fehlt und alle anderen Erfolgsfaktoren ausgeprägt vorhanden sind, wird sich der Erfolg einstellen.

Ein Beispiel aus dem Sport: Ein kleiner, dunkelhäutiger Junge liebte es, Basketball zu spielen. Das war sein Leben. Doch er schaffte nicht einmal die Qualifikation, um in seine High-School-Mannschaft zu kommen. Er übte im Hinterhof, warf seine Körbe, trainierte in jeder freien Minute. Als er schließlich ins College kam, durfte er in der Mannschaft spielen. Eine Sekunde vor Schluss lag sein Team einen Punkt zurück. Er bekam den Ball, sprang unglaublich hoch und warf ihn von der Mittellinie in den Korb. Treffer. Zwei Punkte Vorsprung. Das Spiel war aus und sein Team hatte gewonnen. Er war der Held. Sein Name? Michael Air Jordan. Dann 1984, nach dem Abschluss seines Studiums, kam er als Unbekannter bei den Chicago Bulls an. Damals kamen durchschnittlich 600 Zuschauer zu einem Heimspiel. Mit dem noch völlig unbekannten Michael Air Jordan begann der Aufstieg der Chicago Bulls zu einer der besten Basketball-Mannschaften der Welt. Er selbst wurde zum höchstbezahltesten Sportler der NBA aller Zeiten und verdiente bis zu 20 Millionen Dollar pro Jahr. Er kassierte Honorare von einer Million, nur um ein Casino zu eröffnen. Ein satter Stundenlohn! Nach jedem Spiel warteten hunderte Reporter auf ihn, um ein Interview zu bekommen. Innerhalb von sieben Jahren wurde er mit den Bulls fünf Mal Meister. Mit ihm gelang das Kunststück, dass nacheinander 278 Heimspiele mit 23.000 Zuschauern ausverkauft waren. Der Umsatz des Vereins betrug pro Jahr über 500 Millionen.

War Michael Air Jordan wirklich der talentierteste Basketballspieler aller Zeiten? Als Kind sicher nicht. Erst als er das extrem erfolgreiche Schlüsselerlebnis mit dem Wurf von der Mittellinie aus hatte, ahnte er seine Möglichkeiten, baute einen unbezwingbaren Glauben an sich selbst auf und begann seine legendäre Karriere.

3: Der Glaube

„Der Erfolg beim Fußball hängt vom Kopf ab. Du musst daran glauben, dass Du der Beste bist und dann dafür sorgen, dass es so ist."

(Bill Shankly, ehem. schottischer Fußballer und Trainer des FC Liverpool)

Erfolgreiche Menschen und solche, die weniger erfolgreich sind, unterscheiden sich beim Siegerfaktor „Glaube". Alle großen Sportler und alle großen Unternehmer glauben an sich selbst. Wenn Steve Jobs, Steve Wozniak und Ron Wayne in ihrer Garage nicht den unerschütterlichen Glauben gehabt hätten, dass sie mit ihrer Idee die Welt verändern, hätten sie aufgegeben. Sie haben aus dieser

Einstellung heraus ein Imperium aufgebaut. Die Rede ist von Apple, 1976 in einer Garage gegründet.

Der Glaube an das, was wir sein wollen, ist ausschlaggebend für das, was wir tatsächlich sind. Wie sonst wäre es für Lionel Messi möglich gewesen, Argentinien zu verlassen und seinem Fußballtraum nach Europa zu folgen? Wie sonst hätte Deutschland die Fußball-WM 2014 gewinnen können, als es nach 90 Minuten noch immer 0:0 stand und es in die Verlängerung gegen Argentinien ging? Alle Großen haben in den entscheidenden Situationen an sich geglaubt, auch wenn es zwischendurch ganz anders aussah. Erfolgreiche Menschen wissen, was sie wollen und glauben daran, dass sie ihre Ziele erreichen. Einschränkende Glaubenssätze wie „Das schaffe ich nicht!", „Das kann ich nicht!" oder fehlender Glaube hindern Dich, das Nötige zu tun, um Deine Träume und Ziele wahr werden zu lassen. Der Glaube an Dich und daran, dass Du es schaffen wirst, ist der Antriebsmotor für herausragende Leistungen. Darum glaube an Dich. Deine Träume und Visionen sind das emotionale Fundament, auf dem Dein Erfolg steht.

Wenn Du unerschütterlich an Dich glaubst, sendest Du unaufhörliche Signale und Impulse an Dein Gehirn und Nervensystem, die Dich beflügeln. Dein gesamtes System unterstützt Dich und Du entwickelst, wie aus dem Nichts, ungeahnte Fähigkeiten. Dein Glaube wird zum Oberbefehlshaber. Welche spirituelle oder geistige Kraft könnte Dir solche Power geben? Selbst wenn Du mal einsam und verlassen bist, Misserfolge hast und scheiterst, solange Du den Glauben hast, hat Dein Traum eine Chance wahr zu werden. Wenn Du an Dich glaubst, gibt Dir das eine ungeheure Kraft, ähnlich einem Motor, der Dich antreibt.

Umgekehrt kann ein limitierender Glaube an Dich zur vernichtenden Kraft werden. Er bremst Dich, ohne dass Du es merkst. Dein Glaube ist zugleich das Tor zu Deinen Ressourcen. Wer stark genug an sich glaubt, kommt tatsächlich in den Zustand, in dem kein anderes Bild mehr Platz hat. Das ist die Taktik von Sportlern. Sie erschaffen sich mit ihrem Glauben eine eigene Wahrheit. Erkennst Du, welche Macht und Power in diesem Teil der Siegertaktik steckt? Auch Du kannst Dir Deine Glaubenswelt erschaffen, Dir

Dein Ziel so vorstellen, wie Du es haben willst. Glaube ist mit Abstand die stärkste Kraft, um Verhalten gezielt zu steuern.

Im Sport erleben wir jede Woche erstaunliche Beispiele und sehen scheinbar abgeschlagene Athleten siegen. Im Fußball gab es einige dieser sensationellen Wendungen: Der FC Bayern München lag 1973 nach 60 Minuten mit 4:1 in Kaiserslautern vorne; das Spiel endete 7:4 für den 1.FC Kaiserslautern. Der FC Bayern München führte im Champions- League-Finale 1999 nach 90 Minuten 1:0 gegen Manchester United. Sie hätten nur noch die Zeit „runter zu spielen" brauchen. Aber der Gegner glaubte an sich und erzielte in der 91. Minute den Ausgleich zum 1:1. Das wäre die Spielverlängerung um 30 Minuten gewesen, doch damit nicht genug. Der Glaube der Engländer ließ sie in der letzten Sekunde das 2:1 schießen, den Siegtreffer. Der FC Bayern München wusste nicht, wie ihm geschah. Du siehst, Glaube kann Berge versetzen.

Kennst Du die Geschichte von Wilma Rudolph? Sie wuchs nach dem zweiten Weltkrieg in einer amerikanischen Großfamilie auf. Kinderlähmung setzte ihr linkes Bein außer Gefecht und sie bekam eine Gehhilfe fixiert. Erst nach Jahren konnte sie mühsam wieder gehen. Ihre Ärzte sagten, sie sei nicht zum Gehen geboren. Nein, das war sie auch nicht! Sie war zum Laufen geboren! Als sie ihre Gehhilfe ablegen durfte, begann sie zu laufen, mehr als andere, schneller als andere, weiter als andere. Ihr Glaube, dass sie eines Tages ohne Gehhilfe gesund laufen würde, war so stark, dass sie zur schnellsten Frau der Welt wurde und 1960 mehrfach olympisches Gold gewann. Welchen Glauben hat dieses so tief verletzte Kind mit verschraubten Gehkorsett in sich entwickelt, um zu diesen Erfolgen zu kommen?

Die Kraft des Glaubens widersetzt sich allen logischen Vorstellungen, allem Denkweisen, Mustern, Vorstellungen. Die halten uns eher gefangen, hindern am Wachstum und blockieren die Weiterentwicklung. Menschen, die an sich und ihre Träume, Visionen und Projekte glauben, haben die Fähigkeit, die Welt aus den Angeln zu heben.

Es gab sie immer, diese Menschen, die an sich und ihre Idee glaubten. Es gab...

- einen Menschen, der glaubte, er könne auf den Mond fliegen (Wernher von Braun, deutscher Luftraumforscher, er begleitete das NASA-Projekt mit Neil Armstrong)
- einen Menschen, der glaubte, er könne Amerika entdecken (Christopher Kolumbus)
- einen Menschen, der glaubte, er könne die Gesetze der Physik und Mathematik revolutionieren (Albert Einstein)
- einen Menschen, der glaubte, er könne ein Auto mit Verbrennungsmotor bauen (Carl Benz)
- einen Menschen, der glaubte, die Erde dreht sich um die Sonne (Kopernikus) und entdeckte so das Sonnen- und Planetensystem
- einen Menschen, der glaubte, dass er der beste Fußballer aller Zeiten werden würde (Lionel Messi)

Sie alle wurden ausgelacht, wenn sie von ihrem Traum erzählten. Nur Glaube und Vision machten ihren Traum zu einem Ziel, das sie unbedingt erreichen wollten. Bist Du schon mal mit einer Vision an der mangelnden Vorstellungskraft Deiner Mitmenschen angeeckt? Hast Du verzagt und den Glauben an Dich und Deine Idee verloren, nur weil andere sich etwas nicht vorstellen konnten? Doch das heißt doch nicht, dass Du es nicht erreichen kannst.

Glaube an Dich, glaube an Deine Kraft, Deine Träume zu erreichen. Der Glaube ist etwas, das unsere Gedanken, Gefühle und unser Verhalten massiv beeinflusst. Er eröffnet Perspektiven, bestärkt und unterstützt uns bei dem, was wir uns vorgenommen haben. Wenn Du an Deinen Erfolg glaubst, hast Du auch die Kraft, alles zu erreichen. Es ist Deine Entscheidung. Zwar spielen Deine Erfahrungen der Vergangenheit eine Rolle, aber der Glaube macht´s möglich. Glauben kannst Du massiv beeinflussen, wir nennen das

Mindset erstellen. Dieses neue Bild in Dir, diese Einstellung und dieser Glaube muss so stark sein, dass er Dich massiv unterstützt, bekräftigt und beflügelt und Dich zum Erfolg und zu den gewünschten Resultaten führt.

Hinderlich sind begrenzende Glaubenssätze, die wir aus der Kindheit, von Misserfolgen und schlechten Erfahrungen zurückbehalten haben. Gib alle Glaubenssätze auf, die Dich limitieren. Verbanne sie. Sie dienen Dir nicht. Bau Dir stattdessen positive Glaubensmuster auf, die Deine Seele beflügeln. Sage nie, „Das kann ich nicht," denn dann kannst Du es auch nicht. Sage Dir, „Das kann ich" oder „Auch wenn ich das noch nie gemacht habe, das schaffe ich." „Ich glaube, dass ich das kann." Jede Aussage wird in Deinem Gehirn gespeichert. Egal, ob Du sagst, Du kannst es oder Du kannst es nicht, in beiden Fällen hast Du Recht.

Entscheide selbst, welcher Glaube Dich künftig unterstützen soll. Erschaffe die Realität die Dich beflügelt, Deine Träume zu verwirklichen. Ein positiver Glaube garantiert zwar nicht, dass Du umgehend und dauerhaft nur Erfolg haben wirst. Das wäre zu schön, um wahr zu sein. Doch der Glaube, dass Du erfolgreich bist, programmiert Dich auf Erfolg. Glaubst Du, dass Du über heiße Kohlen laufen kannst? Egal, was Du jetzt antwortest, Du hast Recht. Menschen können über heiße Kohlen laufen, ohne den geringsten Schaden zu nehmen. Wenn Du es ausprobieren willst, empfehle ich Dir mein Seminar „Positive Change". Du überschreibst blockierende und limitierende Glaubenssätze, indem Du etwas schaffst, was Du niemals für möglich gehalten hast.

Was hält Dich also davon ab, an die großen Dinge des Lebens zu glauben? An Deine Träume und Visionen? Abraham Lincoln war als ewiger Versager abgestempelt. Er hat so viele Wahlen in seiner politischen Karriere verloren, aber er glaubte daran, dass er eines Tages Präsident der Vereinigten Staaten sein würde. Und, wurde er? Sein Glaube wurde belohnt. Er wurde der 16. Präsident der Vereinigten Staaten und sein Handeln hat die Historie der USA verändert.

Niemand kann so groß und nachhaltig an seine Fähigkeiten, Träume und Visionen glauben wie Du selbst. Wenn Du also nicht an Dich glaubst, wer sollte es dann tun? Und wenn wir grade schon beim Glauben sind: Wenn Du glaubst, denke und glaube groß. Wachse über Dich hinaus. Glaube an Dich, habe Vertrauen in Dich und Deine Fähigkeiten. Glaube an Dein Team und an Deine Mitarbeiter. Glaube an die Eigenschaften der Spieler in der Siegertaktik als Deine eigenen und entwickle sie. Je größer Dein Glaube an Dich, desto besser werden Deine Ergebnisse sein.

4: Leidenschaft

„Jeden Tag wache ich auf und verpflichte mich eine bessere Spielerin zu sein"

(Mia Hamm, US-amerik. Fußballspielerin)

Es ist nicht übertrieben zu sagen, dass Leidenschaft eine Form von Liebe ist. Ohne Leidenschaft gibt es keine Liebe. Ohne Liebe existiert keine Leidenschaft.

Der achtjährige Oliver trifft sich am Nachmittag mit seinen Freunden. Die Kinder möchten ein Baumhaus bauen. Doch der kleine Oliver hat einen Lederball mitgebracht. Wie immer. Mit leuchtenden Augen begeistert er die anderen Kinder: „Gestern hat es Euch Spaß gemacht. Frank, Du hast sogar zwei Tore gegen mich geschossen. Dein Schuss war so messerscharf, ich konnte ihn nicht halten. Heute bin ich besser. Ich wette, heute trifft keiner von Euch ins Tor." So oder so ähnlich wird es geklungen haben, als der junge Oliver Kahn seine Freunde motivierte, mit ihm zu kicken. Er hat jedes Kind mit seiner Begeisterung gesteckt. Seine Leidenschaft war grenzenlos. Er wollte immer spielen. Viele Kinder würden jammern: „Schon wieder Fußball?" Für Oliver, wie übrigens auch für mich, hieß es immer: „Endlich wieder Fußball spielen."

Was für Oliver Kahn der Fußball ist, kann für Dich etwas Anderes sein. Bei Beethoven war es die Musik, bei Tiger Woods der Golfsport, bei Michael Schumacher das Rennfahren. Nur mit bedingungsloser Leidenschaft ist große Leistung möglich. Kein Erfolg entsteht ohne sie. Es spielt auch keine Rolle, ob Du im Verkauf, in der Produktion, im Sport oder als Beamter arbeitest. Wenn das Feuer der Leidenschaft für Deinen Job in Dir nicht mehr brennt, hast Du höchstens einen monetären Antrieb. Dein Job erfüllt Dich nicht? Beste Voraussetzungen, über einen neuen Job nachzudenken. Fehlende Leidenschaft ist gleichzusetzen mit fehlender Leistungsausschöpfung. Ist Dein Job nur Dein Beruf oder Deine Berufung? Wer nicht mit Leidenschaft und Überzeugung arbeitet, kann niemals 100 Prozent geben. „In Dir muss brennen, was Du in anderen entzünden willst," sagte schon der römische Gelehrte Augustinus.

Stelle Dir Fußball ohne Leidenschaft vor. Das gibt es gar nicht. Im Berufsleben allerdings erlebe ich das immer häufiger, dass Menschen ohne Emotion, ohne Spaß, ohne Identifikation arbeiten. Verkäufer, die umherschleichen, denen es an Stolz und Leidenschaft für ihr Produkt und ihre Arbeit fehlt. Wenn ein Verkäufer nicht von seinem Produkt überzeugt ist, sollte er aufhören, es zu verkaufen. Die erste Frage, die ich einem Verkäufer stelle: „Besitzt Du es selber? Wie zufrieden bist Du damit?" Ein Verkäufer, der sein Produkt nicht besitzt, kann es nicht gut verkaufen.

Du kannst in anderen Menschen nur das entzünden, was in Dir brennt. Es liegt an Dir, ob das Feuer der Leidenschaft brennt oder erlischt. Das betrifft auch die Leidenschaft und Liebe zu einem anderen Menschen, zu einem Partner oder Partnerin. Wenn Du selbst nicht leidenschaftlich von dieser Beziehung überzeugt bist, wie soll es dann der andere sein? Liebe und Leidenschaft kann man nur geben, nicht nehmen. Leidenschaft und Überzeugung kommen von innen. Entweder Dein Herz schlägt dafür oder es schlägt eben nicht. Wenn es nicht für Deinen Job, Deinen Partner, Dein Projekt schlägt, wird es Dich auf Dauer krank machen. Darum höre auf Dein Herz und realisiere Deine Träume und Wünsche, für die Du Leidenschaft hast.

Ob im Job, im Bereich Finanzen oder in Deinen Beziehungen: „Wenn Du ein totes Pferd reitest, steige ab," sagt ein alter Spruch der Dakota- Indianer. Wenn Dir die Leidenschaft fehlt, beende das Thema und befasse Dich mit dem, was Du wirklich willst. Du hast nur ein Leben! Möchtest Du in Deinem Leben gegen Deine Überzeugungen arbeiten? Erfolg ohne Leidenschaft ist nicht möglich. Erinnerst Du Dich, wofür Dein Herz als Kind geschlagen hat? Wo war Deine Leidenschaft? Hast Du sie bis heute gepflegt, gelebt, realisiert? Oder hast Du sie vergessen? Glaubst Du, dass Du diese Leidenschaft aktivieren kannst, wenn Du Dich ihrer wieder annimmst? Glaubst Du, dass Du mit dieser Leidenschaft das Feuer der Begeisterung an andere weitergeben kannst? Leidenschaft für einen Weg kannst Du zwar entwickeln, aber Leidenschaft für eine Sache oder eine Vision brennt förmlich in Dir. Es kann sein, dass Du das Feuer auf Sparflamme herabgesetzt hast, doch Flammen lodern sofort wieder hoch, wenn Du Öl ins Feuer gießt.

Lange Jahre habe ich in einem klassischen Versicherungsvertrieb gearbeitet und Gespräche mit Kunden geführt. Ich war zu Beginn voller Leidenschaft und habe mir ein sehr gutes Einkommen erarbeitet. Meine Kunden spürten meine Begeisterung. Meine Aufgabe, Menschen vor finanziellen Verlusten zu schützen und ihre Familie für existenzbedrohende Situationen abzusichern, überzeugte mich. Doch über die Jahre wandelte sich die Finanzbranche, Unternehmen fusionierten und den Gesellschaften kam es mehr auf Profitmaximierung als auf Ideologie an.

Gesetze verschärften den Verbraucherschutz und einige der neuen Gesetze sorgten für massive Irritationen bei den Kunden. Die Produkte hielten nicht, was sie versprachen. Meine Überzeugung ging langsam verloren und mit ihr meine Leidenschaft. Unmöglich, dass ich diesen Job weiter ausüben konnte. Für mich hieß es: Absteigen vom Pferd, aussteigen aus dem Hamsterrad, Veränderung einleiten. Wenn es Dir ähnlich geht, tue das auch. Eine ehrliche Erkenntnis führt zu einer Entscheidung und gipfelt in Veränderung. Wenn Du erkannt hast, wofür Du Dich begeisterst, folge Deinem Herz. Deine Leidenschaft wird Dich durch die Veränderung tragen. Es gibt nichts Schöneres, als Sekunde für Sekunde aus Überzeugung zu handeln.

Alle großen Erfinder, Sportler, Künstler und Musiker agieren mit grenzenloser Leidenschaft. Stelle Dir vor, Michael Jackson hätte im zweistündigen Konzert die obersten und untersten Töne aus Bequemlichkeit weggelassen und sitzend seine Lieder „geträllert"? Es wäre einem „King of Pop" nicht angemessen, oder? Einem Sportler siehst Du es sofort an, ob er mit 120 Prozent oder nur mit 75 Prozent Leidenschaft spielt. Henry Ford beschrieb es: „Wenn Du begeisterungsfähig bist, kannst Du alles schaffen. Begeisterung ist die Hefe, die Deine Hoffnung himmelwärts treibt. Begeisterung ist das Blitzen in Deinen Augen, die Elastizität in Deinen Schritten, der Griff Deiner Hand, die unwiderstehliche Willenskraft und Energie bei der Ausführung Deiner Ideen. Begeisterte sind Kämpfer, haben Seelenkräfte, sie besitzen Standfestigkeit. Begeisterung ist die Grundlage allen Fortschritts."

Wo ist Deine Leidenschaft? Wann können Menschen das Funkeln Deiner Augen wahrnehmen? Wenn Du von Deinem Handeln überzeugt bist, spiegelt sich das in Deiner Stimme, Deiner Gestik und Mimik wider. Diese Power ist sexy und überzeugend. Arbeite aus Überzeugung, liebe mit Leidenschaft und lebe begeistert, dann wirst Du entsprechend viel vom Leben zurückbekommen. Nichts auf der Welt ist ansteckender als Deine vor Leidenschaft strahlende Persönlichkeit. Finde Aufgaben und Herausforderungen, die dich begeistern und frage Dich, wen Du mit Deinem Feuer der Leidenschaft anstecken kannst. Das Feuer muss so stark sein, dass Du einen ganzen Flächenbrand legen könntest.

Begeisterung und Leidenschaft stecken an. Du musst keinen Normen entsprechen. Sei, wie Du bist. Nur weil andere etwas tun, musst Du es nicht machen. Stehe zu Deiner Einzigartigkeit. Dein Leben darf Spaß machen. Deine Realität ist so, wie Du sie Dir schaffst. Entscheide dich für den Erfolgsfaktor „Leidenschaft" aus der Siegertaktik und Du wirst automatisch Deine Leistung steigern und Deine Beziehungen verbessern.

Alles im Leben ist Energie. Wenn Du Dir ein leichteres, erfolgreiches und freies Leben wünschst, dann arbeite mit diesem Traum, lass ihn leidenschaftlich in Dir brennen. Realisiere ihn. Franz Beckenbauer hat, wie viele andere Fußballprofis und Sportasse hart an seiner Karriere gearbeitet. Er folgte seiner Leidenschaft. Investiere also Zeit für Dinge, die Du liebst. Wenn Du gerne malst, dann male. Wenn Du gerne schreibst, dann schreibe. Wenn Du gerne singst, dann singe. Mache Deine Leidenschaft zu Deinem Leben. Du musst nicht gleich alles andere an den Nagel hängen, aber gib der Leidenschaft mehr Raum. Vielleicht kannst Du daraus einen

Beruf machen, vielleicht auch nicht. Aber lebe sie. Folge Deiner Intuition, höre in Dich hinein.

Arbeite nur für ein Unternehmen, hinter dessen Produkte Du mit Überzeugung stehst. Wenn Deine Arbeit mit Dauerstress und Anstrengung verbunden sind, ist das ein sicheres Zeichen dafür, dass Du Dich auf dem falschen Weg befindest. Du kannst die Geschäftschance des Jahrhunderts haben, wenn Du nicht mit Leidenschaft hinter dem Deal stehst, hast Du weder Erfolg noch wirst Du glücklich. Nimm nur Projekte an, die Dir Spaß machen und die zu Deinen Stärken und Überzeugungen passen. Vielleicht hast Du sogar die Chance, Dein geliebtes Hobby in Deinen Job zu integrieren. Schaffe Dir Perspektiven und Wege. Niemand hält dich davon ab, Deiner Leidenschaft eine Plattform zu geben. Wenn Du von Deinem Weg überzeugt bist, werden andere Dir früher oder später folgen, denn Begeisterung und Leidenschaft stecken an. Höre auf Dein Herz! Das ist, was Sieger machen.

5: Mut

> *„Wenn du nicht glaubst, dass Du es kannst, hast Du keine Chance"*
>
> *(Arsène Wenger, Fußball-Trainer, u.a. Arsenal London)*

Jeder leidenschaftliche Sportler geht ein oder mehrere Risiken ein. Zum Beispiel das Risiko, sich zu verletzen oder das Risiko, dass er auf andere Dinge wie Freunde, Beziehungen, Feiern und Partys verzichten muss, weil er nicht die Zeit dafür aufbringen kann. Fußball ist ein ständiger Nahkampf. Wer erfolgreich werden will darf keine Angst haben. Angst lähmt. Ob es nun die Angst vor Ablehnung, vor Schmerz, vor Niederlage oder Verletzung ist, Angst blockiert, sabotiert und limitiert die Leistungsfähigkeit.

Wie kannst Du Angst besiegen? Ich habe jahrelang mit einer Schlangenphobie gekämpft. Sie hat mich wahrlich blockiert. Hat nichts mit Fußball oder Alltag zu tun, doch sobald es um die Auswahl unserer Reiseziele ging, war ich wie gelähmt. Wenn ich sie gut in den Griff bekam, suchte ich Länder aus in denen es fast keine Schlangen gibt. Im Zoo, vorm Schaufenster einer Tierhandlung oder in der Tierabteilung vom Baumarkt stand ich immer wie versteinert in sicherer Entfernung von Terrarien, mit kaltem Schweiß auf Stirn und Handflächen.

Ich fragte mich warum, fand aber keine Lösung. Dann begann ich daran zu arbeiten und habe mich gefragt, was der Gegenspieler von Angst ist. Das ist Mut. Angst lässt sich nur durch Mut besiegen. Das ist wie ein 100 prozentig funktionierendes Barometer. Wo Mut ist, gibt es auch Angst. Die Frage ist, wie ist das Verhältnis der beiden zueinander? Beherrscht Dich die Angst oder ist der Mut stärker? Mut ist Ausdruck von Liebe. Mut ist kraftvoll.

Also nahm ich all meinen Mut zusammen und besuchte Freunde von mir, die eine Schlangenfamilie als Haustiere haben. Ich versetzte und verankerte vorher meinen mentalen Topzustand, visualisierte mein Zielbild und suggerierte mir, dass Schlangen friedliche Tiere sind. Es klappte. Ich konnte mit dieser Powermentaltechnik meine Angst besiegen und hielt danach mehrere Schlangen auf dem Arm. Es war faszinierend!

Was war passiert? Es ist überhaupt nicht schlimm, Angst zu haben. Angst setzt Energien frei, erhöht die Konzentration und fährt alle natürlichen Antennen aus. Stelle Dir vor, Du begegnest in der Savanne einem Löwen. Er bemerkt Dich und läuft in Deine Richtung. Durch die augenblicklich auftretende Angst, weiten sich Deine Gefäße, Adrenalin und Cortisol werden ausgeschüttet und Du wirst kurzzeitig extrem leistungsfähig. Du kannst rennen, auf einen Baum klettern oder Dir sonst einen Trick ausdenken, um zu verschwinden. Angst macht extrem leistungsfähig. Um sie zu besiegen, brauchst Du Mut. Das ist der entscheidende Gewinnerfaktor. Je größer Dein Mut, desto kleiner wird die Angst.

Nehmen wir zum Beispiel Skispringer. Stelle Dir vor, Du stehst auf der Schanze, nimmst auf dem Querbalken Platz und sollst da gleich hinunterfahren. Was geht in den Jungs da oben vor? Wie würde es Dir gehen? Würdest Du schon gar nicht erst hochfahren wollen? Würdest Du überhaupt einen Blick aus der Luke wagen? Schon das Heraustreten ist eine einzige Mutprobe, dann das Hinsetzen und Herunterschauen. Welche Ängste kommen in diesem Moment hoch? Angst vor der Höhe, vor einem Sturz, vor Schmerzen, Knochenbrüche. Skispringer scheint das alles kalt zu lassen. Das ist es, was diese Sportart für viele Menschen so faszinierend macht.

Immer wenn Du Deine Angst besiegst, hast Du Mut aufgebracht. Mit Mut überschreitest Du Hindernisse, Ängste und Grenzen. Du besiegst Angst psychisch, physisch und mental. Oft sind es Begrenzungen, die wir uns selbst gesetzt haben. Mut gibt Kraft für großartige Leistungen. Welche Ängste haben wohl die großen Pioniere dieser Welt überwunden? Versagensängste, Existenzängste, Angst vor Ablehnung und Verlustängste? Sie haben ihre Ängste ausgeblendet. Sie haben sich getraut, zu experimentieren, zu entdecken, zu entwickeln. Erfolgreiche Menschen lieben es, Risiken einzugehen. Ihr Mut ist immer ein klein wenig größer als ihre Angst. Ihnen ist bewusst, dass man Altes loslassen muss, um Neues zu erreichen. Eine Entscheidung bedeutet sich zu ent-scheiden. Es braucht immer Mut, Vertrautes hinter sich zu lassen und sich auf neue Wege zu wagen.

Wenn Du beispielsweise mit Pfeil und Bogen auf eine Zielscheibe zielst, den Bogen spannst, Dich konzentrierst, musst Du den Mut haben, loszulassen. Es gibt täglich Aufgaben, die Mut brauchen. Wann hast Du das letzte Mal Mut bewiesen? Wie hast Du Deine Angst überwunden? Hast Du eine Strategie, auf die Du zurückgreifen kannst, wenn Du mutig sein musst? Wie fühlst Du Dich, wenn Du der Angst die kalte Stirn geboten hast? Gut, oder? Ein Gefühl des Sieges, Triumphes und erfüllt mit Stolz?

Erfolgreiche Menschen sind mutige Menschen. Das bedeutet nicht, dass sie immer die richtigen Entscheidungen treffen, aber sie haben den Mut, überhaupt Entscheidungen zu treffen, anders zu sein, einen anderen Weg zu gehen. Die einzige Möglichkeit, seine Zukunft vorauszusehen ist, sie selbst zu erschaffen. Natürlich gibt es Unbekanntes, das beängstigend ist. Aber ist das nicht auch herausfordernd, spannend, abenteuerlich, verrückt? Sind es nicht die mutigen Geschichten, die unser Leben einzigartig und aufregend machen?

Lionel Messi wanderte im Alter von 13 Jahren mit seinen Eltern aus Argentinien aus, Grund war die Wirtschaftskrise. Mit ihrem Sohn, der an Hormonstörungen litt, trauten sich die Eltern fortzugehen. Sie schlugen sich bis Spanien durch, um dort ein neues Leben aufzubauen. Lionel Messi war noch keine 1,40 m groß, zu klein, um in Fußballklubs überhaupt beachtet zu werden. Mit 14 fassten er und sein Vater ein Herz und gingen zu einem Probetraining des FC Barcelona. Der kleinwüchsige Lionel spielte wie um sein Leben und begeisterte die Trainer so sehr, dass sie ihm gleich einen Vertrag unter die Nase hielten. Was für ein Erfolg. Mit 14 verdiente er sein eigenes Geld und seine Therapien gegen die Hormonstörungen zahlte der Verein auch noch – und gern. Messi wurde bis 2016 fünf Mal Europas bester Fußballer des Jahres und sein Marktwert liegt bei weit über 100 Millionen. Er gewann mit seinem Verein unzählige spanische Meisterschaften und internationale Titel. Sein Mut wurde belohnt.

Mit Mut schaffst Du es auch, Deine Komfortzone zu verlassen. Mut ermöglicht es Dir, den Weg Deiner Träume und Visionen zu gehen. Natürlich wird Mut nicht immer belohnt, aber meistens. Einer der größten Vorwürfe, die man sich selbst machen kann ist, dass man etwas nicht versucht hat, weil man sich nicht getraut hat. Zeit kannst Du nicht zurückdrehen, Du kannst nur daraus lernen und beim nächsten Mal mutiger sein. Das kannst Du üben: Rufe Menschen an, die Du normalerweise nicht anrufen magst, spreche über Dinge, die Dir unangenehm sind, mache Sportübungen, die Dir unmöglich erscheinen. Trainiere Deinen Mut. Du wirst sehen, dass Du belohnt wirst.

Mutig heißt nicht, keine Angst zu haben, sondern mutig ist, wer trotz seiner Angst Schritte tut, um sie zu überwinden. Wenn Du Deine Angst bekämpfen willst, schaue Dir auch den Spieler #11, die Dankbarkeit an. Er hilft dabei. Wenn Du mutig und zugleich dankbar bist, verschwindet die Angst. Solange Du ganz bei Deinen Zielen und Visionen bleibst und leidenschaftlich in Ihnen aufgehst, kann Angst Dir nichts anhaben. Der Blick auf das große Ziel wird

Dich begeistern und mutig machen. Die Angst schrumpft proportional, in dem Verhältnis, wie viel Mut Du aufbringst.

6: Wissen

> *„Es gibt nur einen Ball. Wenn der Gegner ihn hat, stellt sich die Frage: Warum hat er den Ball?"*
>
> *(Giovanni Trapattoni, italienischer Fußballtrainer, ehemals FC Bayern München)*

Du hast davon gehört, dass sich Profis vor einem Fußballspiel mental auf den Gegner einstellen? Dass sie sich technisch exakt vorbereiten? Die einzelnen Spieler wissen, auf welchen Gegenspieler sie treffen, mit welchen Tricks er arbeitet, worin er gut ist, wo seine Schwächen liegen und wie er diesen Gegner bezwingen kann. Spieler haben in jedem Spiel das theoretische Wissen, um daraus für sich Spielstrategien abzuleiten und das Spiel erfolgreich zu gestalten. Doch Wissen ist immer nur Theorie, ein „nice to have", das unterstützt. Es sind Informationen, aus denen Du schöpfen, aufbauen und etwas machen kannst. Theoretisches Wissen ist Basis jeden erfolgreichen Handelns. Ohne Wissen ist alles – wie wir im Fußball sagen, ein „Blind Pool" an den Du Dich wagst. Mit dem richtigen Wissen aber hast Du eine enorme Macht.

Ein Beispiel: Einer Mannschaft wie Bayern München reicht es nicht, vor dem Spiel zu wissen, welche Spieler in der gegnerischen Mannschaft spielen, wer auf der Reservebank sitzt und wie viele Zuschauer in das Stadion passen. Sie studieren intensiv von jedem Spieler Stärken und Schwächen, Spielstatistiken und deren Bilanzen. Sie beschäftigen sich bis ins letzte Detail mit dem Gegner und leiten daraus für jeden ihrer eigenen Spieler eine exakte Strategie ab. Sie erarbeiten sich das gesamte Wissen und wenden es an.

Wie machst Du das im Business? Nur einmal angenommen, Du möchtest morgen eine Fleischerei eröffnen. Du brauchst Informationen wie „Woher beziehst Du die Ware?", „Wie beurteilst Du den Zustand der Ware?", „Brauchst Du dafür einen Schlachthof oder ein Kühlhaus?", „Welche Vorschriften musst Du erfüllen?", „Wer sind Deine Konkurrenten und in welchem Marktumfeld bewegst Du Dich?", „Was brauchst Du an Personal?", „Wie vermarktest Du Deine Fleischerei?". Ich könnte endlos weiter fragen. Du siehst, worauf ich hinauswill. Je mehr Fragen Du stellst und Antworten darauf hast, desto klarer wird das Bild und desto wahrscheinlicher Dein Erfolg. Viele Menschen treffen wichtige Entscheidungen auf der Basis von nicht vorhandenem Wissen.

Ich sehe das bei vielen meiner Klienten im Bereich Finanzentscheidungen. Manche wissen weder wie der Markt funktioniert, noch welches Produkt sie überhaut wollen. Sie vertrauen mangelhaften Empfehlungen. Was ist dieses Vertrauen wert? Gar nichts! Finanzentscheidungen und Geschäftsentscheidungen macht man nicht mal eben spontan aus dem Bauch heraus, sondern nur auf fundierten Informationen. Aus meiner langjährigen Erfahrung im Finanzvertrieb kann ich sagen, dass 90 Prozent meiner Kunden überhaupt keine Ahnung von der Tragweite ihrer Entscheidungen hatten. Absolut kein Wissen zum Thema „Wie baue ich Vermögen auf?". Noch schlimmer, viele folgen einfach dem „Mainstream": Was „man" so macht, was „man" so kauft. Das hat schon Mama und Papa, Nachbar Rudi und Tante Gerda so gemacht, also wird es schon richtig sein. Ehrlich, das ist keine Übertreibung. Da steigen mir die Haare zu Berge. Ich könnte ein Buch darüberschreiben, was ich in 15 Jahren Finanzwelt erlebt habe.

Ich hoffe, Du machst das besser. Wenn ich Dich jetzt fragen würde, ob Du Dich bei den Finanzprodukten, die Du besitzt, auskennst und Du das bejahst, darf ich Dir gratulieren. Dann bist Du einer der Wenigen. Wenn Du mit Nein antwortest, empfehle ich Dir gerne einen vertrauenswürdigen und guten Finanzplaner mit viel Erfahrung und hervorragenden Strategien. Hast Du das Wissen, um Finanzentscheidungen zu treffen? Hast Du das Wissen eine Fleischerei aufzubauen? Hast Du das Wissen, um Deinen Traum zu realisieren? Nein? Dann solltest Du Dich wenigstens mit vertrauensvollen Menschen umgeben, die in diesen Bereich Know-how und Erfahrung haben und Dir gute Empfehlungen geben können. Doch sind es auch die richtigen? Kannst Du wirklich darauf vertrauen? Noch besser wäre es, eigenes Wissen aufzubauen. In meiner beruflichen Vergangenheit habe ich es immer wieder erlebt, wie sehr Menschen sich wünschen, finanziell unabhängig und frei zu sein und gleichzeitig aber keine Ahnung hatten, wie sie es werden könnten. Keine Idee, keine Strategie, kein fundiertes Wissen, nicht einmal über die Finanzprodukte, in die sie gerade Ihr ganzes Geld stecken wollten.

Beobachte das Handeln erfolgreicher Menschen. Es ist faszinierend zu sehen, was für ein ganzheitliches und breit gefächertes Wissen sie haben. Sie sind belesen, lernen permanent und überlassen gar nichts dem Zufall. Ihre Entscheidungen basieren auf Wissen und Erfahrungen. Das ist ihr Kapital. Noch wichtiger ist, Wissen richtig anzuwenden. Was hilft es Dir, wenn Du es nicht in die Praxis umsetzen kannst? Aber auch das kommt oft vor. Mal ehrlich, was nützt ein toller Wagen mit 480 PS, wenn Du die PS nicht auf die Straße bringen kannst und lieber vorsichtig 80 km/h fährst? Verschenkt! Erfahrungen entstehen aus gelernten, gelebten und angewandten Wissen. Das baut sich über Jahre auf und mündet im Zustand von Weisheit. Nicht umsonst hat Franz Beckenbauer auf seinem Fachgebiet Fußball mittlerweile Kaiserstatus erreicht. Sein Wissen und seine jahrzehntelange Erfahrung ist so mächtig, dass er weise Ratschläge geben kann.

Dein Ziel ist es, in Deinem Job erfolgreich zu werden? Dann bilde Dich weiter, lies so viel, wie Du kannst: Fachliteratur, Biografien erfolgreicher Menschen, besuche Seminare, lerne von den Besten in Deiner Branche.

„Wer mit Weiterbildung aufhört, um Geld zu sparen, könnte genauso gut seine Uhr anhalten, um Zeit zu sparen."

(Marc Aurel)

Das Bestreben eines jeden Individuums ist es, zu wachsen. Jeder Baum wächst, jeder Grashalm, jedes Tier. Wer zu wachsen aufhört, stirbt. Wachsen heißt lernen. Sauge so viel Wissen auf, wie Du kannst und lerne, es in die Praxis umzusetzen. Entwickle Strategien für Bereiche, in denen Du wachsen möchtest. Wachstum entsteht unter dem Strich immer durch lernen und umsetzen, lernen und umsetzen, lernen und umsetzen. Die beste Möglichkeit ist, von erfolgreichen Menschen zu lernen. Die Amerikaner nennen es „Modelling of Excellence". Niemand hat Wissen exklusiv, nur seine eigene Erfahrung. Dein Wissen, gepaart mit Deiner Erfahrung, gehört Dir. Das ist Dein wirklicher Reichtum. Nutze ihn.

7: Motivation/ Wille

„Die Motivation ist das Zünglein an der Waage. Im Sport setzt man sie manchmal mit „geistiger Zähigkeit" gleich – wie könnte man sonst die zahlreichen Vorfälle in jeder Saison erklären, bei denen eine Mannschaft eine andere verdientermaßen besiegt, doch ein paar Wochen später vom Verlierer niedergerungen wird? Fast immer schlägt die Motivation das große Talent"

(Norman R. Augustine, amerik. Topmanager, 1985-1987 Vorstand NASA)

Motivation ist eine der wichtigen Grundvoraussetzungen, um erfolgreich zu sein. Für jeden Menschen bedeutet Erfolg etwas anderes. Darauf wollen wir an dieser Stelle nicht eingehen. Wichtig ist, dass Du Deine Zielvorstellung nur erreichen kannst, wenn Du wirklich motiviert bist. Motivation ist der Antrieb zu handeln, das Feuer und die Leidenschaft, die in uns brennt. Hast Du nur das Feuer, kann das schnell hoch lodern, aber auch schnell wieder verlöschen.

Hast Du nur die Leidenschaft, kannst Du sie vielleicht nicht fokussiert in die Tat umsetzen. Hast Du beides, geht die Post ab. Damit erreichst Du, was Du willst.

Ich unterscheide zwei Motivationsarten:
1. Motivation aus Dir selbst heraus. Du folgst einem tiefen inneren Bedürfnis oder Interesse („intrinsische Motivation")
2. Motivation von außen („extrinsische Motivation"). Sie entsteht durch Anreize und Belohnungen. Im Fußball bekommen Gewinnerteams hohe Siegprämien, bei Pokalturnieren wie zum Beispiel dem deutschen Vereinspokal (DFB-Pokal) wird jedes Weiterkommen nach oben finanziell attraktiver. Oft geben die Vereine sogar noch einen Teil ihrer eigenen Vereinsprämien an ihre Spieler weiter, um sie zusätzlich zu motivieren, den Platz als Gewinner zu verlassen.

Es gibt im Fußball viele Möglichkeiten monetäre Anreize (Geldanreize) zu schaffen. Doch das ist nie die einzige Motivation für einen Fußballer. Er kann nur unterstützend und zusätzlicher Anreiz sein. Bei der letzten Fußball-Weltmeisterschaft erhielt der Fußballverband Deutschland 35 Millionen US-Dollar Preis-und Werbegeld. Die 22 deutschen Spieler der National-Mannschaft bekamen jeder davon eine Rekordprämie in Höhe 300.000,- Euro. Böse Zungen behaupteten, dass dies der ausschlaggebende Antriebsfaktor war. Als ehemaliger Fußballer kann ich sagen, dass stimmt nicht. Sicher freut sich ein Spieler an so einer tollen Belohnung. Vielleicht kann sie sogar in extremen Ausnahmesituationen die Kraft und Energiereserven mobilisieren, die zum Sieg gebraucht wird. Doch das sind Momentaufnahmen.

Extrinsische Motivation in Form von Prämien, Gutscheinen, Tantiemen, Bonifikationen oder Lob von Kollegen und Vorgesetzten wirkt niemals so nachhaltig wie intrinsische Motivation. Aus diesem Grund sieht man im Sport klassisches Motivationstraining kritisch. Damit erreicht man nur kurzfristigen Erfolg. Doch der Impuls kommt von außen und ist eher oberflächlich. Besser ist hier ein nachhaltiges Training, das an das Mindset der Person gerichtet sein muss. Das bestätigen mir meine Seminarteilnehmer seit Jahren. Nur mit diesen Techniken lassen sich Situationsverbesserungen, dauerhafte Motivation und ja, sogar Gehaltssteigerungen realisieren. Ein Trainer kann zwar kurzfristig motivieren, aber dauerhafte Motivation muss von innen kommen. Also ist es wichtig, Strategien zu entwickeln, wie man sich selbst motivieren kann.

Motivation und Wille können zur Leidenschaft anwachsen. So ging es zum Beispiel dem Abenteurer Sir Edmund Hillary. Mit 14 Jahren kletterte er bei einem Schulausflug einen vulkanischen Berg bis zum Gipfel hinauf, durch Schnee und Wind. Es faszinierte und motivierte ihn, dort oben zu stehen und Berg und Tal unter sich zu lassen: „Der Anblick der schneebedeckten Berge war das Schönste, was ich bis dahin gesehen hatte. Diese Erfahrung hat mein Leben völlig verändert." Seine lebenslange Motivation war es, Berge zu besteigen und sein größter Traum war der höchste Berg der Erde, der Mount Everest. Er ist mehrfach daran gescheitert, hat sich aber immer wieder durch Vortragsreisen die nächste Expedition verdient und einfach nicht aufgegeben. Er sagte: „Berg, Du kannst nicht mehr wachsen, aber ich kann es." Seine extrem hohe Motivation hat ihn beflügelt, es zu schaffen. Und er hat es geschafft!

Während hohe Motivation Deine Kräfte aktivieren kann, ziehen Dich demotivierende Menschen herunter und rauben Deine Energie. Diese ewigen Nörgler und Besserwisser! Demotivation von außen ist eine der größten Gefahren von Erfolg. Halte Dich fern von Menschen, die Dich nicht positiv unterstützen oder bestärken. Lass Dir Deine Motivation von niemanden nehmen. Nur Du weißt, was in Dir steckt, was Dich innerlich antreibt. Motivation ist Brennstoff für Deine Handlungen, egal in welchem Bereich.

Darum mache das, was Dir Freude macht, ansonsten wird Deine innere Motivation einschlafen. Motivation von außen kann und wird dich niemals dauerhaft zum Erfolg antreiben. Sie wird nur eine kurzfristige Hebelwirkung entwickeln. Die Gefahr der Motivation von außen liegt darin, dass sie Kontrolle über Dich ausübt. Bietet man Dir zum Beispiel 100.000 Euro dafür, dass Du zu Fuß von Köln nach Moskau läufst, ist das ein Motivationsfaktor, der Dich vielleicht im Moment anspornt, weil das Geld Dich reizt. Aber

Du tust etwas, was Du sonst nicht tun würdest und was Dich eigentlich gar nicht interessiert. Deine Ziele, Dein Fokus, Dein wahrer innerer Wunsch werden zurückgedrängt. Extrinsische Motivation kann also ein Machtinstrument von außen sein, um Dich zu etwas zu überreden, was nicht wirklich Dein Ding ist.

Der Motivationspegel von Menschen kann extrem schwanken. Wenn Du im Alltag, in Deiner Beziehung oder im Job merkst, dass Dir der Antrieb fehlt, Du aber grundsätzlich positiv damit vertraut bist, kannst Du folgende Visualisierungstechniken anwenden:

Aktiviere Deine Motivation und denke an folgende Bilder:

- **Dein Zielbild:** Wie sieht Dein Wunsch- und Zielbild aus?

- **Deine größten Erfolge:** Was waren bisher Deine größten Erfolge?

- **Deine Lieben:** Wer sind Dir die liebsten Menschen?

- **Dein ganzes Wissen:** Was hast Du in Deinem Leben schon alles gelernt?

- **Dein Handeln:** Welche Handlungen haben Dich zu Deinem „Heute" gebracht. Was könnte Deine Zukunft verbessern? Warum willst Du eine bessere Zukunft?

Wenn Du diese Aspekte verinnerlicht hast, wird Dir das einen Motivationsschub geben, aus dem Du Kraft tankst. Motivation ist wie eine Pflanze. Wenn Du sie nicht gießt, vertrocknet sie. Wenn sie nicht wächst, stirbt sie. Gießt Du zu viel, versumpft sie. Dein Motivationslevel muss ausgewogen sein. Wenn Du ein Motivationsjunkie bist und ständig „Tschakka, Tschakka" rufst, kann das ein bitterböser Bumerang werden. In diesem Fall hast Du zu viel gegossen, die Pflanze ertrinkt. Du kannst dann die PS-Stärke nicht auf die Straße bringen und die ganze Motivation nicht in Handlungen umsetzen. Die Reifen drehen durch. Final führt das zur Enttäuschung über Dich selbst. Nicht zu viel. Nicht zu wenig. Das ist das Geheimnis. Ein gutes Maß an Grundmotivation ist ein wichtiger Teamplayer für Deinen persönlichen und finanziellen Erfolg.

8: Verantwortung

„Wir sind ein Team, aber es gibt nur einen, der alle Fäden in der Hand hält: Ich!"

(Uwe Seeler, ehem. Spielführer der deutschen Fußballnationalmannschaft)

Elf Spieler, einer davon ist Torwart. Ein anderer ist der Spielführer, der Mannschaftskapitän. Der trägt eine Binde um den Arm. Was unterscheidet ihn von den anderen? Es ist keine Frage von besser, schlechter, strategischer sein oder mehr Willen zu haben, sondern der Kapitän trägt schlichtweg die Verantwortung. Im Teamsport ist der Spielführer der verlängerte Arm des Trainers, das Sprachrohr, das wichtige Kommandos an seine Mitspieler auf dem Platz weitergibt.

Im Fußball darf der Kapitän auch Anschisse verteilen und verbal mal so richtig reinhauen, wie wir es nennen. Es wird akzeptiert, dass er jemanden persönlich kritisiert, was ansonsten ja verpönt ist. Er hat einen anderen Status innerhalb und außerhalb des

Teams, damit positioniert er sich auch in der Außendarstellung mit persönlicher Stärke. Wie erkennt man den Kapitän, das Leittier, den Wolf, der das Rudel anführt? Im Profi-Fußball wird er vom Trainer sorgfältig ausgesucht. Damit geht der Trainer sicher, dass der Kapitän auch gemäß seinen Angaben und der Vorgaben handelt.

In anderen Mannschaftssportarten ist es eher so, dass der Kapitän und ein Mannschaftsrat ihn wählen. Sie haben das volle Vertrauen ihrer Mitspieler und werden respektiert. Ihre Aufgabe ist es, Verhandlungen mit der Vereinsführung zu führen, Entscheidungen zusammen mit dem Trainerteam zu treffen und die Kommunikation innerhalb des Teams zu übernehmen. Ihnen wird eine strukturelle Führungsaufgabe zugeteilt, die ihnen eine gewisse Macht gibt.

Ob man diese Aufgaben in einer Mannschaft oder in einem Unternehmen übernimmt, ist egal. Wichtig ist, dass ein Team selbstbestimmte Leader respektiert. Es macht Sinn, dort einen Teamleiter einzusetzen, wo Menschen zusammenarbeiten müssen. Weil Teamleiter grundsätzlich das Vertrauen von zwei Seiten brauchen, nämlich dem des Teams und dem des Chefs, ist eine transparente und faire Zusammenarbeit extrem wichtig. Es gibt kaum einen größeren Vertrauensmissbrauch als einen verantwortungsvollen Status für Eigenzwecke auszunutzen.

Was aber hat das mit Dir zu tun?

Es spielt keine Rolle, wo Du gerade bist, mit wem Du Dich umgibst, wie Du lebst, was Du arbeitest und welche Dinge Du erreichen möchtest. Entscheidend ist: Du bist für Dich selbst verantwortlich. Auch wenn sich einige Menschen damit schwertun: Jeder muss die volle Verantwortung für sich und sein Handeln übernehmen, wenn er erfolgreich werden will.

Wie oft höre ich Sätze wie diese: „Aber dafür kann ich nichts." „Meine Eltern haben mich falsch erzogen." „Ich habe es nicht gelernt." „Daran trägt der Staat, der Lehrer, der Hausmeister Schuld." Du kennst solche Sätze? Bedenke, wann immer Du so etwas aussprichst, gibst Du Deine Verantwortung ab. Viel schlimmer ist aber, dass Du mit der Verantwortung auch die Macht zu Deiner eigenen persönlichen Veränderung abgibst. Ab sofort: Schluss mit Ausreden. Ab jetzt übernimmst Du die ganze Verantwortung für Dein Tun selbst. Ein Beispiel: „Ich stagniere im Job, weil mein Chef nicht in mich investiert" oder „Meine Frau ist schuld an unserer Ehekrise". Nun hast Du zwar Deinen Chef oder Deinen Ehepartner als Schuldige entlarvt, aber Dir damit zeitgleich auch jegliche Chance genommen, die Situation selbständig zu entschärfen und zu ändern. Ergo: Es wird sich nichts ändern.

Es gibt nur einen Schöpfer Deiner Gedanken und der daraus resultierenden Handlungen: Der bist Du. Wie wäre es also, wenn Du künftig die volle Verantwortung für Dich, Deine Gedanken und Dein Handeln übernimmst? Es mag ja stimmen, dass Begleitumstände hin und wieder gegen Dich sprechen. Das war bei Oliver Kahn so, der mehrfach aus den Auswahlen geflogen ist, bei Lionel Messi, der zu klein war und bei Wilma Rudolph, die Kinderlähmung hatte. Was haben die getan? Sie haben die Verantwortung für Ihr Leben in die eigenen Hände genommen und haben agiert.

Du hast mit jedem neuen Gedanken die Gelegenheit, Verantwortung und damit die Macht zur Veränderung zu übernehmen. Es ist Dein Leben. Du hast nur dieses. Willst Du wirklich die Verantwortung dafür anderen überlassen? In meiner Kindheit habe ich die Augsburger Puppenkiste geliebt. Kennst Du die Marionetten, die von den Puppenspielern gelenkt werden? Die Puppen machen, was der Puppenspieler will. Mal ehrlich: willst Du in Deinem Leben eine Marionette sein?

Es sind nicht die Umstände, die Menschen schaffen. Es ist einzig und allein der Mensch, der Umstände schafft. Auch wenn es manchmal nicht ganz so aussieht. Im Fußball ist jeder Spieler wichtig, aber jeder Spieler muss sich selbst auch entsprechend wichtig nehmen. Nur so kann das Team gewinnen. Letztlich arbeitet und lebt grundsätzlich jeder Mensch erst einmal für sich selbst. Wir sind alle selbständig, genauso wie wir alle „Verkäufer" sind. Stimmt´s? Hast Du Dich bei Deiner Bewerbung etwa nicht gut verkauft? Und wie gut musstest Du Dich verkaufen, als Du Freunde oder Deine Partnerin, Deinen Partner gewinnen wolltest? Das ganze Leben ist ein ständiges Verkaufen. Je besser Du das beherrschst, desto erfolgreicher lebst Du. Wir brauchen auch gar nicht untätig zu warten und zu glauben, dass schöne Dinge in unser Leben kommen. Wir müssen schönen Dingen entgegengehen, etwas dafür tun, also aktiv die Verantwortung übernehmen. Wir können auch nicht die Umstände oder andere Personen für unsere eigene Bequemlichkeit, Inkompetenz oder Ratlosigkeit verantwortlich machen. Wenn wir das tun, sind wir am Ende unseres Weges angekommen.

Wollen wir ein anderes Ergebnis haben, müssen wir die Umstände ändern. Gewinner übernehmen immer die Verantwortung. Verliert der FC Bayern München ein Spiel, sind alle dafür verantwortlich. Sie suchen nach Ursachen, Schwächen und Nachlässigkeiten zuerst bei sich und nicht bei anderen. Wenn jeder einzelne sich verbessert, wird die Mannschaft besser. Betrachte es als große Freiheit, dass Du Deine Einstellung jederzeit ändern und die Verantwortung für Dein Leben übernehmen kannst. Es ist nicht die Aufgabe Deines Lebenspartners, Dir Glück zu schenken. Es ist nicht die Aufgabe Deines Chefs, Dir ein Topeinkommen zu garantieren. Es ist nicht die Aufgabe Deines Lehrers, Dir Wissen zu geben. Es ist nicht die Aufgabe der Ärzte, Dich gesund zu halten.

Es ist Deine Aufgabe, dafür Verantwortung zu tragen. Du bist Derjenige, der alles Nötige tun muss, um zu bekommen, was Dich erfolgreich macht. Sicherlich laufen Dinge im Leben manchmal suboptimal, dennoch bist in jeder Sekunde DU selbst verantwortlich für Dich und Dein Leben, niemand sonst. Dein Leben ist heute so, wie es ist, weil Du in der Vergangenheit so gehandelt hast, wie Du hast. Mehr oder weniger erfolgreich. Wenn Dir das bewusst ist, hältst Du die Macht in Deinen Händen, künftig einen besseren Weg zu gehen. Prinzipiell kannst Du alles verändern: Deinen Beruf, Deine Beziehungen zum Partner, zu Freunden und zur Familie, Deinen Kontostand, Deinen Fitnesszustand, Deinen Wissenstand. Ab sofort, wenn es Dir wichtig ist

Es liegt also an Dir, ob Du Deine Macht nutzt, mit der Du Deine Träume und Ziele erreichen kannst. Ohne Macht bleibst Du Sklave Deiner Umwelt. Der irische Literatur-Nobelpreisträger George Bernard Shaw beschrieb einmal: „Man gibt immer den Umständen die Schuld für das, was man hat. Ich glaube nicht an Verhältnisse. Diejenigen, die in der Welt vorankommen, gehen hin und suchen sich die Verhältnisse, die sie haben wollen. Und wenn sie sie nicht finden können, schaffen sie sie selbst." Das haben auch Charles Lindbergh, Sir Edmund Hillary, Steve Jobs und Mark Zuckerberg eindrucksvoll bewiesen. Auch für den zu klein gewachsenen Lionel Messi stand in Argentinien kein Verein zur Verfügung. Heute würde man ihn mehrfach klonen, wenn man könnte.

Du persönlich hast Dein Leben in der Hand. Du kannst fast alles tun, was Du willst, wenn Du die Macht zur Gestaltung und die Verantwortung behältst. Sieger geben niemandem Macht über ihr Leben. Nur so halten sie das Heft des Handelns in der Hand.

Der Sturm

Der Sturm, auch Angriff genannt, ist für Tore zuständig. Gute Stürmer entscheiden ein Spiel manchmal im Alleingang. Im Fußball wie im wahren Leben. Die drei folgenden Eigenschaften sind das Erfolgsrezept für eine gute Sturmspitze in einem Fußballteam. Wendest Du sie in Deinem inneren Team an, wirst Du automatisch zu einem besseren Performer, hast mehr Spaß, Glück, Zufriedenheit und Erfolg in Deinem Leben.

9: Disziplin

„Ohne Selbstdisziplin ist Erfolg nicht möglich. Punkt."

(Lou Holtz, amerikanischer Footballtrainer, Motivationscoach, Autor)

Disziplin ist Garant für gute Ergebnisse. Wer sie nicht hat, kann seine Ziele nicht erreichen. Ohne ein hohes Maß an Selbstdisziplin ist Erfolg unmöglich. Im Alter von 20 Jahren, in meiner aktiven

Spielerzeit, hätte ich mich manchmal liebend gerne der Disziplin entzogen. Doch es war nicht drin. Während meine Freunde am Wochenende Party machten, war für mich spätestens um 23 Uhr Zapfenstreich. Statt zu feiern gab es ein Video. Saft statt Bier. Fastfood selten, Alkohol so gut wie nie. Das Training zweimal am Tag strapazierte meine Disziplin bis aufs Äußerste.

Meine Welt bewegte sich zwischen zwei Extremen: 90 Prozent Disziplin und 10 Prozent mal ausgelassen feiern. Aber nur, wenn es der Zeitplan zwischen den Spielen und dem Training zuließ. Disziplin war Regel Nummer eins im Team. Nur damit war eine Qualitätsverbesserung möglich, für mich im Fußball und aus heutiger Sicht, in allen anderen Bereichen meines Lebens auch. Disziplin hat mich in meinem Leben meilenweit nach vorn gebracht.

Disziplin ist Grundvoraussetzung für Erfolg. Oliver Kahn beschreibt Disziplin mit „dem Verzicht auf manche schönen Dinge des Lebens". Dazu gehört, sich kontrolliert zu ernähren, sein Gewicht managen und den körperlichen Zustand immer in einer guten Balance zu halten. Disziplin ist das ständige Training und Arbeiten an sich selbst. Die Profis des FC Bayern München haben in der Regel zwei bis dreimal täglich Training, unter anderem im Kraftraum, in der Reha, auf dem Platz oder im TV-Raum zur Videoanalyse. Mentale und physische Belastungen sind für sie normal. Niemals würden sie dem Trainer widersprechen, wenn er zum Training ruft.

Hast Du Dir schon mal Gedanken darüber gemacht wie viel Disziplin Du aufbringst, um an Deinen Zielen zu arbeiten? Hast Du feste Zeiten dafür reserviert? Arbeitest Du regelmäßig am Zielbild? Hältst Du Deine eigenen Regeln ein, oder sind manchmal andere Dinge wichtiger? Bleibst Du konsequent auf Deinem Weg? Selbstdisziplin ist die Fähigkeit, bestimmte Bedürfnisse hintenan zu stellen, vor allem, wenn diese Bedürfnisse eine Zielerreichung gefährden, sie sabotieren oder negativ beeinflussen. Für Deinen Erfolg brauchst Du, wie jeder gute Sportler, ein hohes Maß an Disziplin. Bist Du bereit, sie aufzubringen und an Dir zu arbeiten, um erfolgreich zu werden?

Wenn Du konsequent an Deiner Zielausrichtung arbeitest, werden die positiven Ergebnisse folgen. Garantiert. Mit guter Vorbereitung und organisierter, systematischer Vorgehensweise erzielst Du positive Ergebnisse. Achte darauf, dass Du konsequent Deinen Weg gehst und nicht davon abkommst. Auch wenn die anderen im übertragenen Sinne „Party feiern".

Wir haben über eine gute Vorbereitung gesprochen. An dieser Stelle, wo es um diszipliniertes und organisiertes Handeln geht, möchte ich noch einmal darauf zurückkommen. Was glaubst Du, wie bereiten sich Fußballer und deren Vereine auf eine lange Saison mit mehr als 50 Spielen vor? Welche Vorbereitungen treffen sie? Alle Teams absolvieren eine vier- bis sechswöchige Saisonvorbereitung, in der es zu Beginn darum geht, sich die nötige Grundlagenausdauer anzueignen. Die Physis muss trainiert sein. Danach implementiert man Schnellkraftelemente. Parallel spielt man erste Testspiele. In der letzten Hälfte der Vorbereitungen geht es um spielerische Elemente. Konkrete Spielzüge kommen ins Training. Am Ende der Vorbereitung wird die Intensität heruntergefahren und man probt weniger anstrengende Situationen wie Eckbälle, Freistöße und relevante Standardsituationen. Das gesamte Training ist so konzipiert, dass jeder danach physisch wie mental mit 100 Prozent Kraft und Konzentration in die Saison starten kann.

Wie bereiten sich erfolgreiche Topmanager vor, bevor sie ein Ziel in Angriff nehmen? In Lebensbereichen außerhalb des Sports gelten oft nicht so starre Regeln und jeder hat sein eigenes Erfolgsrezept. Vier bis sechs Wochen Vorbereitungszeit wären vielleicht auch überzogen, aber erfolgreiche Menschen bereiten sich genauso sorgfältig vor, wenn eine schwere Aufgabe oder ein Projekt vor sich haben. Was macht ein Manager, wenn herausfordernde Aufgaben anstehen wie hohe Investitionen zum Aufbau eines Unternehmens, Entlassungen wegen Umstrukturierungen oder der Einsatz innovativer Technologien, die bisherige, lang erprobte Mechanismen und Strukturen im Unternehmen ersetzen sollen? Wie bereitet er sich vor, wenn große Übernahmen bevorstehen? Er macht sich schlau, lernt dazu, plant jeden Schritt exakt und geht erst dann nach außen, wenn er alles bedacht hat. Das machen erfolgreiche Menschen.

Aus meiner Erfahrung heraus weiß ich, dass viele Menschen die Macht der Vorbereitung nicht kennen. Kommen wir zurück zu meinem Kompetenzbereich Finanzvertrieb. Auch eine Finanzentscheidung muss explizit vorbereitet werden, wenn sie nachhaltig und ertragsreich sein soll. Dazu gehört die Recherche, die Auswahl von Möglichkeiten und das Pro und Contra für jede interessante Möglichkeit abzuwägen. Erst danach kann man eine fundierte Entscheidung treffen.

Wie sieht Deine Vorbereitung auf eine persönliche Herausforderung aus? Macht es Sinn für Dich, wichtige Entscheidungen, Wege, Pläne und Zielsetzungen vorzubereiten? Wenn ja, wie machst Du es? Hast Du einen Leitfaden, der Dich Schritt für Schritt durch den Prozess führt, ähnlich wie ein Trainingsplan? Nehmen wir mal an, Du willst Dein eigenes Unternehmen gründen. Sagen wir mal, ein Fitnessstudio. Die Vorbereitung würde unter anderem eine Standortanalyse beinhalten, einen Businessplan inklusive Kosten- und Ertragsanalyse, Kalkulationen zum Investment, eine komplette betriebswirtschaftliche Betrachtung inklusive dem Liquiditätsplan. Du müsstest Gespräche mit Behörden, Beratern, Banken führen, eine Zielgruppenanalyse machen und vieles, vieles mehr. Je dezidierter Deine Vorbereitungen, desto zuverlässiger und treffsicherer wird Dein Projekt ablaufen. Eine gute Vorbereitung, gute Planung und die disziplinierte Umsetzung sorgen dafür, dass Dein Fitnessstudio erfolgreich wird.

Bist Du ein Planer oder entscheidest Du spontan viele Dinge aus dem Bauch heraus? Spontan und manchmal auch chaotisch zu sein, ist manchmal von Vorteil. Aber wie wäre es zum Beispiel, wenn der FC Bayern München seine eigenen Vorbereitungen runterfahren würde und die entscheidenden Spiele aber gegen gut vorbereitete Teams absolvieren müsste? Spontane Siege aus dem Bauch heraus wären absolutes Glück, auf das man nicht bauen kann. Es würde aus der zuverlässig erfolgreichen Mannschaft ein unberechenbares Team machen. Die Aussicht auf Saisonerfolge wie Deutscher Meister würden zur reinen Glückssache. So ist es auch im wirklichen Leben: persönlichen und finanziellen Erfolg ohne disziplinierte Vorbereitung wären reine Glückssache. Manchmal dauert es Tage, Wochen, Monate oder sogar Jahre, bis der Erfolg kommt. Ein anspruchsvolles Ergebnis setzt eine anspruchsvolle Vorarbeit voraus. Gönne Dir lieber hin und wieder eine Auszeit, wenn Dir die Vorbereitungen über den Kopf wachsen. Aber wenn Du die Dinge zum Erfolg führen willst, sei diszipliniert und bereite Dich vor!

10: Durchhaltevermögen/ Ausdauer

> *„Man lernt eine Zeile von einem Sieg und ein Buch aus einer Niederlage."*
> *(Paul Brown, ehem. American Football-Trainer)*

Wer im Fußball die Nummer zehn auf dem Rücken trägt, ist das Herzstück des Teams, der Denker und Lenker. Es ist der Kreative, der Mentor, der Starke, derjenige, der den „goldenen Pass" spielen und entscheidende Tore schießen kann. Er ist die Schaltzentrale, der Durchhalter, auch dann noch, wenn andere schon schwächeln. Wenn die Zehn ausfällt, ist der Erfolg gefährdet. Topspieler Lionel Messi ist beim FC Barcelona die Nummer zehn. Übertragen aufs Business steht in der Siegertaktik die Nummer zehn für Durchhalten, mentale Stärke, verbunden mit Kreativität und Führungsverhalten. Ohne diese Eigenschaft ist der Erfolg für jedes Business gefährdet.

Was macht den Unterschied zwischen dem Besten und dem Schwachen, dem Profi und dem Laien, dem erfolgreichen Elitesportler und den Freizeitsportlern ohne Ehrgeiz? Anders gefragt: Was haben Oliver Kahn, Lionel Messi, Mark Zuckerberg, Abraham Lincoln, Steve Jobs, Barack Obama und Zlatan Ibrahimovic gemeinsam? Sie haben alle unzählige Niederlagen einstecken müssen, um dort anzukommen, wo sie heute sind. Und sie sind immer einmal mehr aufgestanden, als hingefallen. Sie haben nicht nur weitergemacht, sondern jeder Rückschlag hat ihnen etwas mehr Biss gegeben. Sie sind mit jeder Niederlage stärker und motivierter geworden. Sylvester Stallone brachte es in der Rolle als Rocky Balboa auf den Punkt: „Es zählt nicht, wie hart Du zuschlagen kannst, sondern wie viele Schläge Du einstecken kannst!"

Scheitern gehört zum Erfolgsweg. Es ist völlig normal zu scheitern. Dennoch trennt sich hier die Spreu vom Weizen. Bist Du Spreu oder Weizen? Lässt Du Dich entmutigen, wenn etwas nicht genau so klappt, wie Du es willst? Oder stehst Du dann erst recht auf und kämpfst? Wächst Du an Deinen Herausforderungen, an Hindernissen, am Scheitern? In jedem Scheitern steckt die Chance zur Veränderung, zur Überprüfung der Strategie und zu einem Kurswechsel. Scheitern ist der Moment, wo Du Fragen stellen und neue Antworten finden musst.

Natürlich bist Du in solchen Phasen unzufrieden, doch verwende diese Unzufriedenheit als treibende Kraft zur Veränderung und Verbesserung. Es ist gut, dass Du unzufrieden bist. Es erlaubt Dir, einen neuen Anlauf zu wagen. Es geht nicht darum, perfekt zu sein. Es geht um Durchhalten und dranbleiben. Es ist eine Illusion zu glauben, dass Oliver Kahn, Steve Jobs oder die DAX-Unternehmensvorstände perfekt sind. Niemand ist perfekt. Das ist auch nicht das Ziel. Im Gegenteil, Oliver Kahn hatte Beziehungsprobleme. Seine Ehe scheiterte. Aber er ist aufgestanden, hat sich verändert, hat einen neuen Anlauf gewagt und dabei aus seinen Fehlern gelernt. Erfolgreiche Menschen lernen aus ihren Fehlern.

Erfolg definiert sich nicht darüber, dass Du keine Fehler machst. Erfolg definiert sich immer über Leistung. Wer etwas leistet, aufbaut oder entwickelt, muss zwangsläufig Fehler machen, das gehört zum Erfolgsprozess. Anders gesagt: Wo gehobelt wird, fallen auch Späne. Wo Chancen sind, gibt es auch Risiken. Wo es Siege gibt, kennt man auch Niederlagen.

Was immer Dir passiert, stehe wieder auf und halte durch. Das Leben ist ein ständiges Auf und Ab. Im Fußball ebenso wie im Business und im Leben. Solange sich Deine mittel- und langfristig Tendenz nach oben bewegt, ist das erfolgreich. Bedenke, alles ist bipolar: Tag und Nacht, weiß und schwarz, Sieg und Niederlage. Das hat zur Folge, dass erfolgreiche Menschen wie Mark Zuckerberg, Barack Obama, Muhammad Ali, Franz Beckenbauer, Zlatan Ibrahimovic, Christiano Rolando entweder geliebt oder gehasst werden. Nehmen wir den FC Bayern München. Er ist der deutsche Verein mit den meisten Fans, aber auch mit den meisten „Hassern". Und das im eigenen Land. Warum ist das so? Wo Liebe ist, ist auch Hass. Wo Pro ist, ist auch Contra. Das ist normal. Unsere Welt ist auf Bipolarität aufgebaut.

Dazu kommt, dass Erfolg anziehend ist. Erfolgreiche Menschen werden bewundert und oft beneidet. Dieser Neid kann zur Missgunst und bis zur totalen Ablehnung des Menschen führen. Denkst Du, diese erfolgreichen Menschen kümmert das? Nein, im Gegenteil, es zeigt ihnen, dass sie etwas richtigmachen. Wenn Du erfolgreicher sein willst als andere, musst Du lernen, dass Du nicht Everybody´s Darling sein kannst. Wundere Dich nicht, dass manche sauer sind, wenn Du sie auf der Erfolgsspur überholst. Es ist einfacher, jemanden von der Karriereleiter hinunter zu ziehen, als selbst hinauf zu steigen. Schwächere Menschen sehen oft keine andere Möglichkeit, als erfolgreiche zu torpedieren, weil sie sonst selbst als schwach dastehen. Schwache Menschen haben weder Selbstbewusstsein noch Selbstvertrauen, die Erfolge anderer lobend anzuerkennen. Geschweige denn, dass sie sich mit ihnen freuen können. Sei ihnen nicht böse, sie können nicht anders. Es fehlt ihnen einfach an Persönlichkeit.

Wenn Du persönlich und finanziell frei sein und die Erfolgsleiter nach oben gehen willst, musst Du lernen, auch mit Ablehnung zu leben. Natürlich tut es weh, wenn sich Dir nahestehende Menschen auf einmal nicht mehr melden oder nicht mehr erreichbar sind. Wie hat Mahatma Gandhi gesagt? „Zuerst ignorieren sie Dich, dann lachen sie über dich, dann bekämpfen sie dich und dann gewinnst du!" Nimm das als Deinen Leitgedanken, wenn Du Dich mit Ablehnung anderer auseinandersetzen musst. Das kann ich aus meiner Erfahrung im Sport und im Beruf hundertprozentig bestätigen.

Es bedeutet gleichzeitig: Bleibe an Deinen Zielen dran und Deiner Vision treu. Gehe Deinen Weg konsequent weiter. Gib nicht auf. Du machst es richtig. Aufzugeben ist schlichtweg keine Option. Arbeite mit Disziplin und Durchhaltevermögen. Hole Dir täglich Dein Ziel vor Augen. Lass Dich davon motivieren und antreiben. Natürlich wirst Du einstecken müssen, aber jeder Gegentreffer ist eine Chance besser zu werden und zu wachsen. Mein Freund

Arthur Abraham, Boxer und mehrfacher Weltmeister, der sich warmherzig für Kinder in seiner armenischen Heimat einsetzt, musste 2006 seinen Titel verteidigen und sollte gegen den Kolumbianer Edison Miranda kämpfen. In der vierten von 12 Runden gelang seinem Gegner ein harter Treffer: Arthurs Kiefer wurde gebrochen und er war augenblicklich blutüberströmt. Aufgeben? Arthur gingen in Bruchteilen von Sekunden seine Karriere, Träume, offene Wünsche und Visionen durch den Kopf. Aufgeben war einfach keine Option für ihn, also boxte er sage und schreibe verbissen weitere acht Runden mit gebrochenem Unterkiefer, gewann den Kampf und blieb Weltmeister. Er gewann, weil er die wichtigsten Champion-Eigenschaften erfolgreich einsetzte: Ausdauer, Disziplin und Leidenschaft. In der gleichen Nacht wurden ihm 22 Schrauben und drei Titanplatten im Kiefer eingesetzt.

Wenn Du mit Ausdauer Deine Ziele verfolgst, diszipliniert dafür kämpfst, Höhen und Tiefen nutzt, um besser zu werden, ist Dein Erfolg eine Folge der vorangegangenen Erfolgshandlungen. Willst Du einen Abschluss an einer Universität erzielen, so lerne. Lernst Du täglich, ist es die logische Konsequenz, dass Du den Bachelor oder Master machst. Möchtest Du eine harmonische Partnerschaft, ein erfolgreiches Unternehmen oder Deine Gesundheit verbessern, arbeite daran. Nicht einmalig, sondern diszipliniert mit Ausdauer und Durchhaltevermögen. Akzeptiere Rückschläge und nehme Dinge hin, die Du nicht ändern kannst, aber sorge dafür, dass die Dinge so kommen, wie Du sie brauchst. Benjamin Disraeli, britischer Premierminister formulierte einst: „Das Geheimnis des Erfolges ist die Ausdauer im Bezug auf das Ziel."

Edison musste unzählige Versuche machen, bevor zum ersten Mal seine Glühbirne leuchtete. Wie oft hätte er unterwegs aufgeben können? Wie viele Fehlversuche musste er akzeptieren? Es gab tausend Möglichkeiten, wie es nicht funktionierte. Jeder Misserfolg war eine Lektion, ein Zwischenschritt auf seinem Weg zum Erfolg. Auch wenn es im Detail nicht so aussah: Im Grunde ist er nie gescheitert, sondern hat ständig neue Lösungswege gesucht. Die kontinuierliche Arbeit, eiserne Disziplin und ein fast übermenschliches Durchhaltevermögen führten ihn zum Erfolg.

Wenn Du eine Idee hast, beschütze sie und arbeite für sie. Täglich, stündlich. Entwickle Möglichkeiten und Strategien, wie Du sie in die Realität umsetzt. Handle. Immer und immer wieder, solange, bis Du es schaffst.

Heute fliegen wir in sechs Stunden über den Atlantik. Smartphones vernetzen die ganze Welt. Das Internet gibt uns in Sekundenschnelle Informationen über jedes erdenkliche Thema. Alle Erfinder haben viel Ausdauer gebraucht, um ihre Ideen zu entwickeln und ihren Teil dazu beigetragen, das wir heute technisch da sind, wo wir sind. Sportler wie Marcel Hirscher, der österreichische Skiprofi, Bastian Schweinsteiger, Lionel Messi, Roger Federer, Pele und viele andere haben mit Ausdauer und Durchhaltevermögen ihre sportlichen Ziele verfolgt. Sie haben weitergemacht, wo andere aufhören und die Disziplin und das Durchhaltevermögen aufgebracht, um ans Ziel zu kommen.

11: Dankbarkeit

„Ich sage nur ein Wort: Vielen Dank."
(Horst Hrubesch, dt. Fußballtrainer)

Dankbarkeit, wirst Du jetzt vielleicht fragen? Was hat das mit Siegertaktik zu tun? Seit jeher beobachten wir im Fußball erfolgreiche Stürmer, die aus jeder Situation ein Tor schießen, selbst wenn sie noch so aussichtslos scheint. Gerd Müller war so ein Ausnahmespieler, ein Angreifer, ein faszinierendes Stürmerunikum. Er bekam den Ball auf den Fuß, drehte sich um die eigene Achse und schoss punktgenau ins Tor. Schusssicher und stark.

Es gibt Angreifer, die sich ganz schön abrackern müssen, um den Ball ins Tor zu kriegen. Andere, die manchmal wie um ihr Leben rennen, um gute Vorlagen zu Toren zu verwandeln. Egal, wie der Spielstil, sie alle sind wertvolle Spieler, die ihr Team bedingungslos unterstützen. Das Team unterstützt sie und liefert diese Voraussetzungen. Ohne die Mitspieler könnten sie keine Tore schießen. Jeder dieser Topspieler ist aus tiefsten Herzen dankbar dafür, dass er sich gegenüber Tausenden, talentierten Konkurrenten durchgesetzt hat. Er ist dankbar dafür, dass er in einer großen Mannschaft spielen darf und im Einklang mit seinen Mitspielern ist. Es ist ihm eine Ehre, andere mit seiner Leidenschaft zu begeistern. In ruhigen Minuten der Besinnung wissen Leistungssportler, dass sie in der Dankbarkeit eine Kraft finden, die sie zu Höchstleistungen antreibt.

Dankbarkeit als eine zuverlässige und feste Größe in Dein Leben zu integrieren, wird Dein Weltbild, Deine Anschauung und Lebensphilosophie total verändern. Wir, in unserer westlichen Welt, haben so viele Gründe dankbar zu sein. In anderen Teilen der Erde ist das nicht so. Da müssen Menschen kilometerweit laufen, um sauberes Trinkwasser zu finden. Wir drehen nur den Wasserhahn auf. Das ist ein kleines Beispiel, Du weißt, es gibt unzählige mehr. Dankbarkeit ist eine Erfolgseigenschaft, die zur Siegertaktik dazu gehört. Jeder Spieler im Angriff ist dankbar für die Vorarbeit der anderen. Nur so bekommt er die Chance, erfolgreich ein Tor zu schießen.

Doch mal ehrlich, sind wir Menschen uns dessen wirklich bewusst? Wie oft legen wir Augenblicke der Besinnung ein, in denen wir uns dankbar vor Augen halten, wie gut es uns geht? Wir sind doch alle so reich: Wir gehören zu den privilegierten 20 Prozent in dieser Welt, die keinen Hunger leiden müssen und zu den 40 Prozent, die ein regelmäßiges Einkommen haben. Wir brauchen uns weder Gedanken über ein Dach über dem Kopf machen, noch, ob unsere Kinder genug zu essen haben.

Erfolgreiche Menschen machen sich das regelmäßig bewusst. Fragst Du erfolgreiche Sportler wie Bastian Schweinsteiger, Lionel Messi oder Christiano Ronaldo, so werden sie sagen, dass sie dankbar sind für das, was sie täglich erleben dürfen. Für den Erfolg, den sie haben und das Geld, das sie verdienen. Einigen davon ist es ein ehrliches Bedürfnis, der Menschheit, bzw. notleidende Mitmenschen oder vom Leben benachteiligte davon etwas zurück zu geben. Die Philip Lahm-Stiftung dürfte eine der bekanntesten Projekte von deutschen Fußballspielern sein. Sie fördert benachteiligte Kinder und Jugendliche in den Bereichen Sport und Bildung, in Deutschland wie in Südafrika. Derzeit unterstützt Lahm das Philipp Lahm Sommercamp in Deutschland, Soccer in Philippi und Shongi Soccer in Südafrika.

Jerome Boateng wird von den Medien als „erster kickender Sozialarbeiter" bezeichnet. Er sammelt für das Jugendprojekt "Living a Dream" Spenden und unterstützt damit Kinder in Brasilien, die von Hunger, Gewalt und Kriminalität bedroht sind. Manuel Neuers "Manuel Neuer Kids Foundation" hilft Kindern und Jugendlichen. Thomas Müller hat sich eines nicht ganz alltäglichen Themas angenommen: Trauerarbeit für Jugendliche. "Young Wings" richtet sich an diejenigen, die sich mit dem Tod eines geliebten Menschen auseinandersetzen müssen. Erfolgreiche Menschen verdienen nicht nur viel Geld, sie spenden von Herzen gern einen Teil ihres Einkommens aus Dankbarkeit, dass es ihnen gut geht. Es ist selbstverständlich für sie „Danke" zu sagen und schwächeren Menschen Wachstumschancen zu eröffnen. In vielen großen Unternehmen gibt es feste Budgets für soziale Projekte, die man unterstützt.

Dietmar Hopp beispielsweise, lange Jahre Mäzen der TSG Hoffenheim, hatte in den 80er und 90er Jahren einen „goldenen Riecher" in der IT-Branche und gründete den heutigen Software-Riesen SAP. Hopp war heimatverbunden und baute hier sein Imperium auf. Seine dankbare Haltung und seine regionale Verbundenheit veränderte die sportliche, kulturelle und gesundheitspolitische Landschaft im Rhein-Neckar-Raum. Er investierte viel Geld und unterstützte Vereine. Er baute Klubs für verschiedene Sportarten und schaffte in der Region neue Perspektiven für Jugendliche. So mancher Kindergarten, Jugendleistungszentrum, Ausbildungsstätte und Gesundheitszentrum existieren aufgrund der Dankbarkeit von Hopp. Er spendete Millionen und hat Tausende von Arbeitsplätzen geschaffen. Es war ihm eine besondere Freude, bedürftigen Menschen ein Lächeln ins Gesicht zu zaubern. Dietmar Hopp ist dankbar für seinen Erfolg und diese tiefe Dankbarkeit hat er im sozialem Engagement ausgedrückt.

Dankbarkeit ist das Tor zu Deiner persönlichen Freiheit.

Übung: Schreibe jetzt zehn Dinge auf, für die Du in diesem Moment dankbar bist.

1.

2.

3.

4.

5.

6.

7.

8.

9.

10.

Wie fühlt sich diese Übung für Dich an? Ist dankbar zu sein ein gutes Gefühl? Erweitert es Deinen Horizont? Meinen Coaching-Klienten empfehle ich, ein tägliches Dankbarkeitsbuch zu führen. Sie bekommen zur Hausaufgabe, sich täglich fünf Minuten Zeit zu nehmen und aufzuschreiben, wofür sie dankbar sind. Regelmäßig gemacht, kann das lebensverändernd sein. Ehrlich Dankbarkeit zu empfinden, macht den Unterschied zwischen erfolgreichen und erfolglosen Menschen, zwischen Optimisten und Pessimisten. Wer ständig jammert, ist nicht dankbar.

Dankbarkeit kann sich auf Alles um Dich herum beziehen. Wenn Du dankbar für jedes Geschöpf dieser Erde bist, für die unglaubliche Vielfalt der Natur, die Tierwelt, für die Schönheit, die uns umgibt, wirst Du beispielsweise auch keine Angst mehr vor Tieren haben. Respekt ja, aber ehrliche, tiefe Dankbarkeit vertreibt Angst. Ich habe es ausprobiert. So verhält es sich auch mit Deinen Mitmenschen, mit Situationen, in denen Du gefordert bist und auch mal an Deine Grenzen stößt. Etwa schwierige Prüfungen. Sei dankbar dafür, dass du lernfähig bist, Wissen aufnehmen kannst, die Chance hast, so eine Prüfung überhaupt machen zu dürfen. Du wirst sehen, dass nimmt Dir jeglichen Druck.

Oder nimm Konflikte mit Deinem Partner, Deinen Freunden, einem Familienmitglied oder deinem Chef. Wie gehst Du damit um? Jammerst Du oder versuchst Du dankbar zu sein, dass diese Menschen überhaupt in Deinem Leben sind? Stelle Dir vor, es gäbe sie gar nicht. Sicher ist es nicht so einfach, komplett umzudenken, aber probiere es einfach mal eine Weile aus. Von der negativen Gedankenschiene, der Kritikerhaltung oder Jammermentalität auf Dankbarkeit umzuschwenken, ist ein Prozess, der sich wirklich lohnt. Du kannst andere Menschen nicht ändern, aber Du kannst Deine eigene Haltung und Einstellung verändern. Dankbarkeit ist das richtige Werkzeug dafür.

Ja, und so verrückt das jetzt vielleicht in Deinen Ohren klingt, in zwischenmenschlichen Beziehungen fehlt es uns an Dankbarkeit. Dankbar zu sein, dass der Andere da ist, dass er gesund ist, auch dafür, dass er nicht Deiner Meinung ist und Dir neue Denkansätze zeigt, neue Blickwinkel eröffnet, die Du vorher gar nicht gesehen hast. Vielleicht bereichern sie Dich, vielleicht auch nicht. Ich bin dankbar für solche Menschen, denn sie fordern mein Denken heraus. Andere Menschen zeigen Dir, wie etwas funktioniert oder nicht, können Dir zeigen, dass Du auf dem richtigen Weg bist oder über einen anderen nachdenken solltest.

Mein Freund und Mentor Prof. Dr. Bernd W. Klöckner sagt immer: „Es gibt nur zwei Arten von Menschen: Freunde und Trainer." Ich persönlich bin sehr dankbar für meine unzähligen Trainer, die mich auf meinen Weg bis heute begleitet haben. Nein, sie waren nicht einfach und haben es mir nicht bequem gemacht. Sie haben mich herausgefordert, waren unerbittliche Sparringspartner und manchmal wollte ich nicht hören, was sie sagen. Doch seit ich Dankbarkeit gelernt habe, bin ich in der Lage, an ihren Herausforderungen zu wachsen und Schritt für Schritt meinen Erfolgsweg zu gehen. Ich danke Euch allen von Herzen an dieser Stelle!

Heute ist Dankbarkeit für mich der Schlüssel zum Glück. Dankbarkeit macht bewusst, wie viel jeder von uns hat. Und wir alle sind viel reicher als wir glauben. Wahrer Reichtum besteht eben nicht nur aus Materialismus. Wahren Reichtum findest Du in Dir. Versuche mal, einen tief dankbaren und gleichzeitig unglücklichen oder negativen Menschen zu finden. Ich versichere Dir: Du findest keinen einzigen. Dankbarkeit macht zufrieden. Wenn Du für die kleinen Dinge im Leben dankbar bist, wirst Du auch die großen Schwierigkeiten und Herausforderungen meistern. Vielleicht merkst Du jetzt, dass Du jeden Tag schon so viele Dinge hast, für die Du dankbar sein kannst: Essen und Trinken, ein Dach über dem Kopf, Menschen, die eine Rolle in Deinem Leben spielen. Sei bereit für Dankbarkeit, eine der wichtigsten Eigenschaften eines guten Angriffs im Fußball, eine der lebensverändernden Eigenschaften auf Deinem Erfolgsweg. Egal, was Dir heute begegnet, was Dir passiert oder wer Dir etwas gibt: Schau hin und sei dankbar dafür. Nichts ist selbstverständlich. Blicke zurück in Dankbarkeit und Du bist frei für die Zukunft.

Die Ersatzbank

Im Fußball benennt der Trainer Spieler für die Ergänzung seines Teams. Sie nehmen bei einem Spiel auf der Ersatzbank Platz. In jedem Teamsport gibt es diese Ersatzspieler. Sicher ist es deren Anspruch, aktiv mitzuspielen. Es ist jedoch nicht so, als wären sie Spieler zweiter Klasse. Sie sind mindestens so wichtig wie die Elf auf dem Platz. Denn je besser die Spieler auf der Bank sind, desto mehr müssen sich die aktiven anstrengen, was soviel bedeutet, dass das Gesamtniveau steigt. Ersatzspieler sind also ein großer Erfolgsfaktor und es ist wichtig, sie zu haben. Sie haben auch die Aufgabe, Veränderungen vorzunehmen. Im Spiel selbst, wenn sie eingewechselt werden, aber auch im gesamte System der Mannschaft.

Vergleichen wir das mit uns im Business oder verschiedenen Lebenssituationen, so gibt es uns die Möglichkeit, auf persönliche Stärken und Schwächen zu reagieren. Immer nur alles in Perfektion beherrschen zu wollen, ist unmöglich. Es spielen zwar im übertragenen Sinne 11 Spieler auf dem Platz, es sind aber manchmal einer oder zwei dabei, die in dem Spiel nicht so gut sind. Dann kannst Du auswechseln, einen anderen Spieler mit einer anderen Kompetenz und Fähigkeit für Dein Spiel des Lebens einwechseln. Vielleicht verfügst Du über eine andere gute Siegereigenschaft, die in dieser Situation mehr gefragt und gefordert ist?

Nutze Deine Stärken, um Deine Taktik zu verbessern und bessere Ergebnisse zu erzielen. Ich zeige Dir sechs weitere Spieler und Spielereigenschaften, die jederzeit entscheidende Impulse und Veränderungen für Deine Performance geben können.

Die Ersatzspieler

Etwas abseits und nicht im Rampenlicht, die Ersatzspieler. In Wirklichkeit aber entscheiden die Ersatzspieler, wie gut die Qualität des ganzen Teams ist. Je besser die Spieler mit den Nummern 12 bis 18, desto besser sind diejenigen, die das Spiel als Nummer 1 bis 11 bestreiten. Ersatzspieler stärken das gesamte Team. Jeder der Ersatzspieler hat eine wichtige Aufgabe. Wenn sie eingewechselt werden, erfüllt jeder von Ihnen seine Aufgabe zu 100 Prozent. Sie alle stehen jede Minute „Gewehr bei Fuß". In einem Fußballspiel darf der Trainer dreimal Spieler austauschen. Das macht er, wenn er sieht, ein Spieler ist nicht in Topform oder verletzt. Er wechselt und bringt frischen Wind ins Spiel. Manchmal ist es auch eine taktische Entscheidung.

Bei der Siegertaktik ist es ähnlich. Hast Du in einem Bereich nicht so viel Talent (#2), nutze im übertragenen Sinn Deinen „Ersatzspieler" Ehrgeiz, die Nummer #13 im Team. Ersetze also fehlendes Talent mit hohem Ehrgeiz. Ehrgeiz kann definitiv mangelndes Talent kompensieren, wie Du schon gelesen hast. Diese Eigenschaften als situative Joker und Ergänzungen unserer Siegertaktik komplettieren Dein persönliches, unschlagbare Team.

Spieler können sich verletzen oder aus anderen Gründen ausfallen. Dann muss das Spiel mit 10 Spielern zu Ende gespielt werden. Ich habe mal ein Spiel gespielt, in dem der Gegner mit nur sieben Leuten angetreten ist, weil die anderen Teammitglieder sich auf dem Weg zu unserem Stadion schlichtweg verfahren hatten. Sieben gegen elf. Als die verloren Spieler nach 20 Minuten endlich auch auf dem Spielfeld standen, führten wir mit 3:0. Es ist unmöglich, mit nur sieben Spielern zu gewinnen, selbst mit der besten Siegertaktik nicht. Hast Du nicht genug Spieler, musst Du das „Team" – wieder im übertragenen Sinne - von der Ersatzbank aus ergänzen. Schau, was Du besonders gut kannst und setze das ein. Du wirst Dein Spiel nur dann erfolgreich gestalten, wenn Du über 11 Eigenschaften, also 11 „gesunde Spieler" verfügst. Nur alle Siegereigenschaften machen Dich zu einem Sieger. Kurzzeitig mögen auch mal nur neun oder zehn Spieler genügen, doch je mehr Topspieler Du in Dein Spiel einbringst, desto höher sind die Siegchancen und Dein Erfolg.

Fasziniert hat mich in meiner Fußball-Laufbahn der Satz, den jeder meiner Trainer immer wieder gern zitierte: „Unser Spiel ist so stark, wie das schwächste Glied in unserer Kette!" Was machst Du, wenn ein Spieler besonders schwach ist? Das zieht im Trainingsspiel das Gesamtniveau des Teams herunter. Maßnahmen des Trainers: Dieser Spieler bekommt Einzeltraining. Genau so kannst Du es auch machen. Ist eine Deiner Erfolgseigenschaften nicht gut genug, trainiere und verbessere sie. Am besten machst Du eine Analyse. Was kannst Du besonders gut? Welche Erfolgseigenschaften hast Du schon? Wo schwächelst Du? Gehe die Liste in diesem Buch durch und notiere Dir genau, was Du brauchst und was Dir noch fehlt.

Man kann nicht alles können, aber man kann alles lernen. Bringe so viel wie möglich in Dein Spiel des Lebens ein. Integriere die nachfolgenden Eigenschaften der Ersatzspieler. Sie setzen Deiner „Mannschaft" und dem Erfolg die Krone auf. Der FC Bayern München verfügt über 20 nahezu gleichwertige Spieler, alles Erfolgsgaranten. Über wie viele verfügst Du?

12: Flexibilität

„Wer immer tut, was er schon kann, bleibt immer das, was er schon ist."
(Henry Ford, amerikanischer Automobilhersteller)

Kennst Du das? Deine Freunde mögen Dich, weil Du immer so gut drauf bist. Dein Chef strahlt Dich an, weil es in Deinem Job unglaublich gut läuft. Dein Partner liebt Dich abgöttisch. Du bist rundherum glücklich und zufrieden. Dann - wie aus dem Nichts - diktiert Dein Chef ein neues Verkaufsziel, drückt Dir ein neues Projekt auf, das bis zum Wochenende fertig sein muss. Schluss mit Freude und Glück. Deine Laune ändert sich schlagartig. Das ist gar nicht zu schaffen, nicht mal mit der besten positiven Einstellung und voller Motivation.

Mir ist es in meiner fußballerischen Laufbahn gleich mehrmals passiert, dass äußere Einflüsse mein Leben von einem Moment zum anderen total durcheinandergebracht haben. Ich war gezwungen, etwas an meiner persönlichen Ausrichtung zu verändern. Zum ersten Mal passierte es in meiner Zeit beim SV Klausen. Der neue Trainer mochte mich nicht und war sich spontan sicher, dass ich kein Potenzial für einen klasse Torwart in mir habe. Er kannte mich noch gar nicht, traf dennoch dieses harte Urteil. Total ungerecht, aber er war der Boss. Ob er in dem Moment recht hatte oder unrecht, sei dahingestellt. Fakt ist, dass die wenigsten jungen Fußballer im Alter von 17 Jahren schon fertig ausgebildet sind. Klar, alle haben Entwicklungspotential. Ich auch. Aber er hatte – so nehme ich heute an – einfach keine Lust, den jungen, unbändigen Rohdiamanten zu schleifen und zu fördern.

Was sollte ich tun? Ich hätte im Verein bleiben können, wäre aber nicht eingesetzt worden. Verschleudertes Potenzial, finde ich. Äußerst unbefriedigend, denn ich wollte ja spielen. Auf der Bank zu sitzen, entsprach weder meinem persönlichen Zielbild, noch meinem Leistungsniveau, noch meinem Ehrgeiz. Von einem Moment auf den anderen war mein Weg nicht mehr einfach und linear, wie ich es mir gewünscht hätte. Ich musste reagieren, musste etwas verändern. Und zwar sofort. Vorbei mit der komfortablen Situation, wenige Kilometer von zu Hause in einem Verein zu sein, der quasi ein Sprungbrett zum Profifußball sein sollte. Glück im Unglück: Einer unsere Spieler bekam in der darauffolgenden Saison einen Trainerjob bei einem anderen Team. Er erkannte meine Siegermentalität und mein Können und scheute sich nicht, mich zu fördern. Das gab mir eine neue Perspektive. Unglück im Glück: Der Verein war 40 Kilometer von zu Hause entfernt und für jedes Training, jeden Einsatz musste ich lange fahren. Kein leichtes Unterfangen, zumal ich zu Hause in einer schulischen Ausbildung steckte. Es wurde von mir als 18-jährigen ein extrem hohes Maß an Flexibilität verlangt.

Klar, habe ich´s gemacht und es hat sich gelohnt. Unser Team spielte mit mir eine der besten Saisons in der Geschichte des Clubs. Ich habe Alles gegeben. Der Erfolg hat mir dann, zum Saisonende, den Sprung in die deutlich höhere Liga zum Drittligisten FSV Salmrohr ermöglicht. Das hatte ich meiner Handlungsflexibilität zu verdanken. Zwar musste ich zuerst eine Spielklasse tiefer spielen, was einen Rückschritt bedeutet. Doch dieser Wechsel fühlte sich nicht wie eine Niederlage an, sondern wie eine neue Chance zu wachsen. Ich musste loslassen, um nur ein Jahr später etwas großes Neues zu bekommen. Da habe ich gelernt, dass Flexibilität und Loslassen in den richtigen Situationen Gold wert sind.

Wie machst Du das in Deinem Leben? Bist Du flexibel? Kannst Du Entscheidungen spontan und zuversichtlich treffen und loslassen, auch wenn´s schwer fällt? Wie sehr hängst Du an Dingen, an Menschen, an Jobs, selbst wenn sie Dir weder Spaß machen noch guttun? Wie oft umgibst Du Dich mit Menschen, die Dich nicht schätzen oder Dich negativ runterziehen, ausbremsen, so Nörgler, Miesmacher und Schlechte-Laune-Menschen?

Je flexibler Du mit Gedanken, Einstellungen und Handlungen auf plötzlichen Kurven Deines Weges reagieren kannst, desto sicherer kommst Du voran. Wie flexibel reagierst Du auf Herausforderungen? Was machst Du, wenn Du plötzlich, aus welchen Gründen auch immer, alleine dastehst? Suchst Du neue Ansätze? Zeigst Du die nötige Flexibilität, die eine Umleitung zum Erfolg ist?

Ein altes Sprichwort der Dakota-Indianer sagt: Wenn Du ein totes Pferd reitest, steige ab. Für was steht das tote Pferd sinnbildlich? Nimm Dir Zeit, darüber nachzudenken. Gibt es tote Pferde in Deinem Leben? Manchmal trifft man Entscheidungen, bei denen man im ersten Moment auf etwas verzichten muss. Doch Loslassen und Verzichten öffnet Raum für etwas Neues. Darauf kannst Du vertrauen. Es funktioniert nicht, zeitgleich etwas Neues zu ergreifen, während man Bekanntes, Bewährtes, Vertrautes nicht loslässt. Wenn Du Deine „toten Pferde" im Leben loslassen kannst, hast Du die Hände frei, Dich zu verändern. Deine eigene Flexibilität bestimmt, wie viele Chancen Du im Leben ergreifst und wie viele Du verpasst, weil Du Dich nicht trennen kannst. Wie flexibel reagierst Du auf Herausforderungen? Wie fühlst Du Dich, wenn Du auf einmal alleine dastehst?

Zurück zum Fußball: Würde ein Spieler nur einen Spielzug oder einen Trick trainieren, könnte der Gegner ihn sofort durchschauen und entgegenarbeiten. Er hätte keine Chance, sich durchzusetzen. Ein Fußballspieler braucht eine ganze Kiste voller Tricks, um auf jede Spielsituation flexibel zu reagieren. Ich habe im Fußball gelernt: Es gibt keinen Lift zum Erfolg. Ich musste jede einzelne Stufe allein gehen. Schritt für Schritt. Ich war immer flexibel und bin manchmal auch eine Stufe zurückgegangen, um dann den dynamischen Sprung für gleich drei Stufen auf einmal anzusetzen.

Mein Rat: Integriere diese wichtige Erfolgseigenschaft Flexibilität in Dein Leben. Schule, trainiere und verbessere sie. Sie vereinfacht das Spiel. Kein Spiel läuft nach Plan. Je flexibler Du reagieren kannst, desto größer sind Deine Siegeschancen. Solange Du flexibel auf dem Weg zu Deiner persönlichen und finanziellen Freiheit bist, kann Dich nichts aufhalten.

13: Ehrgeiz

„Einige Leute halten Fußball für einen Kampf auf Leben und Tod. Ich mag diese Einstellung nicht. Ich versichere Ihnen, dass es weit ernster ist."

(*Bill Shankly, ehem. Britischer Fußballer*)

Was ist Ehrgeiz? Im Fußball ist es immer der Motor, der Anreiz, der Siegeswille. Er ist eine der wichtigsten Erfolgseigenschaften in einer Mannschaft. In Situationen, in denen es sich entscheidet über Sieg oder Niederlage, Aufrecht bleiben oder Hinfallen, Erfolg oder Misserfolg ist der Ehrgeiz das Rädchen, an dem gedreht wird. Ehrgeiz lässt uns danach streben, Wünsche, Träume, Ziele und Visionen zu verwirklichen. Ehrgeiz setzt Momentum in Gang.

Wenn ich heute darüber nachdenke, wann mein Ehrgeiz richtig stark wurde, sind es immer Situationen, die mir einfallen. In denen tat es irgendwie weh. Es waren schmerzhafte Situationen, mental oder physisch, Momente, in denen ich aufgeben wollte, nicht mehr konnte, verzweifelt war oder nicht mehr an mich glaubte. Doch was willst Du tun, wenn das Feuer der Leidenschaft in Dir brennt? Aufgeben? Niemals! Das ist einfach keine Option. In den Momenten hat der Ehrgeiz immer etwas Mächtiges in Gang gesetzt: „So! Jetzt erst recht! Ich zeige es Euch, darauf könnt Ihr Euch verlassen." Das sind Augenblicke, die Sieger von Verlierern trennen. So unglaublich es klingen mag, die schwersten Situationen haben mich besonders stark gemacht. Für mich lag die Herausforderung darin, einmal öfter aufzustehen, als hinzufallen. So, wie alle meine Idole im Sport.

Hätte ich mir meinen Traum nehmen lassen sollen? Hätte ich aufgeben sollen, als mein Torwarttrainer Axel mir den Ball mit 70 Stundenkilometer direkt ins Gesicht schoss und mich damit testen wollte? Während ich bei Minusgraden am Boden knien musste und nicht wusste, wie mir geschah? Ich fühle heute noch noch den Schmerz wie tausend Stecknadeln im Gesicht. Aber ich spüre auch diese unbändige Wut, mein stählerner Ehrgeiz und mein: „Ich zeig´s Dir, Du Arsch!" Es hat sich gelohnt, ich konnte zeigen, wie gut ich bin.

Wie war es, als mich mein Trainer aus der Kreis- und Landesauswahl warf nur weil ich meine Schuhe vergessen hatte? Das ist mir nie wieder passiert. Meine Liebe zum Fußball war so groß, die Leidenschaft wie ein Feuer, das lichterloh brannte. Mein Ehrgeiz hat mich angetrieben und ich habe Möglichkeiten gesucht und gefunden. Ehrgeiz multipliziert Leidenschaft um ein Vielfaches. Er ist der stärkste Antriebsmotor, stärker als der tollste Maserati dieser Welt es je sein könnte. Aber diese PS brauchst Du, wenn´s eng wird, wenn Deine Vision, Dein Zielbild gefährdet sind.

Was bedeutet Ehrgeiz für Dich? Welche Leidenschaft trägst Du tief in Deinem Herzen? Wie stark brennt das Feuer (und für was) in Dir? Kannst Du beides aktivieren, um Deine Ziele zu erreichen? Um erfolgreich zu sein? Ehrgeiz muss immer zielgerichtet und zum positiven Nutzen eingesetzt sein. Wenn Dein Ehrgeiz nicht für Deine eigenen Visionen eingesetzt wird, torpedierst Du Dein ich, wirst zum Egoisten und andere Menschen werden Dir egal. Auch diese Phasen habe ich definitiv im Mannschaftsverhalten anderer miterlebt. Ein Egoist ist kein Teamplayer, niemals. Er bringt weder Mannschaft noch sich selbst erfolgreich nach vorn, trotz Ehrgeiz.

Im Mannschaftskonzept der Siegertaktik ist Ehrgeiz ein mächtiger Schlüsselfaktor, um uns wieder in die Spur und auf den Weg zu unseren Zielen zu bringen. Ehrgeiz wird gebraucht, wenn ein unangenehmer Impuls von außen vorausgegangen ist. Das kann ein Erlebnis sein, negativer Einfluss oder eine blöde Situation. Ehrgeiz ist der Antriebsfaktor, der nicht unbedingt auf Spaß und Lust aufbaut. Eher ist es die Angst zu versagen, es nicht zu schaffen oder etwas zu verlieren.

Ja, Ehrgeiz nährt sich aus einem eher negativen Gefühl heraus und das erzeugt Unzufriedenheit. Akzeptiere Unzufriedenheit als treibende Kraft. Die Kunst ist es, sie dann in positive Energie umzuwandeln, in Leidenschaft, Motivation und Willensstärke. Leidenschaft ist ein dauerhafter, positiver Zustand, der erfüllend ist. Leidenschaft ist Spaß, Liebe, Lust. Während fokussiert eingesetzter Ehrgeiz die Macht der Veränderung in sich trägt, macht übertriebener Ehrgeiz manchmal das Gegenteil. Er ist der Grund, warum viele im Hamsterrad feststecken und, anstatt auszusteigen, ehrgeizig immer schneller drehen, um voranzukommen. Sie drehen sich so lange, bis sie rausfallen. Das Ergebnis sind Burnout, Depression, Zusammenbruch. Ehrgeiz ohne Zielrichtung heißt, keine Balance zu schaffen. Da bleibt die Gesundheit früher oder später auf der Strecke. Im Fußball sagt man, Ehrgeiz ist die Faust im Sack, die Dir die Kraft gibt, Dein Ziel zu verfolgen, auch wenn´s mal ganz schwer ist. Er tritt dann ein, wenn begeisternde Leidenschaft nicht mehr ausreicht.

Damit Ehrgeiz dazu beiträgt, wirklich positive Veränderungen in Deinem Leben zu bewirken, gib ihm eine begrenzte Spielzeit. Wenn er im Spiel ist, kannst Du Dich darauf verlassen, dass er hart dafür arbeitet, dass Du erfolgreich bist. Danach muss er wieder auf die Reservebank, bis er wieder gebraucht wird. Basta! Übertreibe es nicht mit Deinem Ehrgeiz, sondern dosiere ihn gut.

14: Fokussierung

„Wer zwei Hasen zur gleichen Zeit verfolgen möchte, fängt keinen!

(japanische Weisheit)

Gab es schon einmal etwas für Dich, das Du Dir fest vorgenommen hattest und dann doch wieder langsam aus den Augen verloren hast? Oder hast Du schon mal etwas geplant, und urplötzlich war auf einmal etwas ganz anderes wichtiger? Hier die Sicht aus dem Fußball: Stelle Dir vor, in einem Fußballspiel läuft ein Spieler permanent in die falsche Richtung, nie dahin, wo er das Tor schießen soll. Ist so ein Spieler in einem Siegerteam am richtigen Platz? Nein, der Trainer kriegt die Krise und nimmt ihn raus.

Mit dem FSV Salmrohr spielten wir einmal im prestigeträchtigen Lokalderby vor 5.000 Zuschauern gegen Eintracht Trier. Wir lagen 0:2 hinten, als der Trainer sich in der 40. Minute entschloss, Achim, einen Spielerkollegen einzuwechseln. Er sollte das Offensivspiel beleben, mehr Druck aufbauen. Stattdessen spielte Achim die nächsten Minuten ausschließlich Sicherheitspässe, ging kein einziges Risiko ein und wir hatten keine Chance Ausgleichstore zu schießen.

In der Halbzeit erinnerte ihn der Trainer vor versammelter Mannschaft daran, dass er eine andere Anweisung hat, nämlich offensiv zu spielen, Druck zu machen, das Risiko zu erhöhen und den Fokus auf das 2:2 zu legen. Er drohte ihm, ihn wieder raus zu nehmen, wenn er das nicht befolgte. Als Achim dennoch zwei weitere sichere Rückpässe spielte, wechselte der Trainer ihn in der 48. Minute sofort wieder aus. Seine Spielzeit betrug genau acht Minuten, das ist Höchststrafe und unglaublich peinlich für einen Spieler.

Was war passiert? Achim hat sich an diesem Tag nicht an die Siegertaktik gehalten. Er war der Spieler der fokussieren sollte, Druck aufbauen und Risiken eingehen. Er hat es aber nicht getan. Kein Mut, keine Verantwortung, kein auf die Zielvorgabe ausgerichtetes Verhalten. Er wollte einfach nichts verkehrt machen. Doch damit machte er ALLES verkehrt.

Ohne Fokussierung auf Dein Ziel, kommst Du nie dort an. Den Fokus zu setzen, ist wie einen roten Faden zwischen Dir und Dein Ziel zu spannen und Dich daran entlang zu bewegen. Fokussierung zieht Dich quasi zum Ziel hin. Darum ist es so unglaublich wichtig, den Fokus zu bewahren. Manchmal verlieren wir ihn aus den Augen. Das ist menschlich. Mir persönlich ging es auch schon so. Plötzlich wird alles andere wichtiger, als das, was Du eigentlich vorhast.

Als ich in der Reha-Zeit meine Schulterverletzung auskurierte, habe ich natürlich trainiert, wenn auch nicht mit der Schulter. Ich hatte etwas, was lange Mangelware für mich war, ich hatte plötzlich viel Zeit. Es war wunderbar und ich begann meine Freunde zu treffen, andere Dinge zu machen. Meine Schulter und das Training habe ich vernachlässigt, ich verlor beides einfach aus den Augen.

Das war zwar schön, hat aber meinen Fokus aus der Bahn gelenkt. Heute weiß ich, dass es ein großer Fehler war, der mich vielleicht sogar meine Karriere gekostet hat. Meine Schulter hat sich nie wieder ganz regeneriert und sie hätte sehr viel mehr Aufmerksamkeit von mir gebraucht.

Heute weiß ich genau, wie wichtig es ist, Ziele klar festzulegen, den Blick darauf zu richten und den Fokus zu behalten. Solange Du fokussiert und konzentriert an Deinen Zielen arbeitest, wirst Du ihnen jeden Tag etwas näherkommen. Nehmen wir mal an, Du willst Klavierspielen lernen. Du bist begeistert und Dein Lehrer sagt schon nach fünf Stunden, dass Du Talent hast. Du bist stolz und übst, übst, übst. Doch am Wochenende besuchst Du ein cooles Rockkonzert und der Gitarrist fasziniert Dich mit dem filigranen Intermezzo. Das würdest Du auch gern können! Also nimmst Du auch noch Gitarrenunterricht.

Was wird zwangsläufig geschehen?

1. Dein Fokus muss sich quasi auf zwei Dinge verteilen.
2. Du brauchst mehr Zeit, um zwei Instrumente zu lernen.
3. Du wirst nie so gut, wie Du werden könntest – weder in dem einen noch in dem anderen Instrument.

Macht es wirklich Sinn, seinen Fokus zu verändern? Nein, denn das schränkt Dein Leistungsvermögen ein. Wenn Du Dich auf Dein Ziel fokussierst, weckt es eine enorme Kraft in Dir. Wenn Du Dich auf zwei große Ziele fokussierst, musst Du Aufmerksamkeit, Konzentration und Energie teilen.

Der FC Bayern München gibt jährlich das Ziel an seine Spieler aus, alle drei großen Wettbewerbe zu gewinnen. Der Fokus wird auf drei Wettbewerbe gerichtet: Meisterschaft, DFB-Pokal und Champions League. Das ist extrem schwierig, quasi die Königsdisziplin. Die Spieler müssen ihren Fokus auf drei extrem anspruchsvolle

Ziele legen. Fast übermenschlich. Man hört manchmal die Erleichterung in der Stimme bei Mannschaften, die aus dem DFB-Pokal ausscheiden, wenn sie sagen, „Nun können wir uns voll und ganz auf die Meisterschaft konzentrieren". Einen Fokus der drei loszulassen, setzt für die beiden übrigen Ziele viel Energie frei. Fokussierung brauchen wir im Siegerteam. Wenn wir diese Erfolgseigenschaft nicht in uns haben, können wir uns im Spiel des Lebens leicht verirren. Wir starten mit tollen Ideen, bleiben aber nicht dabei. Wir verlieren mit dem Fokus auch Willen und Konzentration und damit die Idee und das Ziel aus den Augen.

Wie willst Du an ein Ziel kommen, wenn Du es aus den Augen verlierst? Wie willst Du einen Partner gewinnen, wenn Du Dich nicht darauf konzentrierst? Wie wird sich Dein Projekt im Unternehmen entwickeln, wenn Du Dich anderen Dingen widmest? Oder anderes Beispiel: Wie willst Du fit werden, abnehmen und vital sein? Doch wenn Du immer wieder ungesundes Essen auf Deinen Teller lädst und keinen Sport treibst, funktioniert das einfach nicht. Fokussierung ist der Wegweiser für Deine Handlungen.

Eine besondere Fähigkeit ist, wenn Du den Fokus auf Deine Stärken legen kannst und nur an Dingen arbeitest, die dir Spaß machen. Ich weiß gar nicht, wie oft ich von meinen Trainern gehört habe: „Besinne dich auf Deine Stärken!" Natürlich hatten sie Recht, doch was bedeutet das konkret? Seine Stärken zu fokussieren und einzusetzen, lässt einen wachsen. „Übung macht den Meister", sagt man im Volksmund. Erfahrungen stärken Fähigkeiten, aber nur, weil Du Dich darauf konzentrierst und sie immer wieder trainierst. Schwächen verblassen dann. Kennst Du den Spruch „Erfolg zieht Erfolg an"? Genauso so ist es. Bist Du erst positiv auf Deine Ziele fokussiert und lässt Dich durch Nichts davon abbringen, stellt sich Erfolg ein. Immer wieder, immer mehr. Fokussierung macht Dein Spiel des Lebens effektiv, lässt keinen Platz für Unnötiges. Wenn Du etwas willst, mache es. Lasse Dich von Nichts und Niemanden vom Weg abbringen.

15: Entschlossenheit

> *„Denke immer daran, dass Deine eigene Entschlossenheit erfolgreich zu sein, wichtiger ist als alles andere."*
>
> *(Abraham Lincoln, ehem. US- Präsident)*

Mit 13 Jahren spielte ich mit meiner Jugendmannschaft ein Fußball-Hallenturnier. Im Achtelfinale passierte Folgendes: Andreas, eher ein zart besaiteter und sicher nicht aggressiver, sondern eher vorsichtiger Spieler mit wenig Ehrgeiz sah sich plötzlich in der Situation, in der der Ball frei vor ihm lag. Ein Gegner und er rannten gleichzeitig Richtung Ball. Beide wollten ihn schießen. Doch während der gegnerische Spieler wild entschlossen und mutig gegen den Ball trat, war Andreas ängstlich und vorsichtig. Von wilder Entschlossenheit keine Spur.

Als hätte er durch sein Zögern das Unglück angezogen, verletzte er sich, schrie, fiel hin und das Spiel war für ihn zu Ende. Kinder sind normalerweise keine harten, aggressiven Spieler, sind fair und gehen in der Regel anständig miteinander zum. So auch hier. Doch Zögern bringt manchmal ein unnötiges Risiko mit sich. Das kann man gut im Straßenverkehr bei zögernden Autofahrern beobachten. Man kann sie nicht einschätzen und weiß nicht, was sie vorhaben. So ist es im Sport auch.

Solche Situationen sind nicht selten: Ein Spieler zieht voller Entschlossenheit durch, der andere erstarrt ängstlich. Das Dramatische ist, dass sich Fußballer, die sich in solchen Situationen „in die Hose machen", meist böse Verletzungen davontragen. Also, mein Tipp: Entweder Du hältst entschlossen dagegen oder Du ziehst Dich zurück und verlierst den Zweikampf. Wir sagen als Torhüter: Wer zuckt, verliert. Ein Manuel Neuer macht sich ganz groß, wenn ein Spieler auf ihn zu läuft. Er ist wild entschlossen, den Gegner zu stoppen, mit aller Macht. Seine Entschlossenheit, den Ball zu fangen, lässt in seinen Gedanken keine andere Alternative zu.

Entschlossenheit zu zeigen, ist die Fähigkeit, schnell und intuitiv zu handeln. Es ist ein Zeichen von Selbstvertrauen. Wer entscheidet, gewinnt oder verliert. Wer nicht entscheidet, hat schon verloren. Glaube mal nicht, dass Steve Jobs oder Oliver Kahn alles in ihren Karrieren richtig entschieden haben. Aber sie haben Entscheidungen getroffen, das zählt! Im Sport sagt man: Solange 51 Prozent Deiner Entscheidungen richtig sind, bist Du auf der Siegerstraße. Je schneller Du Entscheidungen triffst, desto steiler verläuft Deine Erfolgskurve nach oben. Erfolgreiche Menschen handeln entschlossen. Erfolglose reden nur davon.

„Der Unterschied zwischen dem Unmöglichen und dem Möglichen liegt in der Entschlossenheit."

(Baseball-Legende Tommy Lasorda)

Es gibt wenig, was Dich mehr blockiert auf dem Weg zu Deinen Zielen wie mangelnde Entschlossenheit. Das Sammelbecken an nicht getroffenen Entscheidungen läuft irgendwann über. Eine Entscheidung musst Du früher oder später sowieso treffen, warum also nicht gleich?

Mein Tipp: Du kannst üben, Entscheidungen schnell und sicher zu treffen. Fange mit kleinen Entscheidungen an und werde mit jeder einzelnen etwas sicherer. Setze Dir für die Entscheidung ein Zeitlimit, zum Beispiel zwei Minuten. Das trainiert. Nimm mal einen Restaurantbesuch. Innerhalb der ersten Sekunden verrät Dir Dein Gefühl, worauf Du Lust hast und welchen Geschmack Du heute wählen solltest. Natürlich schießt die kleine Stimme quer und quasselt Dir zehn Gründe vor, warum Du etwas Anderes nehmen solltest oder dass es doch sicher noch etwas Besseres gibt.

Dein erster Gedanke ist reine Intuition von ganz tief innen in Dir, ein starker Gedanke, ein starkes Gefühl. Wer darauf achtet, wird merken, wie oft und in wie vielen Situation wir intuitiv Informationen bekommen. Meist ist man gut beraten, dem zu folgen. Es ist ein Bauchgefühl, die Summe aller Erfahrungen Deines Ur-Ichs.

Es kann Entscheidungen blitzschnell treffen. Die sind meist richtig. Kennst Du das aus Deinem Alltag, wenn Du denkst: „Hätte ich doch nur meinem Gefühl getraut? Ich habe es doch gewusst." Doch dann hält uns der Verstand, logisches Denken und manchmal auch die Meinung anderer ab, dem zu folgen. Ein fataler Fehler. Zwar ist eine Entscheidung im Restaurant für dieses oder jenes Menü relativ unbedeutend, und es ist noch niemand verhungert, weil er sich nicht entscheiden konnte. Aber mangelnde Entscheidungskraft kostet im Business und oft auch im Leben Zeit, Geld und Kraft.

Wie ist es mit Menschen, die sich im Hamsterrad bewegen, in schlechten Beziehungen stecken, Jobs ausüben, die ihnen keinen Spaß machen? Und dennoch keine Entscheidung treffen, auszubrechen und etwas zu verändern? Menschen, die nur davon sprechen, was sie alles tun könnten. Wenn, dann. Ja, wenn was? Und, was dann? Hinterfragt man das, wird es schwammig. Diesen Menschen fehlt Entschlossenheit und damit eine wichtige Erfolgseigenschaft der Siegertaktik. Einem Sportler wird diese Entschlossenheit antrainiert. Lionel Messi entscheidet in hundertstel Sekunden, ob er den Ball an einen Mitspieler abgibt oder selbst losrennt und sein Bestes versucht.

Die Schnellen besiegen die Langsamen, das ist ein eisernes Lebensgesetz. Oliver Kahn hatte, wie jeder andere Torhüter, nicht mehr als wenige Tausendstel Sekunden, eine Entscheidung zu treffen, ob er sich rechts oder links fallen läßt, um den Ball zu halten. Wenn es ihm an Entschlossenheit gefehlt hätte, wäre der Ball immer im Tor gelandet. Seine große Neigung schnelle Entscheidungen zu treffen, führte dazu, dass seine Automatismen und Reflexe immer besser wurden.

Eine falsche Entscheidung ist oft besser, als keine Entscheidung. Ohne Entscheidungskraft geraten die Prozesse ins Stocken. Das verursacht Unzufriedenheit, blockiert den Fortschritt und letztendlich Erfolg und Lebensfreude. Trainiere Entscheidungen schnell und sicher zu treffen. Bei größeren Projekten lege Dir einen angemessenen Zeitraum fest, in dem Du eine Entscheidung treffen willst. Stelle Dir die Frage: Was ist der Unterschied, ob Du die Entscheidung sofort oder erst in ein paar Tagen triffst? Gibt es einen? Wenn nein, triff die Entscheidung sofort, ohne zu zögern.

Entscheidungen zu treffen, macht frei. Mache Dir eine Liste offener Fragen oder eine Liste von Dingen, die Du gern ändern würdest. Etwa: Wann willst Du Deinen Job wechseln? Willst Du in dieser unglücklichen Beziehung bleiben? Was willst Du tun, um gesünder zu leben? Wann hörst Du endlich mit dem Rauchen auf? Entscheide alle Fragen, die in Deinem Leben offen sind. Denke nach und entscheide eine nach der anderen. Es gibt Dir unendlich viel Freiheit und Luft zum Atmen. Bedenke, dass es mehr Menschen gibt, die kapitulieren, als solche die scheitern. Darum kannst Du ruhig mutig Deine Entscheidungen treffen, denn solltest Du bei der einen oder anderen Sache scheitern, ist das keine Schande, das gehört zum Erfolgsprozess. Wie willst Du sonst wissen, wie sich Erfolg anfühlt, wenn Du nicht weißt, wie sich Scheitern anfühlt?

Kapitulieren jedoch ist etwas ganz Anderes. Das hat mit Scheitern nichts zu tun, denn es ist Aufgeben. Kapitulieren heißt, Du hast verloren, bist aus dem Spiel, nicht, weil Du gescheitert bist, sondern weil Du aufgegeben hast. Gewinner verpflichten sich, in ihrem Leben schnelle und mutige Entscheidungen zu treffen. Vertraue Deiner Intuition, denn sie ist Deine innere Stimme, die Stimme des Herzens. Sie wird Dich bei Deinen Entscheidungen kompetent beraten. Auch wenn sich die eine oder andere Entscheidung dann doch als falsch herausstellt, kannst Du dazu stehen. Schau sie Dir an, arbeite an ihr und gehe weiter Deinen Weg. Mit jedem neuen Moment erhältst Du die Gelegenheit, eine bessere Entscheidung zu treffen.

In der Siegertaktik steht Entschlossenheit für den Spieler, der die Tore schießt. Die entscheidenden Tore werden immer mit Herzblut, 100 Prozent Entschlossenheit und unglaublicher Leidenschaft erzielt. Entschlossenheit erkennt man schon an Deiner Körpersprache: Wie aufrecht gehst Du? Wie stehst Du? Hoch erhobenen Hauptes, die Brust rausgestreckt? Richte Dich auf, bringe Spannung in Deinen Körper. Das alleine schon gibt Dir Kraft und Power. Andere werden es registrieren und Dich ernster nehmen und anders mit Dir sprechen.

1949 gründete Adolf Dassler in Herzogenaurach das Unternehmen Adidas. Es wuchs in den 60er und 70ern und wurde zum Weltmarktführer für Sportschuhe. Sein Bruder, der Puma gründete, war etwas weniger erfolgreich. Es gab niemanden, der Adidas wirklich das Wasser reichen konnte. Dann gründeten in den USA zwei junge Männer eine Sportschuhmarke, völlig gegen den Willen ihrer Eltern, Freunde und Familien. Man verspottete sie, gaben der Idee keine Chance und jeder versuchte, sie davon abzubringen. Nicht, dass ein Unternehmensaufbau an sich schon schwer genug gewesen wäre, die Widerstände von außen überstiegen nahezu ihre Kräfte.

Doch die beiden ließen sich nicht beirren und als sie eines Tages zusammensaßen und über Ihre Zukunft nachdachten, sagte einer entschlossen: „Ganz gleich was sie sagen, tu es einfach." Es war ein Leitgedanke geboren, der bis heute Gültigkeit hat und nicht nur die Einstellung beiden Gründer widerspiegelt. „Just do it". Höre nicht auf andere. Lass Dich nicht beirren. Just do it. Das wurde zur Firmenphilosophie. Um sie zu bestärken, druckte man den Satz wie eine Affirmation für jeden Mitarbeiter auf ein T-Shirt. Heute ziert er nicht nur weltweit die T-Shirts aller Mitarbeiter, sondern er prangt überall, wo das Logo des Unternehmens steht. NIKE zog schon vor Jahren lässig an ADIDAS vorbei und ist heute eines der erfolgreichsten Sportunternehmen aller Zeiten. Just do it. Mutige Entscheidungen kreieren Entschlossenheit und beides wird belohnt.

16: Vertrauen

„Mangelndes Vertrauen ist nichts als das Ergebnis von Schwierigkeiten. Schwierigkeiten haben ihren Ursprung in mangelndem Vertrauen"

(Seneca, römischer Rhetoriker, Philosoph, Politiker)

Vertrauen, welch großes Wort! Welchen Menschen vertraust Du bedingungslos? Wie viele Finger, wie viele Hände brauchst Du, um diese Menschen zu zählen? Mehr als zwei Hände voll? Wünschenswert wären tausend Hände, doch das ist Illusion. In der Realität vertrauen wir nur sehr wenigen Menschen. Vertraust Du Deinem Unternehmen, Deinem Partner, Deinen Finanzen? Wenn Du bei der Antwort gezögert hast, um mit JA zu antworten, hinterfrage sofort, woran es liegt, dass Du nicht vertraust?

Vertrauen ist eine positive Handlung, ein Handeln aus Liebe. Misstraust Du jemandem oder einer Sache, ist es sinnlos, darauf etwas aufzubauen. Hast Du kein Vertrauen in ein Geschäft, in eine zwischenmenschliche Beziehung oder in Deinen eigenen Plan, vergiss es. Die Basis allen Vertrauens bist Du selbst. Im Zentrum Deines Handelns stehst immer Du. Jede Deiner Handlungen basiert auf Selbstvertrauen. Würdest Du es Dir zum Beispiel nicht zutrauen, mit dem Auto zur Arbeit zu fahren, müsstest Du ein anderes Verkehrsmittel benutzen. Das hat dann auch nichts mit den Fahrkünsten anderer Verkehrsteilnehmer zu tun. Du selbst bist das Zünglein an der Waage. Bist Du Dir nicht sicher, ob Du 100 Meter ins Meer raus schwimmen kannst, ohne Panik zu bekommen, lass es einfach bleiben. Nicht das Meer ist Schuld, dass Du nicht vertrauen kannst. Du selbst traust es Dir nicht zu.

Selbstvertrauen ist Dein Vertrauen zu Dir. Was traust Du Dir wirklich zu? Ein ausgeprägtes Selbstvertrauen ist gleichbedeutend mit innerer Stärke. Wem die fehlt, der sucht meist Fehler bei anderen, im Außen und versucht tausend Gründe zu finden, warum etwas nicht funktioniert. Meistens sind Menschen ohne Selbstvertrauen nur bedingt kritikfähig. Ihre dünne Selbstbewusstseins-Haut wird durch Kritik verletzt und sie nehmen jede Kritik persönlich als Angriff wahr. Sie tut ihnen fast körperlich weh.

Erfolgreiche Menschen haben Selbstvertrauen. Ohne das hätten sie nicht die Hürden zu Erfolgen und zu persönlicher Freiheit geschafft. Christiano Ronaldo, Lothar Matthäus, Franz Beckenbauer, Pep Guardiola, Bastian Schweinsteiger, Michael Schumacher, Michael Jordan, Steve Jobs, Barack Obama, Angela Merkel, Albert Einstein, Henry Maske, sie alle haben grenzenloses Selbstvertrauen. Es ist die Basis ihres Handelns und gleichzeitig Basis, anderen Menschen Vertrauen zu schenken. Wenn Du kein Vertrauen in Dich hast, wie willst Du dann anderen Menschen vertrauen? Du würdest von anderen etwas fordern, was Du selbst nicht geben kannst. Das ist wie bei der Liebe. Liebe kannst Du nur geben, niemals von anderen nehmen.

Beim Vertrauen ist es ähnlich: Vertrauen kannst Du nicht erwarten oder in Empfang nehmen, Du kannst es anderen nur schenken. Du gibst einen Vertrauensvorschuss. Dadurch wirst Du wahrscheinlich Vertrauen zurückbekommen. Es ist das Gesetz der Resonanz oder wie der Volksmund sagt: „Wie man in den Wald ruft, so schallt es hinaus." Im Fußball sieht das so aus: Ein funktionierendes Team, zum Beispiel Borussia Dortmund, besteht aus vielen Spielern mit gutem Selbstvertrauen. Sie vertrauen ihren eigenen Fähigkeiten. Das ist Voraussetzung, um Vertrauen in die Fähigkeiten ihrer Mitspieler zu haben. Vertrauen der Teamspieler untereinander ist so wichtig. Hapert es dort, machen Vereine regelmäßig intensive Teambuildings und vertrauensbildende Maßnahmen. Ohne Vertrauen gibt es keine funktionierende, erfolgreiche Mannschaft.

Im Leben ist es doch auch so: Das Vertrauen in seine Mitmenschen, Partner und Freunde ist eine Erfolgseigenschaft, die Du trainieren musst.

Wie trainiert man Vertrauen? Hier ist eine Übung aus dem Teamtraining: Einer der Teilnehmer steigt auf die höchste Sprosse einer Leiter und lässt sich mit verbundenen Augen rückwärts in die Arme der anderen fallen. „Trustfall". Sie fangen ihn auf. Menschen, die anderen nicht vertrauen, können so ihre Vertrauensfähigkeit gezielt trainieren. Der Trustfall ist ein Symbol für: „Wir sind für Dich da". Im Fußball gilt, je größer das Vertrauen untereinander, desto unangreifbarer ist das Team.

Natürlich kannst Du jetzt sagen: „Aber ich wurde schon so oft ausgenutzt. Ich habe so schlechte Erfahrungen gemacht." Ja, Du hast recht. Ein Vertrauensmissbrauch tut sehr weh und hinterlässt tiefe Narben. Die machen neues Vertrauen manchmal fast unmöglich. Missbrauchtes Vertrauen führt zur Enttäuschung über einen Menschen, eine Sache, ein Unternehmen. Um diesen Schmerz zu vermeiden, gehen in der westlichen Welt viele Menschen sehr sparsam mit ihrem Vertrauen um.

Ich habe in meinem Leben schon viele Ideen gehabt, Unternehmen gegründet, Multi-Level-Marketing-Systeme begleitet. Die Menschen tun sich schwer, Vertrauen zu schenken und stehen damit Projekten oder anderen Menschen im Weg. Es gibt immer Menschen, die solche Gelegenheiten ausnutzen. Menschen ohne Vertrauen stehen, auf lange Sicht gesehen, nur sich selbst im Weg. Sie sind aufgrund ihrer negativen Glaubenssätze, Beeinflussungen und Erfahrungen nicht in der Lage, über ihren Schatten zu springen. Das mangelnde Vertrauen in sich und andere sabotiert neue Chancen auf ein besseres, erfolgreicheres, harmonischeres Leben. Neue Chancen im Job, in Beziehungen, im Sport entstehen nämlich nur dann, wenn man sie vertrauensvoll wahrnimmt.

Vertrauen ist ein kraftvolles Werkzeug, um eine starke Abwehr im Fußball auszuspielen. Mit einem Doppelpass spielt man den Ball zum Mitspieler und bekommt ihn immer wieder zurück. Jeder Fußballexperte weiß das. Dieses vertrauensvolle Hin und Her bewirkt, dass der Gegenspieler ausgespielt wird. Wenn Du als Spieler kein Vertrauen hast, kannst Du keinen solchen Pass spielen. Unmöglich. Du würdest den Ball nicht an Deinen Mitspieler abgeben. Vielleicht würde der Gegner ihn Dir abnehmen, weil es zu schwierig ist, ihn allein über so eine lange Strecke zu behalten. Im Fußball ist Vertrauen das Fundament auf dem das Team steht.

Wie oft passiert es Dir im Leben, dass Du den Ball aus mangelndem Vertrauen nicht abspielst? Wie gehst Du mit dem Delegieren von Arbeit an Kollegen oder Mitarbeiter um? Bist Du jemand, der immer alles selbst machen muss, weil es die anderen ja doch nicht gut genug machen? Achte auf alltägliche Situationen, in denen Du dem Gegenüber kein Vertrauen schenkst. Könnte es sein, dass es mit Deinem eigenen Selbstvertrauen zu tun hat? Spiegelt sich Dein mangelndes Selbstvertrauen in der anderen Person wider, weil Du es Dir selber nicht schenken kannst? Das klingt unverschämt, ist aber nicht so gemeint. Ich möchte Dich sensibilisieren. Kein Vertrauen zu schenken, hat etwas mit Selbstschutz und Schmerz vermeiden zu tun. Sind das Themen für Dich? Handelst Du aus unbewusster Angst?

Was glaubst Du, was Dich erfolgreicher macht? Handeln aus Angst oder Handeln aus Liebe? Selbstverständlich ist Liebe viel kraftvoller. Es macht also Sinn, Vertrauen zu schenken, auch wenn Du weißt, dass es immer wieder Menschen gibt, die das nicht zu schätzen wissen. Wenn wir kein Vertrauen geben, handeln wir mit angezogener Handbremse und kommen kaum von der Stelle. Erfolgreiche Menschen trauen sich, zu vertrauen. In erster Linie sich selbst und dann anderen, mit denen sie arbeiten oder zu tun haben. Das ist ihr Erfolgsrezept. Sie kennen das Gesetz von Geben und Nehmen, Ursache und Wirkung. Nur wenn Du Vertrauen gibst, kannst Du es von anderen bekommen. Was Du an Vertrauen, Liebe und Energie gibst, bekommst Du zurück. Garantiert. Darum lerne Vertrauen in Dich, Deine Mitmenschen, Familie, Freunde zu haben. Es lebt sich definitiv besser.

Mark Twain hat mal gesagt: „Arbeite, als würdest Du das Geld nicht brauchen. Liebe, als hätte Dich nie jemand verletzt. Tanze, als würde niemand zusehen. Singe, als würde niemand zuhören. Lebe, als wäre der Himmel auf Erden."

Vertraue in Dich und Dein Leben. Alles hat seinen Sinn!

17: Kommunikation

> „Kommunikation führt zu Gemeinschaft, das heißt zu Verständnis, Vertrautheit und gegenseitiger Wertschätzung."
>
> (Rollo Reece May, amerik. Psychologe)

Ein Spieler, stellvertretend für eine der wichtigen Erfolgseigenschaften der Siegertaktik, ist Kommunikation. Ein unverzichtbarer Faktor für Erfolg. Hast Du schon einmal einen enthusiastischen Menschen, Verkäufer, Lehrer, Fußballer, Sportler gesehen, der mit seiner Sprache seine Persönlichkeit relativierte? Er macht den Mund auf, und die positiven Eindrücke sind dahin. Es gibt solche Menschen, die nicht in der Lage sind, sich so zu artikulieren, dass ihre Worte auf gleicher Ebene wie Ihre Leistungen stehen. Zwar ist das, was dieser Mensch tut, nach wie vor sehr gut, aber er kann sich weder verkaufen, noch mit der Sprache einen guten Eindruck hinterlassen. Das senkt seine Erfolgschancen massiv. Übertragen ist das eine Schwachstelle im Mannschaftskonzept, in mancher Hinsicht sogar ein Angriffspunkt. Stelle Dir einen US-Präsidenten mit schwacher, hoher piepsiger Stimme vor und Sätzen, die stockend und in Fragmenten daherkommen. Unmöglich!

Worte sind wie Pfeile. Wenn sie richtig beschaffen sind, können sie Dein Gegenüber tief treffen. Doch es sind nicht nur die Worte: Kommunikation findet auf mehreren Ebenen statt. Sie besteht aus Gestik, Mimik und Körperhaltung. Die sogenannte Körpersprache ergänzt das gesprochenen Wort, das übrigens den kleinsten Anteil an der Kommunikation hat. Der wirkungsvollste Teil unserer Kommunikation ist unsere Körpersprache, auch nonverbale Kommunikation genannt. Beides muss zusammenpassen. Oder kannst Du Dir vorstellen, dass Napoleon in sich zusammengekauert den Befehl gab „Auf in den Kampf"? Nein, er richtete seine ganze, wenn auch kleine Körpergröße, selbstbewusst auf und dirigierte sein Heer wie er wollte?

Welche Autorität genießt ein Fußballtrainer, ein Mannschaftskapitän, wenn er nicht mit entsprechend selbstbewusster Körpersprache und Kommunikation als Leader auftritt? Kommunikation ist die Übertragung von Informationen zwischen einem Sender und einem oder mehreren Empfängern. Es ist unmöglich, nicht zu kommunizieren. Jedes Handeln, Nichthandeln, jedes Sprechen oder nicht sprechen sendet eine Botschaft aus. Daraus ziehen wir Informationen, daraus lernen wir. Der Mensch lernt aus Nachahmung. Im Fußball ist das besonders deutlich zu sehen. Der Trainer macht eine Übung vor, die Spieler machen sie nach und trainieren so lange, bis sie sitzt. Es bedarf keiner großen Worte. Taten und Haltung lehren die Spieler, die Bewegungen, Schüsse, Ballführung nachzuahmen. Erst ganz zum Schluss kommt der letzte Feinschliff durch die verbale Kommunikation.

Ist es nicht auch so bei Kindern? Sie schauen sich alles neugierig an, und noch bevor sie sprechen können, haben sie gelernt. Alles, was sie sehen, speichern sie auf ihrer internen Festplatte, dem Unterbewusstsein, ab. Durch Wiederholung beginnen sie, Dinge zu tun: zu krabbeln, sich aufzurichten, die ersten Schritte zu gehen. Würden sie gehen können, wenn ihre Lehrmeister nur krabbeln würden? Nein. Sie lernen durch die Körpersprache und Körperhaltung ihres Umfeldes und machen alles nach. Sie modellieren Handlungen, Gesten, Mimik, Sprechen, einfach alles das, was zuvor als Kommunikationssignal gesendet wurde.

Denk mal an Deine Kindheit. Wann hast Du Handlungen, Signale und Dinge besonders schnell begriffen? Wenn man sie Dir verbal erklärt, oder wenn man Dir gezeigt hat, wie man es macht? Fühlen, Sehen, Riechen, Schmecken sind deutlich ausgeprägtere Sinne als nur Hören. Wenn wir mit allen unseren Sinnen lernen, geht es schneller und bleibt tiefer im Gedächtnis haften. Die Körpersprache sendet die intensivsten Signale aus.

In meiner aktiven Spielerzeit und auch später als Trainer, erkannte ich schon im ersten Moment, ob ein Mensch ein Gewinnertyp oder ein „Loser" ist. Ohne mit ihm zu sprechen. In der Bundesliga ist es Grundvoraussetzung, dass die Körpersprache stimmt. Wenn dieser Teil, der immerhin 90 Prozent der Gesamtkommunikation ausmacht, nicht stimmt, hat ein Spieler niemals die Chance, in einem guten Verein zu spielen.

Profis der obersten Liga bekommen immer Medien- und Kommunikationstrainings. Sie werden nach einem Spiel, noch ehe sie wieder richtig zu Atem gekommen sind, vor die Kamera gezerrt. Die Spieler müssen zehn Sekunden nach Abpfiff mit einem Puls von 150 hieb- und stichfeste Statements geben und beschreiben, was sie in den vergangenen 90 Minuten erlebt haben. Wehe, wenn da Blödsinn gelabert wird. Darum haben alle Topspieler, egal ob Bastian Schweinsteiger, Lionel Messi, Christiano Ronaldo gelernt, sich auszudrücken. Vor der Kamera oder im Interview wird jedes Wort dieser Spieler auf die Goldwaage gelegt und geht tagelang durch die Presse.

Worte haben eine unglaubliche Macht. Stelle Dir einmal vor, auf einem Fußballplatz würden die elf Spieler nicht miteinander kommunizieren. Auf dem Platz gibt es zwei bis drei Leader, die exakte Anweisungen geben, wer, wann, wohin zu laufen hat, und was genau zu tun ist. Passiert das nicht, sinkt das Leistungsniveau dramatisch. Es bringt nichts, wenn jemand ruft: „Super, Klasse, aber bitte nicht dahin" oder „Könntest Du bitte mal nach vorn laufen?" oder „Warum spielst Du mir nicht den Ball zu?". Für so etwas ist gar keine Zeit; so eine Kommunikation führt nicht zum Ziel. Wenn ausgesprochen, ist die Spielsituation ja schon Vergangenheit. Klare Worte dagegen haben die Macht, Zukunft zu erschaffen. Das klingt dann so: „laufe nach rechts", „verschiebe nach hinten", „greife an", „schieße". Das sind klare, zukunftsweisende Botschaften. Eine kraftvolle Kommunikation ist aktiv auf sofortiges Handeln ausgerichtet.

Eine gute Kommunikation ist der Schlüssel zum Eliteniveau. Nicht nur im Fußball. Wer erfolgreich handelt, beherrscht in der Regel auch rhetorische Fähigkeiten. Wissen zu transportieren und jemand zu Handlungen zu bewegen, ist die größte Macht eines Menschen. Worte sind Eintrittskarten für Handlungen. In der bedeutendsten Schrift der Juden, dem Talmud, finden wir eine Anleitung zur Kommunikation: „Achte auf Deine Gedanken, denn sie werden Worte. Achte auf Deine Worte, denn sie werden Handlungen. Achte auf Deine Handlungen, denn sie werden Gewohnheiten. Achte auf Deine Gewohnheiten, denn sie werden Dein Charakter. Achte auf Deinen Charakter, denn er wir zu Deinem Schicksal."

Darum schärfe Deine Kommunikation. Sprich die Dinge aus, die Dir wichtig sind. Lerne das machtvollste Instrument der Kommunikation: Das Schweigen. Der Volksmund sagt: „Reden ist Silber, Schweigen ist Gold." Übe dich im Reden. Übe Dich im Schweigen. Jeweils dann, wenn es angebracht ist. Die besten Trainer, Coaches und Verkäufer sind die, die am besten schweigen können und Andere reden lassen. Sie hören nur zu. Denn wer spricht, hört nicht hin. Wer hinhört, spricht nicht.

Beim Hinhören kannst Du mehr Signale empfangen, als Du senden kannst, wenn Du selbst sprichst. Kennst Du, dass Du mit einem Menschen eine Stunde lang beisammensitzt und ihm interessiert zuhörst und dann hört er auf und sagt: „Das war ein ganz tolles Gespräch." Du hast gar nichts gesagt und nur zugehört, dabei aber sehr viel über diesen Menschen erfahren. Wissen, das Du verwenden kannst. Als Verkäufer beispielsweise erfährst Du Hintergründe, Motive, Wünsche, Motivation Deines Gegenübers, wenn Du die richtigen Fragen stellst. Natürlich ist es entscheidend, welche Fragen Du stellst. Die Qualität Deiner Fragen bestimmt die Qualität Deiner Beziehungen. Damit auch die Quantität Deines Erfolges.

Es gibt eine Geschichte von einem jungen, amerikanischen Versicherungsverkäufer, Frank Bettger, der zu einem Großunternehmer ging. Dieser fängt ihn mit der knackigen Botschaft ab „Es tut mit leid, Herr Bettger, sie haben es zwar bis hierher geschafft, aber ich habe vor kurzem alle nötigen Versicherungen abgeschlossen." Der junge Mann schaute sich um und war fasziniert von den Urkunden an der Wand und wollte wissen „Sie haben hier etwas Großes aufgebaut. Sagen Sie, wie haben Sie damals angefangen?" Nach zwei Stunden erzählen und hinhören, vereinbarten die beiden einen neuen Termin, in dem der junge Mann Versicherungen für die Kinder des Unternehmers für über 200.000 US-Dollar abschloss. Beide verbindet bis heute eine ehrliche, langjährige Freundschaft. Alles aufgrund einer einzigen, interessierten Frage. Wer fragt, gewinnt. Das kann Freundschaft sein oder gute Umsätze. Die richtige Frage zum richtigen Zeitpunkt zu stellen, ist eine Kunst. Genau hinhören, eine weitere. Ehrliche Fragen öffnen Menschen. Bestimmende Aussagen verschließen sie.

Die Qualität Deiner Fragen bestimmt die Qualität Deiner Zukunft. Zeige mir denjenigen, der die richtigen Fragen stellt, und Du siehst jemanden, der Erfolg hat. Welche Fragen stellst Du, um an Deine Kunden zu verkaufen? Welche Fragen wünscht sich Dein Partner, um zu spüren, dass Du wirklich interessiert bist? Welche Fragen stellst Du Deinen Mitmenschen, um deren Sorgen und Probleme, Anliegen und Bedürfnisse kennenzulernen? Glaubst Du, dass es sich auf Deinem Bankkonto widerspiegeln könnte, wenn Du möglichst vielen Menschen wirklich hilfst? Ich glaube und weiß es. Es ist das Gesetz von Geben und Nehmen. Weil Du Hilfe und Unterstützung gibst, bekommst Du einen Lohn dafür. Manchmal Geld, oft Zufriedenheit, Glück und Erfüllung. Steve Jobs Karriere hat damit begonnen, dass er Lücken in der Informations- und Kommunikationstechnologie gesehen hat. Die wollte er füllen. Damit hat er die Welt verändert. Wie würde unsere Welt heute aussehen, hätte er das nicht getan?

Starke Kommunikation hebelt den Erfolg, schießt entscheidende Treffer und führt Dich in die Champions League. Gute Kommunikation begeistert und Begeisterung verkauft. Sie macht Dich zu einem besseren Menschen. Frage doch mal drei Menschen pro Tag, wie es ihnen WIRKLICH geht, nicht so als Phrase, die relativ oberflächlich ist, und auf die jeder oberflächlich antwortet. Frage so, dass Deine Gegenüber wirklich erzählen, wie es ihnen geht. Dann höre hin. Du wirst merken, dass sich allein dadurch Dein Leben verändern wird.

Viel Spaß bei der Siegerkommunikation. Sie ist für das „Golden Goal" zuständig – das goldene Tor, den Siegtreffer. Der sichert Dir Deinen Erfolg.

Liebe Leserin, Lieber Leser,

schaffst Du es, diese Spielpositionen mit ihren Erfolgseigenschaften in Dein tägliches Leben so zu manifestieren, dass Du sie jederzeit abrufen kannst? Jeder Tag, an dem Du das schaffst, bedeutet, einen Schritt nach vorn zu gehen. Mit der Siegertaktik sammelst Du Punkte für die Erfolgstabelle in Deinem Leben.

Woran merkst Du, dass Deine persönliche Freiheit wächst?

Spürst Du, wie diese Spieleigenschaften und Spielerpositionen der Siegertaktik in Deinem Leben immer größeren Raum einnehmen, besser und ausgeprägter werden? Je größer Deine Leidenschaft, Deine Disziplin, Dein Wille und Dein Glaube, desto freier bist Du in Deinem Denken und Handeln. Je mehr Du Dich Deinem wahren „Ich", Deinen Träumen, Deinen Visionen und dem Leben näherst, desto mehr stellt sich bei Dir das Gefühl ein, frei im Tun und Handeln zu sein. Auch wachsendes Selbstvertrauen, Vertrauen zu anderen Menschen und ins Universum, geben Dir eine bisher ungeahnte Macht, das zu erreichen, was Du Dir vorgenommen hast. Das kann finanzielle Freiheit sein, mehr Verdienst, der Aufbau eines Vermögens. Das kann ein Partner, ein neues Unternehmen, ein Sozialprojekt sein. Wie wäre es, wenn Du in Zukunft diese Erfolgseigenschaften einsetzt, um Job, Beziehungen, Gesundheit, Finanzen und Deine Karriere zu planen und zu gestalten?

Regel 6: Wende ab sofort die Siegertaktik an. Nutze Deine inneren Spieler für Deinen Erfolg.

Kapitel 7:
Die medizinische Abteilung oder wie steht es um Deine Energie?

„Die Vitalität selbst ist das Resultat einer Vision. Wenn es keine Vision mehr gibt von etwas Großem, Schönem, Wichtigem, dann reduziert sich die Vitalität und der Mensch wird lebensschwächer."

(Erich Fromm, deutsch-amerik. Psychoanalytiker und Philosoph)

Nur ein vitaler Fußballer ist für sein Team wertvoll. Nur wenn wir fit und gesund sind, können wir ganzheitlich wachsen. Wer es nicht ist, reduziert, was er anderen Menschen zu geben hat. Vielleicht zuckst Du jetzt mit den Schultern und fragst Dich, warum ich das schreibe. Weil es so ist. Ist ein Spieler verletzt, hat er spielerisch für seinen Verein keinen Wert.

Ein Spieler, der Millionen gekostet hat, ist nur auf geistigem und physischem Spitzenniveau ein Wert für seinen Verein. Darum wird im Profisport allgemein, und im Fußball besonders penibel darauf geachtet, dass der Sportler seinen Energielevel auf das höchste Niveau bringt und ihn dort möglichst lange hält. Ein Verein beschäftigt ein Heer von Mitarbeitern, die sich alle um das Wohl der Spieler kümmern. Bei der Fußball-Weltmeisterschaft 2014 in Brasilien waren das exakt 39 Personen im DFB-Team. Dazu gehörten Köche, vier Physiotherapeuten, vier Ärzte, vier Fitnesstrainer, Mentaltrainer, ein Sportpsychologe. Zusammen gerechnet mit dem Sicherheitspersonal, Trainerstab, Busfahrer lag die Teamstärke bei 70 Personen.

Und es ging allen nur um eines: das Wohl und die Leistungssteigerung der Spieler, so dass ein maximaler Erfolg erzielt werden konnte. Das Ergebnis ist bekannt.

Nur im Bestzustand eines jeden Spielers sind Spitzenleistungen der Mannschaft möglich. Mit einem schwachen Energielevel, ob durch Stress oder Krankheit verursacht, lassen sich eben nur schwache Leistungen erzielen. Die DFB-Elf war während der WM in Brasilien in einem wunderbar hergerichteten Areal untergebracht, dem Campo Bahia. Der Tross residierte fürstlich. Dafür gab es auch Kritik wie: „Muss das sein, dass in einem Land wie Brasilien so dick aufgetragen wird und für die Unterkunft und das Wohl einer Mannschaft soviel Geld ausgegeben wird?"

Darüber kann man diskutieren. Die deutschen Fußballer schalteten inmitten einer tropischen Palmenwelt direkt am weißen Sandstrand von ihrem Job ab. Der Erfolg gab ihnen Recht und das Ziel Weltmeister zu werden, heiligte die Mittel. Es war die richtige Entscheidung. Man wollte den Stresspegel der WM in Brasilien, einem Land mit ganz anderen klimatischen Bedingungen, den vielen Spielen in kurzer Zeitspanne und den damit verbundenen kurzen Regenerationszeiten, so gering wie möglich halten. Stressfaktoren gab es noch genug: die hoch gesteckten Zielvorgaben, die Reisetätigkeiten, der mediale Druck und letztendlich die physische und psychische Gesamtbelastung.

Mit eigenem Koch, eigenen Ärzten und Physiotherapeuten war man gut vorbereitet. Der Aufbau und die Struktur des WM-Teams hinter der deutschen Nationalmannschaft machte einen großen Teil des Sieges aus. Jeder Einzelne hatte seine Aufgaben entsprechend der Siegertaktik zu erfüllen. Nur die Umsetzung aller Erfolgsfaktoren bis ins letzte Detail hat das Ergebnis, Fußball-Weltmeister 2014, möglich gemacht. Es war eine perfekte Planung, wie sie besser nicht hätte sein konnte.

Abgesehen davon, dass es für die meisten von uns nicht möglich ist, sich einen solchen Betreuerstab zu leisten, planen wir auch unsere Vorhaben nicht ansatzweise so detailliert. Dennoch, was können wir von den erfolgreichen Sportlern lernen?

In erster Linie sollten wir uns über den Wert unseres Körpers bewusst werden. Wir haben nur einen, genau wie die Fußballer. Der ist ihr Kapital und sie sind sich dessen bewusst. Darin unterscheiden sie sich von uns. Wir sind uns des Wertes unseres Körpers selten so bewusst und tun nicht ansatzweise so viel, um ihn gesund und fit zu halten. Im Gegenteil: wir treiben nicht selten Raubbau mit unserem Körper.

Ist der Profispieler krank, ausgebrannt, dauermüde und nicht mehr leistungsfähig, kann er seine Karriere auf hohem Niveau vergessen. Was tun Profisportler? Sie widmen sich ihrem Körper, pflegen ihn und betrachten ihn als wichtigstes Kapital, das sie haben. Das kannst Du Dir abschauen. Auch Deine Leistungsfähigkeit ist von Deinem körperlichen Wohlsein abhängig. Du wirst Dein ganzes Leben mit Deinem Körper zu tun haben und er ist der einzige, den Du hast, also die Basis für Deinen Erfolg oder Misserfolg.

Grundvoraussetzung für Erfolg ist, dass Du Dich selbst liebst und Deinen Körper als einen wertvollen Teil von Dir achtest. Bist Du glücklich mit ihm und Deiner Figur? Bist Du Dir bewusst, was Dein Körper alles kann? Gehen, hören, fühlen, springen, sehen, sprechen, tanzen, essen, trinken, stehen, hinfallen, aufstehen, wachsen und, und, und vieles mehr. Das alles bist Du, das alles kannst Du. Viele Menschen wissen das nicht zu schätzen. Sie betrachten sich vor dem Spiegel, sind traurig, weil sie ihren Körper nicht mögen, hadern mit sich, weil sie zu dick, zu dünn, zu groß oder zu klein sind und sich selbst nicht gefallen. Sie betrachten ihren Körper, als wäre er ein Fremdkörper.

Glaubst Du, dass so etwas der Seele guttut? Wäre es nicht sinnvoller, Verantwortung für Deinen Körper zu übernehmen? Denn Du weißt ja: „Wem Du die Verantwortung gibst, dem gibst Du die Macht, die Macht zur Veränderung oder zur Stagnation, zu Entwicklung oder zum Stillstand. Willst Du Deinen Körper verändern, so betrachte ihn als einen Teil von Dir, der reich und wertvoll ist. Lerne ihn zu lieben. Er kann mehr, als Dir bewusst ist.

Profi-Fußballer sind selbstverliebt. Das ist eine elementare Grundvoraussetzung, um mit Leidenschaft Erfolg anzustreben. Spieler pflegen ihren Körper sorgfältig. Sie trainieren ihn, stählen ihn im Fitnessraum, halten ihn physiologisch auf höchstem Niveau. Sie rauchen nicht, sie trinken nicht, essen kein FastFood. Sie achten auf ausreichende Regeneration. Sie wissen, die Verletzungsgefahr steigt, wenn die Regeneration zu kurz kommt. Sportler lassen sich massieren, tauchen in eiskalte Ermüdungsbecken, um die Muskulatur zu lockern und laufen locker ihren Muskelkater aus. Exzellente Sportler müssen nicht erst krank oder verletzt sein, um ihren Therapeuten, Masseur oder Fitnessraum zu besuchen. Sie wissen, wie wichtig Präventivmaßnahmen sind und sorgen dafür, dass ihr Körper mit intaktem Herz-Kreislaufsystem, Lymphfluss, energetischem Flow und starker Muskulatur leistungsfähig bleibt. Sportler gehen achtsam mit sich um. Sie entwickeln eine Art Sensor, um in ihren Körper hineinzuhorchen, ihn quasi innerlich zu scannen. Sobald sie eine kleine Unregelmäßigkeit feststellen, arbeiten sie daran.

Der größte Unterschied zwischen Sportlern und anderen Menschen ist, dass Sportler mit dem Körper arbeiten, nicht gegen ihn. Natürlich ist Leistungssport nur bis zu einer gewissen Grenze gut für den Körper. Doch in der Freizeit neben dem Sport, tun Sportler alles, um ihre Kräfte zu steigern, Vitalität und Energie zu generieren.

Welche Einstellung hast Du zu Deinem Körper? Arbeitest Du für oder gegen ihn? Was tust Du, um ihn gesund und leistungsfähig zu halten? Rauchst Du? Isst Du gesund oder steht täglich Pizza & Co. auf Deinem Ernährungsplan? Einen Sportler triffst Du nur extrem selten in einem Burger-Restaurant. Warum wohl hat der DFB zur WM 2014 einen eigenen Koch mit nach Brasilien genommen? Mal angenommen, ich schenke Dir ein teures Rennpferd. Du musst es aber mindestens ein Jahr pflegen, bevor Du es wiederverkaufen darfst. Der Hengst hat nun bereits einen Wert von 175.000 Euro und aufgrund seines jungen Alters noch echtes Potenzial nach oben. Wie würdest Du das Prachtexemplar behandeln? Zum Frühstück ein paar Croissants mit einem dicken Butteraufstrich und süßer Marmelade, mittags fetten Schweinebraten und Pommes mit Mayonnaise plus Ketchup, als Dessert Mousse au Chocolat? Dazu einen Verdauungsschnaps on Top?

Statt Wasser erhält das Nobelpferd standesgemäß den besten Wein als Getränk. Am Abend lädst Du das Rennpferd fürstlich zu einem Menü mit dekorativem Eisdessert ein, verbringst dann mit ihm die Nacht bei Techno, lauter Musik und einigen beschwingenden Longdrinks in der Disco. Und da es dem Pferd an nichts mangeln soll, richtest Du ihm seine Pferdebox mit einem Flatscreen und einer Spielekonsole ein. Wunderbar. Da das Pferd ja sehr lernfähig ist, hat es den Discobesuchern in der vergangenen Nacht abgeschaut, dass zu einem guten Drink auch eine leckere Zigarre oder Zigarette gehört. Würdest Du das mit Deinem 175.000 Euro Pferd tun? Natürlich nicht, aber warum machen das so viele Menschen mit ihrem Körper?

Du sollst nicht zum Asketen mutieren. Ich möchte Dich nicht mit erhobenem Zeigefinger belehren. Aber es passt einfach nicht, und hier spielt meine langjährige Erfahrung im Fitnessbereich eine große Rolle. Wenn Menschen einen schlanken und leistungsfähigen Körper wünschen, dürfen sie keinen Raubbau mit ihm betreiben. Schenke Deinem Körper Aufmerksamkeit, verwöhne ihn. Gönne Dir wohltuende Massagen, besuche die Therme, sorge dafür, dass es Dir gut geht und dass Du glücklich mit ihm bist. Natürlich spielt Bewegung eine Rolle. Den meisten Menschen fallen hunderte von Gründen ein warum sie sich nicht bewegen. Doch wer rastet, der rostet. So einfach ist das. Bewegung erhöht die Sauerstoffzirkulation, verbessert den Bluttransport, den Stoffwechsel und sorgt für eine bessere Versorgung des gesamten Organismus. Da die meisten Menschen heutzutage viel sitzen, ist Bewegung ein elementarer Ausgleich für Physis und Psyche. Sie leiden, weil der Hormonhaushalt aufgrund mangelnder Bewegung durcheinandergerät.

Informiere Dich über einen Sport für Dich, der Dir Spaß macht. Es ist einfach, täglich 20 Minuten Bewegung zu integrieren. Es gibt unzählige Fitnessstudios, aber auch tolle Programme für Zuhause. Du hast die Wahl, Zellwachstum oder Zellzerstörung. Menschen, die Sport treiben, können sich besser konzentrieren und sind weniger krankheitsanfällig. Gesundheit ist unser höchstes Gut. Die meisten Menschen betrachten sie als selbstverständlich. Das ist sie nicht! Man muss schon etwas dafür tun.

Voltaire befand vor über 250 Jahren: „In der ersten Hälfte unseres Lebens opfern wir unsere Gesundheit, um Geld zu erwerben, in der zweiten Hälfte opfern wir unser Geld, um die Gesundheit wiederzuerlangen. Und während dieser Zeit gehen Gesundheit und Leben von dannen." Aus meiner Sportlersicht stimmt das total. Aber ist das nicht völlig verrückt? Wäre es nicht viel sinnvoller, sensibler mit Körper und Gesundheit umzugehen? Die Zeit, die Du später für Widergenesung verwenden musst, könntest Du Dir locker sparen, wenn Du schon früh für Prävention, Training, gute Nahrung und einen bewussteren Umgang mit dem Körper investierst.

Gesundheit bedeutet Energie, Vitalität, Lebensfreude und Lebensqualität. Durch bewussten und sensiblen Umgang mit Deinem Körper lässt sich der Energie- und Vitalitätsbarometer extrem steigern. Es sind nicht die Umstände, die den Menschen schaffen, es ist der Mensch, der die Umstände schafft. Ich stehe mit meiner Meinung nicht allein da, wenn ich behaupte, dass der Mensch sich seine Krankheiten, insbesondere Zivilisationskrankheiten wie Herzinfarkte, Bluthochdruck, Krebs, Schlaganfälle und psychische Leiden selbst erschafft. Es sind allesamt Resultate aus Verhaltensweisen, Denkweisen, stockender Energiefluss und Blockaden im Körper. Nur in seltenen Fällen gibt es einen äußeren Auslöser. Warum ist das so? Die meisten Menschen agieren wie Bulldozer. Das sind starke Fahrzeuge, die viel Erdmasse bewegen und können problemlos bergauf und bergab fahren. Es kann natürlich passieren, dass das Fahrzeug irgendwann mit einem Motorschaden gebrauchsunfähig wird. Es fährt solange, bis es knallt.

So geht es vielen Menschen in unserer westlichen Welt. Sie überhören die Signale ihres Körpers. Sie belasten ihn ständig, ohne darüber nachzudenken. Manchen gehen unter seelischem Druck täglich einer Arbeit nach, zu der sie sich zwingen müssen. Manche umgeben sich mit Menschen, die sie blockieren und die ihnen nicht guttun. Viele ernähren sich unausgewogen, rauchen und trinken Alkohol, haben Übergewicht. Dabei wundern sie sich, dass auf Zellebene Blockaden entstehen, die sich zu Krankheiten entwickeln.

Profisportler wissen genau, dass ihre Leistungsfähigkeit, Energie und Effektivität von ihrer Gesundheit abhängt. In meiner Zeit als Personal Coach und Trainer im Fitnessstudio fragten mich die Leute so oft: „Was darf ich denn essen und was ist gut für mich?" Lass es mich zusammenfassen: Ich sehe, dass unglaublich viele Menschen heute den Kontakt und das Gefühl zu ihrem Körper verloren haben. Darum hinterfragen sie alles vom Verstand aus und machen Themen wie Essen und Ernährung unglaublich wichtig. Lebensmittel werden nicht als das betrachtet, was sie sind, sondern klassifiziert in dick- und dünnmachend, gesund und ungesund, gut oder schlecht. Das halte ich persönlich für einen der größten Irrtümer unserer Zeit.

Unser Körper ist so intelligent, dass er uns sagt, was gut oder schlecht für uns ist. Er spricht mit uns in seiner Sprache. die nennt man Appetit. Die meisten Menschen haben verlernt, auf ihren Körper zu hören und lassen sich von Ernährungstabellen, Diäten, von Low Fat, Low Carb oder anderen Diätstrategien steuern. Darüber vergessen sie ihren besten Freund, den Körper, selbst zu fragen was er braucht. Unser Körper ist einzigartig und trägt alles Wissen in sich. Auf ihn müssen wir hören, nicht, was der neueste Diät- und Lebensmitteltrend ist.

Natürlich überkommen auch Profisportler mal Gelüste. Natürlich konsumieren auch sie mal etwas Deftiges oder Süßes. Aber das kommt lediglich ab und zu mal vor, eher selten. Ihre grundsätzliche Ernährungsweise ist ausgewogen und gesund. Für einen Fußballprofi bedeutet jedes Kilogramm Übergewicht, dass er an Geschwindigkeit, Antriebskraft und Effektivität verliert. Das bedeutet ganz klar Einbußen im Leistungsniveau. Das kann er sich gar nicht leisten. Das wäre als wenn Du in einen 450-PS-Wagen Speiseöl füllst und mit angezogener Handbremse fährst.

Der größte Energiefresser und Leidensfaktor unserer Zeit ist Stress. Er macht Menschen krank. Stress kann zwar auch positiv und antreibend sein, aber nur, wenn er kurzzeitig freigesetzt wird. Dann ist er leistungssteigernd. Der Körper schüttet Hormone aus, die eine sofortige Reaktion, bessere Performance, höhere Schmerzunempfindlichkeit und die Weitung der Gefäße bewirken. In unserer Gesellschaft ist Stress mittlerweile zum ständigen Begleiter geworden. Das Hamsterrad vieler Menschen dreht immer schneller. Sie müssen ihr Tempo immer mehr steigern. So lange, bis sie irgendwann die eigene Geschichte einholt und sie im Rad kollabieren.

Was dann: Zusammenbruch, Krankenhaus, Burnout. Wir kennen alle das Szenario. Du bist ein paar Wochen in der Reha. Arbeitskollegen beneiden Dich, denn das ist ja fast wie Urlaub. Dort nimmst Du ein paar Kilo ab, bewegst Dich und Dein Gesundheitslevel steigt positiv an. Dann geht´s zurück ins wirkliche Leben und die Einarbeitung ins Hamsterrad des Lebens geht von vorne los. Erst machst Du ganz langsam, nur wenige Stunden am Tag, noch sehr vorsichtig, dann etwas schneller, immer schneller. Und, ohhh Wunder, die Stress-Symptome werden wieder geweckt und integrieren sich wieder langsam als ständiger Begleiter in den Alltag. Das kann es doch auf Dauer nicht sein, oder?

So viele Menschen leben im Dauerstress. Wie extrem ungesund. Als Sportler kann ich das manchmal gar nicht fassen. Stress und die permanente Ausschüttung des Stresshormons Cortisol sorgt nachweislich dafür, dass Zivilisationskrankheiten entstehen. Wir wissen es und machen trotzdem weiter. Heute ist die Medizin so weit entwickelt wie nie zuvor. Aber der Krankenstand in unserer Gesellschaft auch. Ich habe jedes Mal, wenn ich darüber nachdenke, die Frage auf den Lippen: „Wer war zuerst da? Die Krankheit oder die Technik, um eine, manchmal sogar noch nicht vorhandene Krankheit zu behandeln?" Werden wir immer unbewusster, weil wir um den hohen Stand der Medizin wissen und so viele Medikamente haben, auf die wir zurückgreifen können?

Zurück zum Profisportler und seine Gesundheit. Klar, auch die Sportasse kann es mal erwischen und sie werden krank. Sie sind zwar hervorragend trainiert, aber vor Verletzung nicht gefeit. Was geschieht, wenn sie sich verletzen? Sie konsultieren die besten Fachärzte, die es auf dieser Welt gibt. Du kannst jetzt sagen: „Ist ja klar, sie haben auch das Geld dazu." Sicherlich ist Geld ein Faktor, um schneller gesund zu werden. Es ist von Vorteil, wenn man sich die besten Ärzte oder Therapeuten alternativer Heilmethoden leisten kann. Es macht auch Sinn, über den Tellerrand hinaus zu schauen und sich damit zu beschäftigen, wen man an seinen Körper ranlässt. Ärzte, die sofort operieren, Dir chemische Medikamente bis zum Abwinken einflößen oder solche, die auf natürliche Basis therapieren und die Kraft der Natur nutzen.

Liebe Deinen Körper und überlege, was Dir hilft. Vertraue nicht jedem Arzt im weißen Kittel. Ein Arzt kann ein noch so großer Experte sein, doch wenn Du nicht mit Deinem Körper arbeitest, werden auch die besten Ärzte den schleichenden Weg in Krankheit und Verfall der körperlichen Vitalität nicht aufhalten können. Dein

Körper will gesund sein. Dafür ist er gemacht. Bist Du krank, so geht die größte Heilkraft von Dir selbst aus. Dein Körper hat alle Selbstheilungskräfte in sich. Deine Gedanken werden zu Deinen Gefühlen und Deine Gefühle werden zu Deinem Handeln. Der Geist schafft Materie. Mit diesem Wissen hast Du die Macht, Deine Energie, Deine Vitalität und Lebensfreude zu steigern, wenn Du es wirklich willst. Die Entscheidung triffst Du selbst. Es beginnt mit einem Gedanken und der Entscheidung pro Gesundheit und dafür, dass Du ab sofort mit Deinem Körper zusammenarbeitest statt gegen ihn.

Er wird krank, weil wir keine Verantwortung übernehmen. Der Körper wird krank, weil wir ihn nicht lieben und nicht dankbar für seine Fähigkeiten sind. So entstehen Schmerzen und Krankheiten. Das sind nur die Symptome, die Ursache dafür schaffen wir selber. Der Körper ist ein Spiegelbild Deiner Seele. Deine Gedanken sind schöpferisch, sie erschaffen alle Zustände. Alles, was heute existiert, wurde zuvor gedacht. Denken wir positiv, schaffen wir positive Zustände. Denken wir negativ, setzen wir negative Impulse, die sich einen Platz in unserem Körper suchen.

Aus Angst, Wut, Schuld und Trauer entstehen Blockaden, die den natürlichen Energiefluss unterbrechen. Aus Blockaden wird dann Schmerz und Krankheit. Angenommen, Du hast ständig Rückenschmerzen. Das ist Volkskrankheit Nummer eins. Sicher machst Du therapeutische Anwendungen, die an die Symptome rangehen. Doch damit ist die Ursache nicht behoben. Willst Du die Ursache wissen, musst Du Dich zunächst um Deinen Rücken gar nicht kümmern, sondern Dich fragen, was Dein Rücken Dir sagen will. Und was Du bisher nicht gehört hast. Frage Dich, was der emotionale Grund ist, der dahintersteht.

Selbst klassische Mediziner bestätigen, dass fast alle Krankheiten aus einer emotionalen oder seelischen Disbalance entstehen. Hier liegen die Lösungsansätze zur Beseitigung der Symptome. Schmerz, Krankheit und Blockaden sind nicht Deine Feinde. Es sind Nachrichten Deines Körpers, die Dich sensibel machen wollen und Dir sagen, dass etwas in Deinem Leben nicht stimmt. Dein System möchte, dass Du etwas änderst. Du kannst die ersten kleinen Anzeichen wie Unwohlsein, Müdigkeit, Unzufriedenheit eine

Weile lang ignorieren, doch dann greift das System zu lauteren Signalen. Du wirst krank, zuerst noch harmlos. Du bekommst einen Schnupfen, Halsschmerzen, Erkältung. Hörst Du jetzt nicht, wird es heftiger. Dagegen anzukämpfen, wäre wie Öl ins Feuer gießen. Nur wenn Du die Hinweise Deines Körpers wahrnimmst, kannst Du Verantwortung für ihn übernehmen und aktiv etwas tun, um die Disbalance auszugleichen. Die Aufgabe ist, liebevoll mit Dir und Deinem Körper umzugehen und herauszufinden, welche Botschaft er Dir senden möchte.

Willst Du Deinem Körper etwas Gutes tun, so nutze die Spielerpositionen und Erfolgseigenschaften „Dankbarkeit" und „Leidenschaft" der Siegertaktik. Wer dankbar ist, hat positive Gefühle und kann seine inneren Konflikte, vielleicht sogar Angst in inneren Frieden, Ausgeglichenheit und Balance verwandeln. Gibt es eine bessere Krankenversicherung? Wenn es um Ernährung geht, stehen Nahrungsergänzungen hoch im Kurs. Das ist schon in Ordnung, darüber nachzudenken, doch die beste Nahrungsergänzung ist Freude, Genuss und Spaß am Essen. Wenn Du harmonisch in Balance bist, fließt Deine Energie. Du hast ein gutes Gefühl in Dir, ein Gefühl von Stärke, innerer Freude und Vitalität. Halte immer mal wieder inne und horche in Dich hinein. Wenn Du es nicht spürst, läuft etwas in Deinem Leben nicht ganz rund. Wo hängt die Blockade und warum existiert sie?

Dein Körper kann es Dir erzählen, wenn Du es willst. Doch dazu musst Du die Kommunikation mit Deinem Inneren etwas trainieren. Identifiziere innerlich, wo Blockaden sind. Versuche zu ergründen, warum sie da sind. Begutachte Deine Gedanken und Dein Verhältnis zu Deinem Körper. Ist Deine Haltung der Gesundheit dienlich oder blockiert sie Deine Vitalität? An dieser Stelle wiederhole ich mich bewusst: Du hast nur einen Körper. Alles andere im Leben kommt und geht wieder. Ein steter Fluss von Veränderungen. Nur Dein Körper bleibt und begleitet Dich durch das ganze Leben. Du kannst ihn nicht austauschen, wenn er nicht mehr funktioniert. Also behandle ihn entsprechend liebevoll und aufmerksam.

Gesundheit ist Dein Wohlstandsindikator. Wenn es Dir nicht gut geht, gibt es nichts Wichtigeres, als das zu bereinigen. Kein Job, keine Veranstaltung, kein anderer Mensch. Sportprofis verschreiben sich dann Ruhepausen. Nach einem harten Fußballspiel am Samstag folgt am Sonntag die Regeneration. Das ist wie das Drücken des Reset-Knopfes.

Davon kannst Du lernen: Schalte ab, wenn es Dir nicht gut geht. Wenn Du überfordert bist, klinke Dich aus und fahre Deine Festplatte und Dein System runter. Gönne Dir Auszeiten. Das müssen keine vier Wochen Urlaub sein. Das ist im Alltag ja gar nicht möglich. Aber es kann eine Stunde Spaziergang im Wald sein oder Sitzen am See, wo bedrückende Gedanken und Stress des Alltags verfliegen. Was auch immer Du einbauen kannst, steige bewusst aus dem Hamsterrad aus und schau Dir für einen Moment das eigene Treiben mal von einer unbeteiligten Außenposition an. So wie ein Trainer, der am Spielfeldrand steht. Der sieht auf einen Blick, was nicht stimmt. Wenn Du das regelmäßig machst, gibt Dir das den Fokus auf Deine wichtigen Aufgaben zurück und hebt Deinen Energielevel.

Wie lautet das Erfolgsrezept der Fußballer für Wohlbefinden? Fußballer zeichnet es aus, dass sie die Signale ihres Körpers verstehen. Sie haben eine gesunde Lebensführung auf emotionaler wie auf körperlicher Ebene. Sie pflegen ihren Körper, tun ihm Gutes und arbeiten für und mit ihm. Lerne von den Besten.

Ich zeige Dir, was Fußballer und Spitzensportler für ihre Vitalität, Energie und Gesundheit tun.

Dies sind meine Gesundheitstipps für Sieger:

1. Sorgen und Ängste über Deine Zukunft beeinträchtigen Deine Leistungsfähigkeit, innere Haltung und Konzentration. Sie verursachen negative Energie und Stress. Nutze die Kraft positiver Gedanken.
2. Schließe Frieden mit der Vergangenheit. Lebe im Hier und Jetzt. Genieße den Moment und sei achtsam, was genau jetzt in Deinem Leben wichtig ist.
3. Hast Du Deinen Traumberuf? Wenn nicht, suche und finde etwas, was Dir wirklich Freude macht. Suche Dir Menschen, die Dich unterstützen.
4. Treibe mindestens 20 Minuten am Tag aktiv Sport, am besten draußen in der frischen Luft.
5. Schlafe ausreichend, mindestens sieben bis acht Stunden und gönne Dir auch tagsüber Momente der Ruhe.
6. Höre auf Deinen Körper, entspanne Dich und erlaube Dir Auszeiten. Verwöhne Deinen Körper mit Massagen, Fußpflege, gehe mal in die Therme oder Sauna.
7. Freue Dich über Erfolge, feiere sie, lache, sei dankbar darüber, lobe Dich selbst und nimm das Lob von anderen Menschen von Herzen an. Genieße das tolle, positive Erfolgsgefühl.
8. Denke positiv darüber nach, wie Du Deine Gesundheit fördern und erhalten kannst. Verbanne negative Gedanken und Gespräche über Krankheiten.
9. Reduziere Deinen Stress und Ärger und schaffe Gleichgewicht und Struktur in Deinem Leben. Trenne Dich von Menschen und Dingen, die Dir nicht guttun, Dir keine Freude machen oder Dich runterziehen.
10. Untersuche Deine Angewohnheiten in Bezug auf Süchte: Trinkst Du regelmäßig Alkohol, rauchst Du, hast Du Dein Mobiltelefon immer am Körper? Schalte es ab, wenn Du

Ruhe brauchst, höre auf zu rauchen und zu trinken. Deine Gesundheit wird es Dir tausendfach danken.

11. Trinke jeden Tag mindestens 1,5 bis 2 Liter, am besten Wasser ohne Kohlensäure.
12. Nobody is perfect. Zu großer Perfektionismus verursacht Blockaden. Du behinderst Dich selbst. Perfektion hält dich von Entscheidungen ab, erzeugt Stress und Unzufriedenheit. Sei geduldiger mit Dir und lege Deinen Perfektionismus ab.

Wenn Du Deine Gedanken unter Kontrolle hast, können sie Dich nicht beherrschen. Wer ist bei Dir der Boss? Du gewinnst innere Ruhe und Gelassenheit. Das kannst Du auch sehr gezielt herbeiführen: nutze Entspannungstechniken, Meditationen oder Mentaltrainings. Um eines klar zu stellen: Gesundheit ist nicht die Abwesenheit von Krankheit. Spitzensportler befinden sich immer in einem Spitzenzustand mit hoher Energie.

Wenn Du Spitzenleistungen in Deinem Bereich, in Job, Leben, Beziehungen und Karriere erreichen willst, brauchst Du Körper und Geist auf Spitzenniveau mit Zugang zu allen Energieressourcen. Also arbeite mit Deinem Körper.

Was kannst Du tun? Womit kannst Du sofort beginnen? Erledige alles sofort und kümmere Dich um wichtige Dinge, ansonsten verursachen sie Stress. Höre auf Deinen Körper, investiere Zeit, Aufmerksamkeit und auch Geld in ihn. Wer investiert, bekommt etwas zurück. Das sind in diesem Fall größere Lebensqualität, mehr Freude und Energie. Außerordentliche Erfolge benötigen außerordentliche Energie. Du trägst sie in Dir. Deine Energie und Schaffenskraft sind grenzenlos, wenn Deine gedanklichen Limitierungen nicht mehr da sind. Lasse Deine Energie frei fließen und löse Blockaden. Freue Dich daran, wie großartig Dein Körper funktioniert. Sieh die Dinge, für die Du dankbar bist. Achte und liebe Deinen Körper.

„Gesundheit ist nicht alles, aber ohne Gesundheit ist alles nichts."

(Arthur Schopenhauer, dt. Philosoph)

Regel 7: Liebe, pflege und höre auf Deinen Körper – Du hast nur diesen einen!

Kapitel 8:
Ein Top-Trainer und Coach – das fehlende Puzzleteil

„Ein Trainer ist nicht ein Idiot. Ein Trainer sehen was passieren in Platz."

(Giovanni Trappatoni, italienischer Fußballtrainer, ehemals FC Bayern München)

Über das Thema Trainer und Coach könnte ich ein ganzes Buch füllen. Ich komme aus dem Leistungssport und weiß, wie vielschichtig es ist. Ich möchte die wichtigsten Aspekte herausnehmen: Warum brauchen Stars noch einen Trainer? Welche Aufgaben hat ein Trainer? Was genau trainiert man im Sport? Woran erkennt das Team einen guten Trainer? Warum haben letztendlich Trainer immer die Schuld und werden entlassen? Und was hat das mit Dir zu tun?

Am Stammtisch wird gelästert und selbsternannte Fußball-Experten lassen auch schon mal einen Trainerspruch über eine Spitzenmannschaft wie dem FC Bayern München los: „Die Mannschaft kann jeder trainieren und sie wird dennoch Deutscher Meister!" oder: „Die deutsche Nationalelf hätte auch ohne Trainer 2014 die WM gewonnen." Von außen kann man viel erzählen, doch ob das wirklich stimmt, kann letztendlich nicht bewiesen werden. Solche Statements rücken die Aufgaben eines Trainers in den Blickpunk.

Man stellt sich die Frage, warum Stars überhaupt einen Trainer brauchen. Meiner Meinung nach ist das Bewusstsein für die Schlüsselposition eines Trainers bei uns im deutschsprachigen Raum nicht vorhanden. In Amerika ist das anders: In Sportarten wie Football, Eishockey oder Baseball ist es völlig normal, dass einer Mannschaft ein Heer von Trainern zur Verfügung steht. Jürgen

Klinsmann, von 2004 bis 2006 Trainer der deutschen Fußball- Nationalmannschaft, lebt seit dem Beginn der 2000 er Jahre in den USA. Als er zum Coach des DFB-Teams berufen wurde, revolutionierte er den deutschen Trainerstab und installierte neben dem schon klassischen Co-Trainer und Torwarttrainer auch noch einen Fitness- und Rehabilitationstrainer sowie einen Mentalcoach.

Was im US-Sport seit langem üblich ist, hat sich in Deutschland erst nach der Klinsmann-Ära, also nach 2006 in einigen Vereinen durchgesetzt. Doch dass Profi-Spieler auch mit einem Mentaltrainer zusammenarbeiten, ist noch nicht selbstverständlich. Ich weiß aus eigener Erfahrung, wie wichtig ein Mentaltrainer ist und ich sehe, wie viel Potential bei Sportlern nicht ausgeschöpft wird.

Warum braucht ein erfolgreiches Team Trainer? Spezifizierte Trainer haben einen spezifizierten Job. Der Fitnesstrainer arbeitet nach zeitlicher Anweisung des Cheftrainers ein Konzept aus, das das Team auf Spitzenniveau bringen soll. Er arbeitet eng mit Physiotherapeuten an der Rehabilitation und Rekonvaleszenz der Sportler zusammen. Das ist nur ein Aspekt. Grundsätzlich kann man sagen, je mehr Coaches ein Team hat, desto individueller und gezielter wird trainiert und betreut. Jetzt könnte man daraus schließen, dass noch mehr Spezialtrainer noch besser für den Erfolg wären. Warum so viele und nicht noch mehr?

Zwei Argumente sprechen dagegen:

1. Die Kosten innerhalb des Vereins würden massiv steigen und das Kosten-Nutzen-Verhältnis würde aus der Balance geraten

2. wenn jeder einen eigenen Coach hätte, könnten persönliche Interessen gegenüber dem übergeordneten Teaminteresse in den Vordergrund geraten. Um das zu verhindern, legt man sich im Spitzenfußball auf drei bis sechs Trainer fest. Im Tennissport ist das anders. Dort hat jeder Topspieler in der Weltspitze natürlich seinen eigenen Trainer, oft sogar zwei bis drei.

Dass in der jugendlichen Phase eines Sportlers die Fähigkeiten durch Trainer massiv gefördert werden, ist unumstritten. Das sieht man schon in der Schule. Wir wissen alle ganz genau, welcher Lehrer es geschafft hat, Wissen zu vermitteln. Die mochten wir und wir haben uns verstanden gefühlt. Die waren es auch, die uns, neben unseren Eltern, für unseren Lebensweg geprägt haben. Von ihnen haben wir Werte, Gedanken und Muster übernommen, sie haben uns mitgeformt.

Spinne ich den Gedanken weiter, muss ich noch mal auf die Frage zurückkommen, warum ein erwachsener Profisportler, der sehr gut in seinem Sport ausgebildet ist, einen oder mehrere Trainer braucht. Der Trainer hat übertragen die gleiche Funktion wie ein Ressortleiter in einem Unternehmen. Er ist für die Leistung eines gesamten Teams zuständig. Dazu bedient er sich wiederum verschiedener Helfer wie einem Abteilungsleiter, der Co-Trainer, besondere Fachkräfte, also die Fitnesstrainer, Torwarttrainer und Mentaltrainer. Im Fußball leitet der Cheftrainer selten das Training selbst. Er delegiert es an seinen Co-Trainer und nimmt die Beobachterposition ein. Die Aufgabe des Cheftrainers ist die Gesamtkoordination des Teams. Er erarbeitet das Konzept, die Strategie und die gemeinsame Vision. Er entwirft den Plan, um vom Ist-Zustand zum definierten Ziel zu kommen, steuert und überwacht aufmerksam den Prozess. Seine Helfer setzen die Vorgaben im Detail um.

Trainertypen gibt es so viele wie Unternehmertypen. Jeder hat seine Vor- und Nachteile. Bei einer Mannschaft mit Topstars wie dem FC Bayern München setzt man selten einen jungen und schwungvollen Neuling als Trainer ein. Das Risiko, dass die Stars ihm nicht genügend Achtung und Respekt schenken, wäre zu groß. Wahrscheinlich würden sie ihm auf der Nase herumtanzen, ihn nicht ernst nehmen, vor allem, wenn Probleme und Unstimmigkeiten auftauchen. Darum gibt es dort meistens erfahrene, bewährte, erfolgreiche Trainer, die bewiesen haben, wie gut sie sind. Mal ist das ein Kumpel-Typ, mal eine Vaterfigur, mal ein Motivator, ein Taktiker oder Stratege, ein Machtmensch, fast wie ein Diktator.

Persönlichkeitsanalysen sind auf Spitzenniveau wichtig. Arbeitet der Cheftrainer sehr autoritär, so macht es Sinn, ein Bindeglied zwischen Trainer und Spieler einzusetzen. Das kann der Co-Trainer oder Teamkapitän sein. So kann durch den sehr gezielten Aufbau des Trainerteams die Homogenität zwischen den unterschiedlichsten Charakteren hergestellt werden. Die ist unabdingbar für den Gesamterfolg.

Im Trainer selbst muss innerlich brennen, was er bei seinen Spielern entzünden will. Jürgen Klinsmann sagte nach der WM 2006, dass er den Job als DFB-Trainer nicht weiter ausüben könne, weil er ausgebrannt sei. Kein Wunder, wenn man sich anschaut, wie viel Energie er seit 2004 bis zur Weltmeisterschaft 2006 in das Nationalteam gesteckt hat. Er brauchte Zeit, um aufzuladen und zu regenerieren. Klinsmann stellte eindrucksvoll unter Beweis, dass ein guter Coach der Leader ist. Einer, der vorlebt, was er von seinen Schützlingen erwartet. Ein guter Trainer muss seine Mannschaft zusammenhalten, sie zu Spitzenleistungen motivieren und sie begeistern.

Siehst Du die Parallelen zu einem erfolgreichen Unternehmer? Auch er hat die Aufgabe, seine Mitarbeiter bei Laune zu halten. Im Sport wie im Business, ja, sogar in einer Familie und in einer Beziehung geht es immer um begeistern und motivieren. Es ist einzig dem Geschick des Coaches zuzuschreiben, wie er die Ziele setzt und sie seinem Team vermittelt. Er gibt keine Befehle, sondern überzeugt. Ein guter Trainer nimmt die Anregungen und Vorschläge seines Teams wahr und berücksichtigt sie in seiner Strategie. Das heißt nicht, dass er als Verantwortlicher entsprechend den Wünschen seiner Mannschaft vorgehen muss, aber die Wünsche können zur objektiven Entscheidungsfindung beitragen. Nur wenn die Chemie im Team zwischen allen stimmt, stellt sich auch die Mannschaft im Krisenfall hinter den Trainer und sie stärken ihn in seiner Position. Das passiert nur dann, wenn der Trainer es verstanden hat, Vertrauen und Achtung aufzubauen.

Im Fußball ist der Trainer bei Misserfolgen der Mannschaft immer das schwächste Glied. Schon nach ein paar Niederlagen beginnt das interne Hauen und Stechen, denn es geht um Jobs und Existenzen. Es ist menschlich, dass man Fehler zuerst im Außen sucht. Es ist ja unangenehm, die Fehler bei sich selber zu suchen. So gerät erst mal der Trainer ins Kreuzfeuer der Kritik und muss, wenn sich das Erfolgsblatt nicht zeitnah zum Positiven wendet, seinen Hut nehmen. Fußball ist schnelllebig und der Stuhl, auf dem ein Trainer sitzt, ist ein Pulverfass. In der Fußball-Bundesliga passiert das pro Saison acht bis zehnmal in den verschiedenen Mannschaften.

Dass es hier manchmal nicht mit rechten Dingen zugeht, habe ich selber erleben müssen. Als 21-jähriger Torwart stand mir beim FSV Salmrohr eines Tages ein ganz besonderes Spiel bevor. Wir sollten beim ehemaligen Bundesligisten Fortuna Düsseldorf in einem großen Stadion vor Tausenden von Zuschauern auflaufen. Hätte ein Traum werden können, wäre da nicht vorher noch der unsägliche Freitag gewesen.

Ich war voll fit, ließ mich vom Physiotherapeuten noch mal massieren und die Muskeln lockern. Unser Physiotherapeut Jörn, ich mochte ihn. An diesem Tag unterbrach er und schloss die Tür: „Andreas, wenn Du am Sonntag das Gefühl hast, dass irgendetwas nicht rund läuft und Du merkst, dass wir eine Klatsche bekommen, stelle Dich verletzt und lasse Dich auswechseln." Heeh? Was hat er da gesagt? Ich konnte nicht glauben, was ich gehört habe und nahm es auch nicht ernst. Aber nach den ersten zehn Minuten erzielte Düsseldorf siegessicher ein starkes 2:0.

Wir, im Tabellenkeller, hatten nicht den Hauch einer Chance. Dann fiel mir siedend heiß ein, was Jörn mir empfohlen hatte. „Stell´ Dich verletzt und lasse Dich auswechseln." Ich war zu ehrgeizig, das zu tun und blieb, wo ich war: „Ok, auch wenn hier einige von uns das Spiel nicht gewinnen wollen, dann präsentiere wenigstens ich mich und zeige, was ich draufhabe." Das war ein Fehler. Ein Torwart kann ein Spiel nicht alleine gewinnen. Wir verloren 8:0, eine desolate Leistung und Blamage auf ganzer Linie.

Es gab wenig tröstende Worte, nur der Kommentar des Düsseldorfer Spielführers Uwe Weidemann, ehemaliger Bundesligaspieler: „Da hat aber heute was nicht gestimmt." Das hatte Konsequenzen. Unser Trainer Siegfried Melzig trat nicht mit uns die Heimreise an. Teile des Vorstandes hatten schon vor dem Spiel Kontakt zu einem neuen Trainer aufgenommen. Was war passiert? Einige unserer Spieler hatten sich ein paar Tage vorher gegen Trainer Melzig ausgesprochen und dementsprechend für dieses katastrophale Ergebnis gesorgt. Ich hatte nichts mitbekommen und sogar die gut gemeinte Warnung des Physiotherapeuten in den Wind geschlagen.

Dann goss ich in meinem jungen Verständnis von Gerechtigkeit noch Öl aufs Feuer und äußerte meine Entrüstung am darauffolgenden Dienstag beim Training. Damit war ich sowohl beim neuen Trainer als auch bei der Vereinsführung unten durch. Ein Eigentor. Ich hatte versucht, die Welt zu retten, aber sie war schon längst untergegangen. Das Beispiel zeigt die Macht, die von Spielern ausgehen kann.

Was haben Trainerposition und Spielerrolle mit Dir und Deinem Leben zu tun? Ich möchte, dass Du Dich mal als Spieler siehst. In Deinem Leben gibt es die Bereiche Persönlichkeit, Beziehungen, Fitness und Gesundheit, Job und Finanzen. Ein Fußballer, der noch nicht auf Spitzenniveau ist, trainiert mehr als andere. Er legt Extraschichten ein und nutzt alle Ressourcen, um sich zu verbessern. Nehmen wir mal an, Du bist dieser Spieler.

Schauen wir uns dann mal an, was die besten Profispieler genau tun? Was kannst Du persönlich von ihnen lernen, um Dich zu verbessern? Was unterscheidet Thomas Müller, Lionel Messi, Christiano Ronaldo, Bastian Schweinsteiger und Manuel Neuer von den Amateuren? Diese Spieler müssten nicht mehr besser werden. Doch sie wollen es, denn sie wissen, wenn sie aufhören zu lernen und sich weiterzuentwickeln, aufhören die Besten zu sein. Eine der herausragenden Eigenschaften ist ihre Fähigkeit, Kritik von außen in Motivation zu verwandeln. Sie nehmen Kritik nicht persönlich, sondern sind dankbar für jeden Impuls. Er gibt ihnen Informationen und Ansatzpunkte, die sie nicht sehen.

Sie nehmen sich Coaches, die sie unterstützen, verbessern, schulen und trainieren. Natürlich handelt es sich hier um Topstars, die es sich leisten können, für viel Geld Coaches einzustellen. Sie haben alle einen Manager, der die komplette Strategiepositionierung und ihre Beratung übernimmt. Das sind hochkompetente Coaches an ihrer Seite. Profisportler legen alles außerhalb ihrer sportlichen Leistung in die Hände ihres Coaches. Der plant, steuert und nimmt sich wiederum Kompetenzberater wie Finanzplaner, Medientrainer, Marketingprofis, Webdesigner, Fitnesstrainer dazu. Ein exzellenter Coach hilft dem Fußballer dabei, sich selbst als Marke aufzubauen.

Warum ist das wichtig? Die aktive Zeit eines Sportlers im Vergleich zu der Zeit einer normalen Berufstätigkeit ist begrenzt. Mitte dreißig ist die aktive Fußballerzeit in der Regel vorbei. Nur Ausnahmespieler sind länger aktiv. Das bedeutet, in diesen fünfzehn Jahren muss alles getan werden, um ein finanzielles Polster aufzubauen und das Fundament für die restlichen Lebensjahre zu legen. Wenn ein erfolgreicher Profispieler es versteht, zu einer Marke zu werden, wird er auch nach der aktiven Zeit als Trainer, Werbeträger, Manager im Interesse der Aufmerksamkeit stehen. Wenn nicht, muss er sich einen Job suchen, womit er seinen Lebensunterhalt bestreiten kann.

Berater und Coaches haben das Ziel, den Sportler in der Öffentlichkeit aufzubauen. Ein Lionel Messi wurde nicht in den Fußballolymp geboren. Sein Image war harte Arbeit eines Teams hinter ihm. Er konzentrierte sich auf das Fußballspielen, alles andere machten andere. Was kannst Du daraus lernen? So, wie hinter jedem Profifußballer ein Berater, Mentor oder Coach steht, steht auch hinter jedem erfolgreichen Unternehmer eine unterstützende und inspirative Figur. Sei sicher, niemand schafft den großen Erfolg alleine. Auch Du musst es nicht alleine schaffen. Nimm Dir einen guten Coach, der Dich berät.

Es geht nicht um Ausbildung, es geht um Begleitung, Impulse geben, AHA-Effekte erzeugen, andere Sichtweisen aufzeigen und einen neutralen Blick von außen bekommen. Das kann Dir niemand aus der Familie oder unter Freunden geben. Die sind immer subjektiv geprägt, wollen nicht verletzen und scheuen manchmal ehrliche, offene Worte.

Jede neue Lebensphase benötigt einen Coach, denn jede Lebensphase hat neue Herausforderungen. Mal ist es wichtiger, mentale Fähigkeiten zu trainieren. Zum Beispiel, wenn Du in einem Leistungstief bist oder Probleme im persönlichen oder beruflichen Umfeld hast. Ein anderes Mal kommt es auf rhetorische Fähigkeiten an, die entwickelt werden müssen. Egal, was es ist, der Coach kann von außen neutral beurteilen, was nötig ist und wird mit Dir besprechen, wie Du es trainieren kannst. Grundsätzlich geht es darum, zu wachsen. Was nicht wächst, stirbt. Aufgabe eines Coaches ist „fördern und fordern!" Nur so kann der Coachee wachsen.

Wenn Spieler wie Bastian Schweinsteiger gefördert und gefordert sind, verbessern sie sich. Egal welches Level, man kann sich immer weiter verbessern. Das gilt nicht nur auf dem Fußballplatz, sondern in allen Lebensbereichen. Wenn Spieler oder Trainer Schwächen sehen, suchen sie passende Unterstützung. Wenn sie ihre Stärken ausbauen wollen, ebenso. Die Grundidee ist Wissenstransfer. Du kannst das auch. Lerne von Menschen, die es besser können als Du. Solchen, zu denen Du aufschauen kannst. Viele Spieler wollen nach ihrer aktiven Zeit selbst Trainer werden. Ein guter Spieler muss aber nicht zwangsläufig ein guter Trainer werden. Dazu braucht er Fähigkeiten, die zuvor nicht beansprucht wurden, wie etwa Wissen verständlich und authentisch an andere zu vermitteln.

Wenn Elitekicker und Topsportler ebenso wie erfolgreiche Unternehmen mit hochkarätigen Coaches an ihrer Seite Erfolg haben, empfiehlt sich das doch für jeden Menschen, der mehr aus seinem Leben machen will, oder? Wenn Du in ein Fitnessstudio gehst, hältst Du dann Ausschau nach einem Trainer, der Dich unterstützt? Oder versuchst Du, Dir alles alleine zu erarbeiten, vom Trainingsplan angefangen bis zur Wahl der richtigen Geräte und Gewichte? Wie mühsam.

Alles was Du brauchst, ist für Deine persönliche Lebenssituation ein zu Dir passender Coach. Ihr besprecht Deine Ziele, Projekte und Visionen. Dein Coach definiert mit Dir den Weg, wohin Du möchtest. Er berät Dich, fordert Dich, korrigiert Dich, wenn Du das Ziel aus den Augen verlierst. Du musst nicht die gleichen Fehler machen wie andere Menschen vor Dir. Ein Coach kann Dich ganzheitlich begleiten. Das macht Dich schneller erfolgreich und Du gewinnst Sicherheit in allem, was Du tust.

Ein Beispiel: Wenn Du wie der preisgekrönte Bäcker ein bestimmtes Brot backen willst, brauchst Du sein Rezept. Vielleicht musst Du es ein paar mal ausprobieren, aber wenn Du Dich genau an alle Einzelheiten hältst, ist Dein Brot ähnlich gut. Dazu musst Du kein großer Bäckermeister sein. Du hast ja das Rezept, das der preisgekrönte Bäcker lange entwickelt und verfeinert hat. Diese Arbeit kannst Du Dir sparen, indem Du sein Erfolgsrezept nimmst. Macht das deutlich, wie sinnvoll ein guter Coach ist? Wenn Du jemanden mit in Dein Boot nimmst, triffst Du die Entscheidung für den kurzen erfolgreichen Weg.

Nonsens ist es, sich von einem Freund oder Familienmitglied coachen zu lassen. Darin steckt jede Menge Sprengstoff und Konfliktpotential. Auf diese Explosionen kannst Du verzichten. Einen Coach kannst Du feuern. Deine Geschwister, Deinen Partner oder Vater nicht. Wichtig ist, dass Du, bevor Du einen Coach nimmst, genau definierst, in welchem Lebensbereich Du Dich weiterentwickeln willst. Es gibt Coaches, die arbeiten ganzheitlich und welche, die haben sich auf bestimmte Bereiche spezialisiert. Dein Coach muss auch nicht in Deiner Nähe leben.

Moderne Medien wie Skype machen eine vertrauensvolle Zusammenarbeit über weite räumliche Distanzen möglich. Meine Kunden sind im gesamten europäischen Raum verteilt. Viele von ihnen habe ich nie in Natura gesehen, sondern nur auf meinem Bildschirm. Das spielt keine Rolle. Wenn Du Dir große Ziele gesetzt hast oder wenn Du gerade in einer Sackgasse steckst, oder das Gefühl hast, im Hamsterrad zu rennen, oder wenn Du ein Problem hast, das Du allein nicht lösen kannst, rate ich Dir zu einem Coach. So, wie es mit einem Personaltrainer leichter ist, sich fit zu halten oder abzunehmen, ist es auch mit einem Coach einfacher, sein Leben positiv zu verändern.

Dies ist eines der größten Erfolgsgeheimnisse. Viele kennen es nicht und sehen vordergründig die hohen Kosten, nicht aber den Nutzen. Bei eintretenden Erfolgen sind die Kosten um ein Vielfaches schnell wieder reingeholt. Mentoren und Coaches fallen nicht auf. Sie werden erwähnt, wenn Menschen einen Oscar bekommen, den Preis für ihr Lebenswerk erhalten oder große Projekte erfolgreich beendet haben. Dann dankt man ihnen offiziell, denn ohne die Berater hätten sie das nicht geschafft.

„Ein Trainer ist so wichtig wie der Pinsel beim Malen."

(Aljona Savchenko, dt. Eiskunstläuferin, Welt- und Europameisterin)

Regel 8: Lerne von den Besten, nimm Dir einen Coach.

Kapitel 9:
Trainiere für Deinen Traum

„Vergiss nicht, Glück hängt nicht davon ab, wer Du bist oder was Du hast. Es hängt davon ab, was Du denkst."

(Dale Carnegie, US-amerikanischer Kommunikations- & Motivationstrainer)

Es gibt Situationen, da trainierst Du wie ein Wahnsinniger und schaffst es trotzdem nicht, ans Ziel zu kommen. Bist Du zum Beispiel 1,50 m groß und Dein Traum ist es NBA-Star in der amerikanischen Basketball-Liga zu werden, ist das schlichtweg unmöglich. Dann solltest Du Deinen Traum hinterfragen und ihn korrigieren.

Doch für alle anderen gilt: Ein Star wird nicht geboren. Ein Star entwickelt sich erst. Ein begnadeter Fußballer muss jahrelang dafür trainieren, ein Unternehmer muss viel tun, um erfolgreich zu sein, ein Topverkäufer übt seine Verkaufsgespräche wieder und wieder, bis er sie beherrscht. Siehst Du, was die erfolgreichen in Deinem Business anders machen? Ich bin sicher, sie arbeiten ständig an sich selbst und hören nie damit auf. Sie lechzen danach zu lernen, wollen sich weiterbilden und entwickeln. Menschen mit besonderen Fähigkeiten wie Topfußballer, Elitesportler, gute Verkäufer und spezialisierte Fachkräfte werden heute überall händeringend gesucht.

In der heutigen Zeit stellen sich Menschen manchmal die Frage nach lohnenden und renditeträchtigen Investments. Meine Antwort: Investiere erst mal in Dich selbst. Wenn Du selbst und Deine Leistung nicht absolut hochwertig und vertrauenswürdig sind, sind es andere Investments auch nicht. Alle Prozesse im Sport und im Leben unterliegen der folgenden Struktur: 20 Prozent ist Strategie, 80 Prozent sind Persönlichkeit und Fähigkeiten wie Leidenschaft, Disziplin, Ausdauer. Wenn Du beispielsweise im Verkauf arbeitest, machen Verkaufstaktiken, Leitfaden, Chronologie, Produkttechnologie nur 20 Prozent aus. Auch im Sport ist Erfolg nur zu einem geringen Teil durch Strategien bestimmt. Nicht umsonst bezahlen Spitzenvereine Millionen für die Spitzenspieler, die sie einkaufen, denn der Erfolgt hängt von der Spielerpersönlichkeit ab. Es beginnt beim Denkansatz, geht über die Gewohnheiten bis hin zum Charakter des Einzelnen.

Verkäufer und Vertriebsorganisationen versuchen mit hohem Aufwand, Strategien zu verbessern und zu optimieren, anstatt sich mit dem viel wichtigeren Anteil der 80 Prozent auseinanderzusetzen. Statt zu überlegen, wie sie die Verkäuferpersönlichkeiten schulen und trainieren können, erarbeiten sie bis ins letzte Detail Verkaufsleitfäden und Produktbeschreibungen, um die Alleinstellungsmerkmale herauszuarbeiten. Klar ist das wichtig, aber wenn dann ein Verkäufer einem Kunden gegenübersteht und sich nicht authentisch bewegen, gut argumentieren, nicht begeistern und faszinieren kann, ist der Aufwand in den Sand gesetzt.

In einer Welt, in der USP, also das Alleinstellungsmerkmal eines Produktes oder einer Dienstleistung austauschbar ist, beeinflusst die individuelle Persönlichkeit des Vertrieblers sowie Zusatznutzen und Emotionen die Kaufentscheidung des Kunden. Wenn ein Verkäufer einzigartig ist, macht er das zu verkaufende Produkt erstrebenswert. Darum ist es wichtig, authentisch zu sein. Arbeite heraus, was Dich ausmacht. Mein Tipp: Lerne von den Besten, aber bleibe immer Du selbst!

Für Sportler ist es enorm wichtig zu wissen, wie er spielen muss, um zu gewinnen. Ein Fußballer muss seine Stärken kennen. Das Team muss wissen, wie Mitspieler und Gegner funktionieren. Je mehr Wissen vorhanden ist, desto höher die Erfolgschancen. Was für Fußball gilt, kannst Du auf alle Bereich des Lebens übertragen. Wissen ist unser größter Reichtum. Richtig eingesetzt führt es zu persönlicher und finanzieller Unabhängigkeit. Mit Wissen und Erfahrung verdient man bares Geld. Dabei meine ich mit Wissen nicht das klassische Bildungswissen aus Schule und Universität. Das, was Kindern und Jugendlichen jahrelang eingepaukt wird. Vielmehr geht es darum, herauszufinden, welche Ressourcen und Potentiale in jedem von uns stecken. Wie wir Menschen begeistern und miteinander kommunizieren können. Auch, wie wir uns jederzeit in einen guten mentalen Zustand bringen können, anstatt deprimiert rumzuhängen, wenn mal etwas nicht klappt.

Wir entwickeln gerne Technologien, Produkte, Dienstleistungen. Im Entwickeln sind wir Weltmeister. Aber nur wenige Menschen haben den Willen, sich selbst weiter zu entwickeln. Menschen, die sich weiterbilden, sind Macher. Sie schreiten voran, lernen, werden zu Experten. Erfolgreiche Menschen wollen Spuren hinterlassen und etwas erreichen. Dafür sind sie auch bereit, etwas zu tun. Ihr Glaube, Erfahrung, Wissen führt sie auf Dauer zu Weisheit. Franz Beckenbauer ist so ein Fußballweiser, ein Experte, auf dessen Meinung jeder vertraut. An seinem Wissen rund um das Thema Fußball hat er jahrzehntelang gearbeitet. Steve Jobs hat mit seiner vorausschauenden Vision nicht nur Experten-, sondern Legendenstatus erreicht. Schon zu Lebzeiten. Michael Jackson glaubte schon als Kind an seinen großen Traum. Er hatte das nötige Talent und eignete sich das Können an, das ihn zum King of Pop machen sollte.

Die Basis eines jeden Erfolgs ist zwar Wissen, aber es gewinnt nicht derjenige, der das meiste weiß, sondern derjenige, der das richtige weiß. Wissen alleine genügt nicht, es muss auch angewandt werden. Eine erfolgreiche Karriere ist nichts Anderes als permanentes Lernen und Wachsen. Im Fußball gibt es die harte Vorbereitungsphase auf die Saison, die nicht unbedingt beliebt bei den Spielern ist. Der Trainer denkt sich Strategien und Programme aus, um möglichst gezielt auf das Ziel vorzubereiten. Entsprechend hart ist das Training, dessen Ausrichtung es ist, fit für die bevorstehende Saison zu werden. Es hat eine hohe Intensität, führt zwar an die Belastungsgrenzen, macht aber die Sportler nachhaltig wettbewerbsfähig.

Felix Magath, ehemaliger Trainer von FC Bayern München und VFL Wolfsburg, ließ für das Saisonvorbereitungstraining in Niedersachsen einen 10 Meter hohen Hügel aufschütten, auf dem er sein Team rauf und runter scheuchte. Der Hügel des Leidens. Die Spieler haben ihn gehasst, aber das harte Training, das Schuften und der Schweiß haben sich gelohnt. Magaths Team wurde Deutscher Fußballmeister. Über diese Trainingsmethode lässt sich diskutieren, sie trägt jedoch eine klare Botschaft: Je mehr Du an Dir arbeitest, desto mehr ist Dir der Sieg sicher. Übertragen auf Dein Leben: Welcher Trainingsmethoden bedienst Du Dich? Wie arbeitest Du an Dir? Was lernst Du?

Marc Aurel sagte: *„Wer mit der Weiterbildung aufhört, um Geld zu sparen, könnte genauso gut seine Uhr anhalten um Zeit zu sparen."* Wenn Du das Ziel hast, ein Profi, Spezialist, Experte in Deinem Business, Job oder Leben zu werden, kommst Du ums harte Training nicht herum. Du musst Erfolgshandlungen immer und immer wiederholen, um auf Dauer zum Erfolg zu kommen!

Es geht darum, Deine Stärken zu stärken und Deine Schwächen zu schwächen. Das kannst Du nur, wenn Du immer besser wirst. Zwar ist es unangenehm, sich seine Schwächen vor Augen zu halten, vor allem dorthin zu schauen, wo es unangenehm ist. Aber schau aufmerksam hin: Dort liegt das Gold vergraben, der Schatz, der Dich weiterbringt. Schaffst Du es, diese unangenehmen Blockaden aufzulösen, hast Du einen großen Schritt in die richtige Richtung getan. Nun ist ja Dein Trainingsplatz nicht der Rasen, eher Dein Office, Dein Zuhause oder Dein Unternehmen. Trainierst Du regelmäßig für Deinen Traum? Arbeitest Du hart daran? Was kannst Du verbessern?

Mein Tipp: Investiere mindestens fünf Prozent Deines Einkommens in Deine Weiterbildung. Lege einen jährlichen Etat fest, den Du Deinem persönlichen Bildungsfonds zukommen lässt. Ohne Fortbildung veraltet unser Wissen innerhalb kurzer Zeit. Wenn Du im IT-Bereich oder in der Elektrotechnologie bist, geht´s noch schneller. Darum musst Du entweder mit der Zeit gehen, oder Du verschwindest mit der Zeit von der aktuellen Bildschirmfläche. Alle, die über zeitgemäßes Wissen verfügen und es anwenden, beherrschen ihre Arbeit besser als die, die sich nur sparsam oder gar nicht weiterbilden. Erfolgreiche Menschen passen sich nicht nur an, sondern sorgen mit Ideen und Innovationen für neue Trends, trotz des rasanten Tempos unserer Zeit: siehe Steve Jobs mit Apple, Mark Zuckerberg mit Facebook, Ray Kroc mit McDonalds.

Wissen hat etwas mit Neugier zu tun. Wer neugierig ist, kann gar nicht anders, als ständig zu lernen. Bewahre Deine Neugier, sie ist das natürliche Bedürfnis für inneres Wachstum. Für mich persönlich ist das der Sinn meines Lebens: Wachstum und Entwicklung. Für alle, die glauben sie wissen schon genug und brauchen nichts mehr zu lernen, dürfen an dieser Stelle aufhören zu lesen.

Wenn Du aber weiterliest, gehe ich davon aus, dass Dir Deine Weiterentwicklung wichtig ist. Es kommt wirklich nicht darauf an, was Du lernst. Entscheide Dich für die Richtung, die Dich leidenschaftlich interessiert und Dir Spaß macht. Umgebe Dich mit Menschen, die auf Gebieten, die Dich interessieren, mehr wissen als Du. Sportler machen das so. Beherrscht Bastian Schweinsteiger einen Trick, den Thomas Müller nicht kann, bittet Müller ihn darum, ihm den Trick zu zeigen. Profis lernen von Profis. Menschen, die Experten werden möchten, können von anderen Experten lernen.

Fußballer trainieren sehr vielfältig. Sie trainieren nicht nur auf dem Fußballfeld. Sie gehen in den Kraftraum, zum Ausdauer- oder Regenerationslauf in den Wald, analysieren in Teambesprechungen, schauen sich Videos über sich selbst und ihre Gegner an. Sie absolvieren Medientraining, Mentaltraining, lesen Biografien erfolgreicher Sportler und Fachzeitschriften, trainieren öffentlich oder unter Ausschluss der Öffentlichkeit. Sie trainieren individuell, üben ihre Spielposition, allein und zusammen mit der Mannschaft. So variantenreich ist das Training im Fußball, aber auch in anderen Sportarten. Jeden Tag, jede Woche, jeden Monat.

Der Sport hat perfektionierte Trainingsmethoden. Im Leben und im Business nutzen wir das in der Regel nicht. Aber es wäre sinnvoll. Wie vielschichtig ist Dein persönliches Training? Was konkret kannst Du trainieren, um besser und erfolgreicher zu werden? Welche Trainingscamps, die Dich weiterbringen, könntest Du absolvieren?

Die einfachste Methode zur Weiterbildung ist Lesen. Das kannst Du völlig zeit- und ortsunabhängig machen. Möchtest Du Champion in einem bestimmten Bereich werden? Dann lies Biografien der Besten und studiere, wie sie den Weg zur Spitze geschafft haben. Je mehr Du liest, desto mehr verkürzt Du Deinen Erfolgsweg. Wissen macht schneller. Der Durchschnitts-Deutsche liest laut Untersuchungen ein einziges Buch pro Jahr. Was kannst Du für einen Wissensvorsprung herausarbeiten, wenn Du ein Buch pro Monat oder gar ein Buch pro Woche liest? Liest Du jeden Tag eine halbe Stunde, sind das pro Woche schon 3,5 Stunden. In einem Jahr hast Du mehr als 180 Stunden gelesen, das entspricht etwa 20 bis 30 Büchern. Das ist ein Wissensvorsprung gegenüber dem Durchschnitt der Bevölkerung von über 2.000 Prozent.

Es gibt unglaublich gute Literatur in allen Bereichen, und dank der Rezensionen im Internet ist es ganz einfach, für Dich passende Bücher zu finden. Bücher sind ideal, um sich mit neuen Themen auseinanderzusetzen. Du fährst viel mit dem Auto? Nutze diese Zeit. Was hältst Du davon, wenn Du Deinen Wagen zur rollenden Universität machst? Anstatt sich die negativen Nachrichten aus dem Radio reinzuziehen, kauf Dir Hörbücher. Höre statt zu lesen. Ein Hörbuch geht tief ins Unterbewusstsein. Es gibt fast alle guten Bücher als Audiodatei. Ob Du auf dem Weg ins Büro oder nach Hause bist, zum Kunden fährst oder die Kinder vom Kindergarten abholst, hörend lernen kannst Du überall. Es gibt hervorragende Hörbücher für Verkäufer, motivierende, die Dich auf ein wichtiges Verkaufsgespräch einstimmt und Deinen Erfolg direkt positiv beeinflusst. Es gibt Sachbücher von erfolgreichen Managern und tolle Biografien von Persönlichkeiten, die Dir ihre Erfolgsstrategien verraten.

Ein anderer Weg, schnell viel Wissen aufzunehmen sind Webinare und Videos auf YouTube. Wenn Du zu einem interessanten Thema etwas wissen möchtest, gib´ bei Google den Suchbegriff ein und Du bekommst in Sekundenschnelle etliche Quellen der Informationen. Nie in der menschlichen Geschichte konnten wir so schnell auf so viel Wissen zugreifen. Nutze das!

95 Prozent aller Menschen handeln und leben nach dem gleichen Schema, sind Durchschnitt. Ihre Ergebnisse, Erfolge oder Misserfolge sind auch Durchschnitt, gelten aber als normal. Der Standard. Meine Frage: Möchtest Du normal oder erfolgreich sein? Durchschnittlich oder herausragend? Deine Trainings, Deine Weiterbildung, Deine Persönlichkeitsentwicklung machst Du für Dich selbst, für niemanden anders. Du arbeitest für Dich, um auf die Überholspur zu kommen und mit hohem Tempo in Richtung Erfolg zu fahren. Dazu braucht es, im übertragenen Sinne, Kraft, Tempo und der Tank sollte voll sein.

Jahrelang habe ich bei den besten Trainern und Speakern der Welt Seminare und Coachings besucht und viel von ihnen lernen dürfen. Ob die Trainings in London, München oder Berlin waren, ich bin hingefahren. Ich wollte diese erfolgreichen Menschen treffen, um von ihnen zu lernen. Das kannst Du auch machen! Meine Empfehlung ist, drei bis fünf Seminare im Jahr zu besuchen.

Manche Menschen sind nicht bereit, in ihre Fortbildung und in persönlichkeitsbildende Seminare zu investieren. Für sie ist ihr Chef dafür verantwortlich, sie weiterzubilden. Es ist ihnen schlichtweg zu teuer. Ich kann das nicht verstehen, denn wer glaubt, Weiterbildung sei teuer, sollte mal ausrechnen, was Dummheit kostet.

Während manche Menschen gar nichts machen, können andere nicht genug von Seminaren bekommen. Sie hungern nach Mehr. Mit jedem Wort des Referenten wächst Ihr Wissensstand, ihr Auftreten, ihre Persönlichkeit und ihre Begeisterung. In den letzten vier Jahren habe ich über 60.000,- Euro in meine persönliche Weiterbildung investiert. Was ich gelernt habe, hältst Du in Deinen Händen. Heute gebe ich Seminare und halte Vorträge, um Menschen daran teilhaben zu lassen. Mein Liberty Day - Tag der Freiheit® ist ein preiswerter Einstieg, den jeder sich leisten kann. Das ist mir wichtig.

Möchtest Du tatsächlich zu den Besten in Deinem Bereich gehören? Dann setze auf das Fachwissen internationaler Toptrainer. Sauge deren Wissen auf und adaptiere es. Bei einem mehrtägigen Seminar vertiefen sich die Informationen um ein Vielfaches, weil Du auf allen Sinneskanälen die Botschaften empfängst und verarbeitest. Übungen integrieren es tief im Innern und bauen Brücken zur direkten, praktischen Anwendung in Deinem Alltag.

Das kann ein Buch leider nicht. Während Du hier visuell Informationen aufnimmst, erlebst Du in einem Seminar visuelle, haptische, akustische, olfaktorische und manchmal auch gustatorische Reize, empfangen auf allen Kanälen. Das speichert sich in Deinem Unterbewusstsein und ist jederzeit abrufbar, wenn Du es brauchst. Probiere es aus und besuche einen meiner Liberty Days - Tag der

Freiheit®. Termine findest Du auf meiner Website www.andreasklar.com oder www.liberty-day.de

Wer sich weiterbildet, muss sein Handeln immer wieder reflektieren und prüfen, ob der Kurs noch stimmt. Reflektiere Dich jetzt direkt selbst: Hast Du in der Vergangenheit wirklich alles dafür getan, um erfolgreich zu werden? Hast Du alles dafür getan, persönlich und finanziell frei zu werden? Wie intensiv hast Du an Dir gearbeitet, um weiter zu kommen? Nimm Dir einen Moment Zeit und antworte Dir selbst ehrlich und aufrichtig. Schreibe es auf.

Vielleicht geht oder ging es Dir wie mir zu Beginn meiner beruflichen Karriere. Ich schlitterte in die große Welt der Finanzen und sollte einfach nur verkaufen. Doch es war schon immer mein Problem, denn einfach etwas nach Schema zu machen, genügte mir noch nie. Zu verkaufen, was ich weder kannte, noch verstand und was außerdem nicht zu mir und meiner ehrlichen Persönlichkeit passte, das ging gar nicht.

Ich war etwas verzweifelt und fragte mich, was ich tun könnte. Auf allen meinen Kanälen und aus meiner Intuition kam die gleiche Antwort: Lernen, lernen, dann handeln. Lernen, lernen, dann umsetzen. Das habe ich gemacht. In nur 19 statt wie angesetzt 36 Monaten absolvierte ich meine Kaufmannsausbildung, parallel dazu besuchte ich Produktschulungen, persönlichkeitsbildende Seminare und begann ein Studium an einer privaten Universität. Ich investierte einen Großteil meines Einkommens ausschließlich in mich, verzichtete auf Alles, damit ich mir meine persönliche Aus- und Weiterbildung leisten konnte.

Ich nahm mit, was ich im Sport gelernt hatte. Es hat mich zum Erfolg katapultiert. Ich wurde nicht fit für die Fußballsaison, sondern fit für ein Leben in persönlicher und finanzieller Freiheit. Ich eignete mir die Grundlagenausdauer und die Wissensbasics an. Das kannst Du auch. Die Grundlagenausdauer brauchst Du für alle Lebensbereiche und erst recht im professionellen Business. Wenn Du in Deinem Leben und im Business erfolgreich werden willst, musst Du die Grundlagen trainieren. Du solltest wissen, wie Du Deine Persönlichkeit aufbaust, so dass Du gemäß der Siegertaktik alle Spieler in Dir entfalten kannst. Mit der Siegertaktik hast Du eine perfekte Anleitung. Sie wird Dich – wenn Du sie genau befolgst - in allen Lebensbereichen erfolgreicher machen. Probiere es aus!

Noch eine wichtige Voraussetzung möchte ich Dir mitgeben: Ein guter Skispringer, ein Formel 1-Fahrer, ein Fußball-Star, ein Steve Jobs, Olli Kahn, Christiano Ronaldo, Messi können so gut trainieren wie sie wollen. Entscheidend für den Erfolg sind ihre Gedanken. Ihr Mindsetting. Gedanken innen schaffen die Welt außen. Einer meiner Trainer sagte einmal: „Wenn in der Birne nichts drin ist, kannst Du so gut spielen, wie Du willst. Dann reicht es einfach nicht!" Das ist der Grund, warum ich persönlich Wissen und Lernen als so wichtig erachte. Das habe ich im Fußball gelernt.

Dazu kommt noch ein anderer, wesentlicher Faktor: Wir haben über die Kraft der positiven Gedanken gesprochen. Nun will ich auf die Macht der inneren Saboteure zu sprechen kommen. Sie sind der Gegenspieler der positiven Gedanken und können ganz schön großen Schaden anrichten, wenn Du sie nicht entlarvst. Das beste Training, das intensivste Lernen, die tollste Erfahrung kann den gewünschten Effekt „Erfolg" nicht erzielen, wenn Deine Gedankenmuster nicht dazu passen.

Was meine ich konkret damit? Du trainierst zwar hart, aber irgendetwas in Dir verhindert Deinen Durchbruch, blockiert Dich wie eine angezogene Handbremse. Nimm Dir einen Moment, um in Dich hinein zu hören. Welche Botschaften sendet Dir Deine innere Stimme? Was sagt sie, wenn Du von Deinen Visionen, Wünschen und Zielen sprichst? Höre mal intensiv zu und schreibe es auf. Wie fühlst Du Dich, wenn Du von Deinem Erfolg sprichst? Ist da Gegenwind? Versucht Deine innere Stimme Dich zu überzeugen, dass Du das, was Du vorhast, gar nicht kannst? Ist da ein Kritiker in Dir?

Hast Du leise Zweifel? William Shakespeare sagte einmal: „Unsere Zweifel sind Verräter. Sie halten uns davon zurück, einen Versuch zu wagen, und damit machen sie uns oft dort zum Verlierer wo wir gewinnen könnten."

Vielleicht teilt Dein innerer Mitspieler, der Zweifel heißt, den einen oder anderen Denkansatz mit, der Dich hindern soll, etwas zu tun. Höre nicht darauf, es ist nicht förderlich für Dich und Deine Zielsetzungen. Diese Denkmuster nennt man „Glaubenssätze". Von

Geburt an durchläuft jeder Mensch als Kind, Jugendlicher und Erwachsener unglaublich viele Lernprozesse. Zuerst lernt man als Baby die Grundfunktionen des Körpers, dann die Sprache, dann das Sozialverhalten und so geht das immer weiter. Alles Gelernte wird im Unterbewusstsein abgespeichert, die guten wie die schlechten Erfahrungen.

Kannst Du Dich erinnern, wie bei Dir zuhause über Karriere, Unternehmer, Geld und Erfolg gesprochen wurde? Hieß es bei Euch zu Hause vielleicht: „Reiche ziehen den Armen das Geld aus der Tasche" oder „Du wirst nie erfolgreich" oder „Du bist zu klein dafür" oder „Das ist nichts für Leute wie uns " oder „Du kannst das nicht"? Egal welche Sätze wir gelernt haben, sie konnten sich in aller Ruhe in unser Unterbewusstsein einnisten. Sie beeinflussen und steuern unser Denken und Handeln bis heute. Sie sind so stark, dass sie uns unbewusst blockieren und damit unseren Weg zum Erfolg und zu unserer Freiheit.

Die Herausforderung besteht darin, diese blockierenden Glaubenssätze herauszufinden und sie zu entkräften, so dass der Weg zum Erfolg überhaupt machbar wird. Jeder dieser Glaubenssätze ist wie ein großer Steinbrocken, der mitten auf dem Weg liegt und den Durchgang versperrt. Denke einmal darüber nach: Sind Erfolg, Luxus, Glück und Geld in Deinem Leben Güter, mit denen Du Gedanken wie „unerreichbar", „schwer", „bin nicht gut genug" oder ähnlich Negativen verbindest? Ist Erfolg etwas, was „nur mit Arbeit auf Kosten Anderer" erreichbar ist? Ist Geld etwas, dass Du nicht verdient hast?

Wenn einer der Top-Fußballer der Welt in diesem Schema denken würde, wie wäre dann wohl seine Leistung? In Lionel Messis Heimat Argentinien sterben infolge von Armut und hoher Kriminalität immer noch Menschen an Unterernährung. Wenn Messi negativen Glaubenssätzen unterläge, wäre er dann wohl der Beste der Welt? NEIN! Er würde seinen Blickwinkel ändern, das Positive suchen. Damit gibt er seinem Land Stolz und Dank zurück. Dieses Bild motiviert ihn zu Höchstleistungen.

Welche Sätze, Ängste und Blockaden halten Dich davon ab, durchzustarten? Identifiziere sie. Jetzt! Erst wenn Du Deine inneren Saboteure aufspürst und identifizierst, kannst Du Dich ihrer Wirkungskraft entziehen. Man kann negative Gedankenmuster überschreiben wie eine Festplatte oder DVD. Erst wenn Du das geschafft hast, öffnen sich die Tore zu Deinem großen Erfolg. Erst wenn alte Muster bereinigt sind, gibt es sehr viel Platz für Neues. Dann kannst Du Deine eigenen Wertevorstellungen kreieren. Werte, die Dich in Zukunft leiten und führen sollen. Wenn Du das tust, wirst Du empfänglich für das Glück, das Dir durch Deinen Erfolg in allen Lebensbereichen zuteil wird.

Welche Glaubenssätze identifizierst Du bei Dir? Schreibe nachfolgend die fünf wichtigsten auf:

1. _____

2. _____

3. _____

4. _____

5. _____

Jürgen Klinsmann war der erste Trainer einer deutschen Fußball-Nationalmannschaft, der mit mentalen Techniken arbeitete. Das machte sein gesamtes Team stark. Gemeinsam mit einem Mentaltrainer hauchte er der Mannschaft den positiven Glauben an den Gesamtsieg ein, der sich während der Weltmeisterschaft 2006 auf ganz Deutschland ausbreitete. Er hat ganz Deutschland euphorisiert!

Nun bist Du dran: nimm Deine oben genannten Glaubenssätze und formuliere sie positiv um. Wenn einer der Denkmuster beispielsweise heißt: „Ich bin nicht zum Erfolg geboren", so formuliere ihn in eine positive Botschaft, z.B.: „Ich bin ein Sieger und gehe meinen Weg." Formuliere für Dich persönlich fünf oder sechs eigene Affirmationen, die Du täglich mehrfach wiederholst. Jeden Abend vor dem Einschlafen, jeden Morgen nach dem Aufwachen und mehrfach am Tag. Mit jedem Training implementierst Du diese Sätze mehr in Deinem Unterbewusstsein. Trainiere das täglich, so wie ein Fußballprofi täglich seinen Torschuss und die Ballführung trainiert. Wiederhole sie zehnmal hintereinander: selbstbewusst, lautstark, energiegeladen. Am besten vor einem Spiegel. Überschreibe so die alten Dateien und überzeuge Dich selbst peu à peu vom Gegenteil!

Spürst Du, wie die Negativität verschwindet und durch positive Kraft ersetzt wird? Beobachte Dich in den nächsten Tagen in allen Situationen des Alltags und während Deiner Arbeit. Denke an die Kraft der positiven Gedanken, programmiere Dich für Deine kommenden Erfolge. Dies ist eine sehr einfache, aber kraftvolle Art, negativen Glaubenssätzen die Kraft zu nehmen. Das ist ein tägliches nichtöffentliches Training, das Du für Dich allein machen kannst. Arbeite und trainiere intensiv daran, dann wirst Du Veränderungen spüren und wie ein Fußballer zum Torerfolg kommen! Die Arbeit und das Training für positive Glaubenssätze ist eines der wichtigsten Werkzeuge, um das Unterbewusstsein wirklich offen für Deinen Erfolg zu machen.

Wie lauten Deine fünf umformulierten, positiven Autosuggestionen?

1. _____

2. _____

3. _____

4. _____

5. _____

In meinen Seminaren und im persönlichen Coaching habe ich noch weitere wirksame Methoden, um auf Glaubensmuster einzugehen und so lange an ihnen zu arbeiten, bis sie verschwunden sind.

Jetzt verrate ich Dir mein eigenes tägliches Training, meine Top-Elf der Autosuggestionen:

1. Ich schaffe es!

2. Ich bin glücklich und begeistert!

3. Danke, dass ich darf!

4. Ich gebe mein Aller-, Allerbestes!

5. Ich übertreffe meine Ziele!

6. Ich liebe mich!

7. Es geht mir von Stunde zu Stunde und in jeder Hinsicht immer besser und besser!

8. Ich lebe stets in Fülle und Spaß!

9. Ich bin ein Geldmagnet!

10. Ich liebe meine Mitmenschen!

11. Ich bin ein Sieger!

Bist Du schon erfolgreich? Spürst Du Hunger nach mehr? Lässt Du Dich noch anstecken oder bist Du innerlich schon erstarrt? Wenn Du zum Profi in der Champions League Deines Lebens werden willst, musst Du hungrig bleiben und wachsen. Wer aufhört zu trainieren, wird schlechter. Für unseren Erfolg sind Schwächen ohne Bedeutung. Niemand ist erfolgreich geworden, weil er seine Schwächen abbaute, sondern weil er seine Stärken gepusht hat. Wir müssen unsere Stärken noch viel, viel, viel stärker ausbauen.

Wenn die Ergebnisse besser werden sollen, müssen wir zuerst besser werden. Kennst Du Menschen, die eine Woche lang auf Freitag warten, um endlich ins Wochenende zu gehen? Menschen, die darauf warten, dass die Umstände sich bessern, so dass sie endlich erfolgreich werden dürfen? Die sich fragen, wann sie endlich an der

Reihe sind? Erfolg ist nicht im Supermarkt erhältlich, man kann sich auch nicht in einer Schlange für eine Portion Erfolg anstellen. Leider werden sich für Menschen mit dieser Wartehaltung nie die richtigen Gelegenheiten ergeben. Sie müssen zuerst etwas verändern, denn sie sind in ihrem Denken zu begrenzt.

Richtige Momente kommen nicht, richtige Momente schafft man. Zuerst muss Du Dich als Mensch ändern, dann ändern sich Welt und die Umstände. Es ist wie beim Fußball: Zuerst beginnen wir in der Jugendmannschaft. Wir werden älter, besser und reifer und rücken auf in die Herrenmannschaft zu den Senioren. Je besser wir dort sind, desto mehr Fans und Zuschauer erreichen wir. Fußball wird überall gespielt, entscheidend ist nur: Bist Du bei diesem Spiel dabei? Wie gut spielst Du? Genauso ist es mit dem Spiel des Lebens. Es gibt Menschen, die diese Spiele gerne mitspielen und sie hervorragend beherrschen. Dann gibt es Menschen, die sich des Spiels nicht bewusst sind und nur zuschauen. Es sind niemals die Umstände, die den Erfolg schaffen. Es sind Menschen, die ihre Umstände erschaffen und Erfolg er-folgen lassen.

Einer der effektivsten Wege, sich zu verbessern, ist durch Leistung zu wachsen. Learning by doing. Growing by doing. Wachsen durch Umsetzen. Bastian Schweinsteiger ist durch seine Fußballerfolge gewachsen. Franz Beckenbauer ist durch seine Verdienste rund um den Fußball eine lebende Legende geworden. Wenn Du Dir also ein besseres Leben wünschst, solltest Du durchstarten und damit beginnen, dafür zu trainieren und Dich weiter zu entwickeln.

Viele Menschen klagen und jammern auf hohem Niveau. Für sie ist alles ungerecht. Dabei ist es nicht die Außenwelt, die ihnen Unglück beschert. Sie sind selbst die Ursache des Misserfolges in ihrem Leben. Sie tun die falschen Dinge mit der falschen Einstellung und wundern sich über schlechte Ergebnisse. Sie ignorieren schlicht und einfach das Lebensgesetz „Materie folgt dem Geist". Jede Wirkung hat eine Ursache und die haben diese Menschen selbst verursacht. Im Klartext: Wer Weizen sät, wird Weizen ernten und nicht Roggen. Vom Reden allein schießt man weder Tore, noch gewinnt man ein Spiel. Mit Sprüchen wurde noch niemand Deutscher Meister.

In einer amerikanischen Studie über Self-Made-Millionäre gaben mehr als 90 Prozent der Befragten an, dass sie ihren persönlichen Erfolg primär durch Fleiß, Arbeit und durch Weiterentwicklung ihrer menschlicher und fachlichen Kompetenzen, die Pflege eines Kontaktnetzwerkes und durch das persönliche Arbeitsumfeld erreicht haben. Wissen ist Macht. Besser noch: Das richtige Wissen in Handlungen umgesetzt, ist eine Grundvoraussetzung für Erfolg.

Machen wir mal eine Rechnung: Wie alt bist Du jetzt und wie viele Jahre hast Du noch zu leben? 50,40,30? Wer weiß das schon? Nehmen wir mal an, es sind 35 Jahre. Dann hast Du noch genau 306.600 Stunden zur Verfügung, die Du nutzen kannst, um zu lernen, zu wachsen und damit dem wahren Sinn des Lebens näher zu kommen. Trainiere dafür, wähle die, für Dich passende Methodik. Dein Weg, Dein Leben, die mentale und persönliche Ausrichtung müssen erst einmal als Überzeugung in Deinem Wissen und Unterbewusstsein implementiert sein, damit Du sie realisieren kannst.

Doch Wissen ist nicht gleich Wissen. Der US-Autor Napoleon Hill zitierte: „Die Allgemeinbildung, ganz egal, wie groß Umfang oder Vielseitigkeit auch sein mögen, dient weniger der Anhäufung von Geld als angenommen." Damit meint er, dass Schulwissen, Abitur, Studium, alles schön und gut ist, doch dieses angelernte Wissen wird wenig helfen, um dauerhaft erfolgreich zu sein.

Erfolgreiche Menschen brauchen vor allem

1. Expertenwissen und
2. Persönlichkeitsbildendes Wissen wie beispielsweise Lebensgesetze, die Fähigkeiten sich selbst und andere zu motivieren und zu begeistern.

Das lernt man nicht in der Schule, sondern durch lebenslanges Lernen, Neugier und Wissbegierde. Ohne das kannst Du Deine Träume nicht verwirklichen, der angestrebte Erfolg setzt nicht ein. Dieses Wissen ist frei verfügbar. Lernen, und es in Dir aufnehmen, musst Du selbst. Du kannst morgen sein, was Du heute noch nicht bist. Trainiere, lerne und wachse – so erzielst Du den Erfolg, den Du Dir in allen Lebensbereichen wünschst.

„Eine Investition in Wissen bringt immer noch die besten Zinsen."

(Benjamin Franklin, US-amerik. Erfinder und Staatsmann)

Regel 9: Lerne, bilde Dich fort und wende Dein Wissen an!

Kapitel 10:
Werde zu einem echten Champion

> *„Champions werden nicht in Trainingshallen gemacht. Champions werden durch etwas gemacht, dass sie in sich tragen: ein Verlangen, einen Traum, eine Vision. Sie brauchen außergewöhnliche Ausdauer, sie müssen ein wenig schneller sein, sie brauchen die Fähigkeiten und den Willen. Aber der Siegeswille muss stärker sein als die Fähigkeiten."*
>
> *(Muhammad Ali, ehem. US - Boxer)*

Wendest Du die Siegertaktik an, kann Dich niemand mehr aufhalten. Zu Beginn meiner Coaching-Gespräche stelle ich die Frage: „Wo stehst Du gerade jetzt in Deinem Leben?" Nach der Antwort erörtere ich, was mein Klient in einem überschaubaren Zeitraum, sagen wir einmal von einem Jahr, erreichen möchte. Was sind seine Ziele? Egal welche Ziele er formuliert, unterm Strich verbergen sich dahinter Lebensmotive wie Streben nach Anerkennung, Macht oder Selbstverwirklichung.

Woran merken Menschen, dass sie auf dem richtigen Weg zu mehr Anerkennung, Macht oder Selbstverwirklichung sind? Woran messen sie es? Daran, dass sie ein Projekt erfolgreich für ihren Arbeitgeber zu Ende gebracht haben? Von ihrem Chef gelobt werden und eine Gehaltserhöhung bekommen? Daran, dass sie erfolgreich ein eigenes Unternehmen aufgebaut haben, das wächst und guten Umsatz bringt? Ist es schon Erfolg, sportlich top unterwegs und gesund zu sein? Meine Meinung dazu ist: Das sind alles gute Teilerfolge, mehr nicht. Ein wahrer Champion spielt in allen Lebensbereichen in der Königsklasse. Es ist niemals nur der Job oder nur der

Sport, der einen erfolgreichen Champion ausmacht. Die wahre Größe zeichnet sich durch Ganzheitlichkeit aus.

Oliver Kahn, der Vorzeigeathlet, war 2003 auf dem sportlichen Höhepunkt seiner Karriere. Körperlich fit und vital, persönlich gewachsen und finanziell frei, unabhängig. Seine Welt sah von außen in Ordnung aus. Plötzlich gerät seine Welt aus den Fugen: Er betrügt seine Ehefrau mit einer jungen Disco-Bedienung. Die mediale Schlammschlacht wird inszeniert. Nur durch seine mentale Stärke schaffte es Kahn, den Einfluss des Desasters von seiner sportlichen Leistung auf dem Platz zu trennen. Der Mensch in seiner Vorbildfunktion, das Idol Kahn hat in der Öffentlichkeit stark gelitten. Der Champion wurde demontiert, denn ein echter Champion spielt immer und in allen Bereichen fair und stark.

Es hat lange gedauert, bis Kahn es geschafft hat, sein öffentliches Bild wieder ins rechte Licht zu rücken. Ein gutes Image wieder aufzubauen ist hart. Kahn hat die Disbalance profihaft korrigiert. Mit der Weltmeisterschaft 2006 und seinem charakterlich sauberen Verhalten gegenüber seinem Konkurrenten, Jens Lehmann, konnte er sich dank verdienter Leistungen in der Vergangenheit langsam wieder als Champion positionieren.

Was ist Erfolg?

Als Freiheitstrainer® lautet meine persönliche Definition:

„Erfolg ist die ganzheitliche Balance, das Gefühl von Glück und Zufriedenheit resultierend aus persönlicher und finanzieller Freiheit."

Lionel Messi, mehrfach Weltfußballer des Jahres, ist in allen Bereichen erfolgreich. Er spielt privat, finanziell, sportlich, beruflich und persönlich immer in der Champions League. Kein Ausreißer, kein Skandal, alle Lebensbereiche sind in Balance. Schaffst Du das in dieser Ganzheitlichkeit? Hast Du den Schlüssel für ein erfülltes Leben in persönlicher und finanzieller Freiheit gefunden?

Was bedeutet persönliche und finanzielle Freiheit für Dich genau? Persönliche Freiheit besteht aus Deiner Persönlichkeit, Deinen Beziehungen zu Mitmenschen und zum Partner, aus Deiner Arbeit und der beruflichen Ausrichtung und letztendlich aus Deiner Gesundheit und persönlicher Fitness. Lebst Du darin in einem ausgewogenen Verhältnis oder gibt es unausgewogene, turbulente Bereiche? Haben bestimmte Aspekte, etwa Dein Job, eine höhere Priorität als Deine Beziehungen? Dann werden Beziehungen darunter leiden und irgendwann wird die Gesundheit darunter leiden. Oder umgekehrt: Überwiegt die Intensität Deiner Aufmerksamkeit in privaten Beziehungen, in Freizeit und Vergnügen, wirst Du nicht mehr genug Aufmerksamkeit für Deinen Job, Deinen beruflichen Erfolg und Dein Business haben.

Ich empfehle Dir, alle Lebensbereiche als ein Ganzes zu betrachten und nach Ausgewogenheit zu streben. Versuche die Balance zwischen den vier Eckpfeilern herzustellen, denn sie sind die tragenden Säulen. Es ist der finanzielle Erfolg, der auf persönlichen Erfolg folgt. In meiner Interpretation beim Freiheitshaus® ist es das Dach der finanziellen Freiheit.

Je ausgewogener und gesünder das Verhältnis der vier Aspekte Persönlichkeit, Beruf/Arbeit, Gesundheit/Fitness und Beziehung/Partnerschaft ist, desto mehr wirst Du persönliche Freiheit erfahren. Wenn es unausgewogen ist, bist Du nur teilweise erfolgreich. Untersuche, woran es liegt.

Frage an Dich: Welche Bereiche in meinem Leben dominieren? Welche Bereiche kommen zu kurz? Welche Möglichkeiten habe ich, das zu ändern? Ein Champion spielt überall stark. Frage Dich auch: Was bedeutet finanzieller Erfolg für mich? Wie schaut er konkret aus? Plane in Zahlen und Zeitfenstern. In messbaren Größen. Sind das Millionen von Euro oder Dollars auf meinem Konto? Ist es ein Lottogewinn? Ist es ein schönes Haus mit Garten? Oder ist es ein gesicherter Liquiditätsstrom?

Meine persönliche Definition von finanzieller Freiheit:

"Finanzielle Freiheit und finanzieller Erfolg ist die Möglichkeit eines jeden Menschen, frei und völlig unabhängig genau den Lebensstil wählen zu können, den er oder sie sich wünscht, ohne ständig hart dafür arbeiten zu müssen."

(Andreas Klar)

Die nachfolgende Grafik zeigt Dir, wie Du Meister Deines Lebens sein kannst. Du stellst das tragende Fundament der vier Säulen selbst auf. Es sind die Ausprägungen Deines persönlichen Erfolges. Achte immer auf die Balance, denn nur dann tragen die vier Säulen das Dachgeschoss, den finanziellen Erfolg langfristig und nachhaltig. Ist das Haus falsch konstruiert, also lastet das Gewicht des Daches nicht gleichwertig auf allen vier Säulen, bricht es zusammen. Je höher Du ein Haus baust, desto besser ist bekanntlich die Mietrendite! Es kostet mehr Zeit und Energie ein höheres Haus zu errichten, aber der Erfolg gibt Dir Recht! Je größer die Tragfähigkeit der einzelnen Säulen und deren Ausprägung, desto besser.

Je größer das Haus, desto größer ist Dein Gefühl von Freiheit.

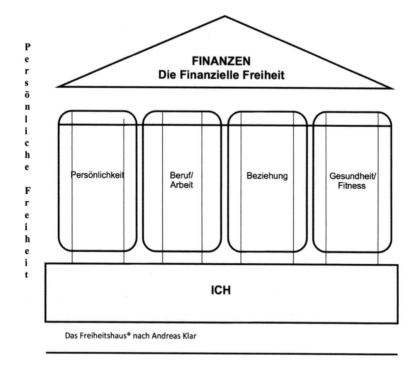

Das Freiheitshaus® nach Andreas Klar

Ausreichend Geld zur Verfügung zu haben, führt bei jedem Menschen zu einer Grundzufriedenheit, denn man braucht sich um Geld keine Sorgen mehr zu machen. Wenn Du Dich nicht wohl fühlst, Du seelisch und persönlich in den Zwängen Deines Alltags gefangen bist, wirst Du Dich auf dem Lebensweg wie in einem Irrgarten bewegen, oft vom Weg abkommen und Stolpersteine überwinden müssen. Du wirst Mühe haben, überhaupt einen Erfolg zu erreichen. Darum ist es wichtig, zuerst das persönliche Gleichgewicht, die Balance zwischen den vier Eckpfeilern Persönlichkeit, Beruf/Arbeit, Gesundheit/Fitness und Beziehung/Partnerschaft herzustellen. Bist Du in Balance, kannst Du Glück und wahre Zufriedenheit spüren, die Dich Deinen eigenen Erfolg anerkennen lassen.

Verstehst Du nun, was Lionel Messi und Franz Beckenbauer so erfolgreich macht? Mark Zuckerberg ist ähnlich strukturiert und in allen Lebensbereichen erfolgreich. Achte bei Deinen Vorbildern darauf, wie sehr sie ganzheitliche Champions sind.

Regel 10: Mit Balance zu Deinem Glück: Sei ein ganzheitlicher Champion!

Kapitel 11:
Wie geht es nun weiter? – Ein Schlusswort

„Ich habe niemals davon geträumt, ein Millionär zu sein. Ich träumte davon, ein Football-Spieler zu sein."

(Victor Cruz, ehem. American Football-Spieler)

Herzlichen Glückwunsch! Du bist in den letzten Minuten dieses Spiels angekommen. Den Sieg kann Dir keiner mehr nehmen. Jetzt liegt es an Dir, mit welchem Elan Du in die nächsten Spiele gehst. Ich möchte, dass Du Deine persönliche Erfolgsgeschichte schreibst. Du hast mit diesem Buch eine außergewöhnliche Siegertaktik in der Hand, eine Anleitung zum Durchstarten.

Stelle Dir die Frage, ob unsere Begegnung über dieses Buch ein One-Night-Stand ist oder zu einer dauerhaften Verbindung führt. Ich begleite Dich gern auf Deinem Weg zum ganz großen Erfolg. Du findest mich im Internet unter andreas-klar.com, auf Facebook, bei Instagram, Xing und Google+.

Auf meiner Homepage stehen alle Informationen und Termine zu meinen Events. Du kannst Dir den kostenlosen Freiheitsbrief bestellen und meinen Blog mit aktuellen Informationen für Deinen persönlichen Erfolg nutzen. Nimm Dir, was Du brauchst. Ich bin sicher, wir werden uns irgendwann und irgendwo, vielleicht auf einem meiner Seminare persönlich kennenlernen. Dann komme einfach auf mich zu und erzähle mir, was Du aus diesem Buch umsetzen konntest.

Wenn Du Fragen hast, Anregungen oder eine Buchrezension machen möchtest, schreib mir gerne an: kontakt@andreas-klar.com

Ich danke Dir für die Zeit, die Du in dieses Buch investiert hast. Du wirst sehen, es hat sich gelohnt. Inspiriere Deine Freunde und Kollegen, es zu lesen. Schicke sie auf meine Website, denn ein anderes Lebensgesetz sagt: Je mehr Nutzen Du stiftest, desto höher wird Dein Ertrag sein. Vielleicht gibt es Freunde, die dankbar wären für das, was Du gelesen und durch diese Lektüre gewonnen hast. Für Deine Zukunft wünsche ich Dir Balance, Gesundheit und maximalen Erfolg!

Von Herzen alles Gute – Du schaffst es!

Andreas Klar

Der Freiheitstrainer®

„Die meisten Menschen versagen nicht, weil sie etwas wagen, sondern sie versagen, weil sie ihr ganzes Leben warten."

(Jack Ma, Gründer der Handelsplattform Alibaba, asiatisches Pendant zu Ebay)

Regel 11: Kontinuität und Ausdauer machen Dich zum Sieger!

Die 11 Spieler – Deine Erfolgsregeln

1) Du bist einzigartig. Sei stolz auf Dich!

2) Dein Traum gehört nur Dir – bewahre, liebe und LEBE ihn!

3) Gehe Schritt für Schritt. Die richtigen Ziele weisen Dir den Weg.

4) Spiele das Spiel des Lebens, um zu gewinnen, nicht, um nicht zu verlieren!

5) Mache Dir den Schiedsrichter zum Freund – liebe Deine innere Stimme!

6) Wende die Siegertaktik an! Nutze Deine inneren Spieler für Deinen Erfolg!

7) Liebe, pflege und höre auf Deinen Körper – Du hast nur den einen.

8) Lerne von den Besten. Take a Coach.

9) Lerne, bilde Dich fort und wende Dein Wissen an.

10) Mit Balance zu Deinem Glück: Sei ein ganzheitlicher Champion!

11) Kontinuität und Ausdauer machen Dich zum Sieger!

Fazit – Zusammenfassung

"Jedem Anfang wohnt ein Zauber inne"

(Hermann Hesse, deutscher Dichter)

Abpfiff! Dieses Spiel, dieses Buch ist zu Ende. Mit jedem Ende beginnt etwas Neues. In diesem Fall startet eine neue Ära: „Mit der Siegertaktik zum Erfolg". Welches Fazit ziehst Du aus dem Gelesenen? Was lernst Du daraus? Wenn Du das nächste Mal in einem Stadion bist oder im Fernseher ein Spiel verfolgst, wie wirst Du dann das Spiel betrachten? Welche Parallelen zu Deinem Leben wirst Du entdecken?

Wenn Du das nächste Fußballspiel siehst, weißt Du genau, was für ein schweißtreibender Prozess sich hinter jedem gelungenen Pass, hinter jedem Zweikampf und hinter jedem Spielzug verbirgt. Du kennst das Erfolgsrezept, das siegreiche Teams anwenden. Bei jedem Torerfolg hat das gesamte Team die Siegertaktik umgesetzt. Gewinnt der FC Bayern München das nächste Mal, weißt Du, dass die Spieler, Trainer, Betreuer, das Management und sogar die Fans ihren Beitrag zum Erfolg geleistet haben. Ein perfekter Mechanismus aus vielen kleinen Zahnrädern, die ineinandergreifen.

Du weißt künftig genau, was Du einbringen musst, um Dein Spiel zu gewinnen. Dein Platz ist nicht der Fußballplatz, Deine Spielwiese ist Dein Alltag. In allen Lebensbereichen kannst Du die Siegertaktik nutzen. Sie wird Dein Leben von Tag zu Tag bereichern und mit ihr an der Seite eilst Du von einem Erfolg zum nächsten, schnurstracks auf der Siegerstraße.

Doch selbst der beste Club und die besten Spieler der Welt sind nicht unschlagbar. Selbst Topmannschaften und deren Spieler wie Manuel Neuer oder Lionel Messi schwächeln manchmal und haben Probleme, ihre Spitzenleistungen abzurufen. Doch das sind kurze Momente, die durch Disziplin, Training und Durchhaltevermögen schnell wieder ins Lot kommen. In solchen Schwächephasen analysieren die Erfolgreichsten und handeln. Sie arbeiten lösungsorientiert und finden den Weg, weil sie bereit sind zu lernen.

Bei diesen Menschen kannst Du Dir abschauen, wie sie wieder in die Erfolgsspur kommen. Sie haben keine Angst vor Rückschlägen oder Niederlagen. Nur wer den Schmerz von Niederlagen kennt, kann den nächsten Erfolg erreichen, ihn glücklich annehmen und feiern. Fußball ist mehr als die Tabelle, mehr als das Ergebnis, mehr als ein Sport, bei dem 22 wie verrückt einem Ball hinterherjagen. Fußball ist wie das wirkliche Leben. Wie Dein Leben.

Die Freude um einen errungenen Sieg und Trauer über eine Niederlage liegen dicht beieinander, manchmal nur einen Wimpernschlag. Oft sind es Kleinigkeiten, die entscheiden, ob wir siegreich lächelnd das Feld verlassen oder eben nicht. Du musst nicht alle Spiele gewinnen, um am Ende auf dem Podest zu stehen. Du kannst Dir die eine oder andere Niederlage erlauben, solange du aus ihnen lernst, wie Du die nächsten Schritte und Spiele erfolgreicher gestaltest. Das ist es, was Gewinner ausmacht!

Nicht der, der den schönsten Fußball spielt, steht am Ende oben, sondern der, der Tore schießt und zur richtigen Zeit die richtige Leistung abruft. Der, der die Siegertaktik anwendet. Findest Du die perfekte Balance in allen Lebensbereichen, kannst Du alle Chancen nutzen. Erkenne sie und gewinne die Spiele, in denen es um die Spitzenpositionen geht, die Spiele, die jenseits des Durchschnitts liegen. Spiele, in denen Du Deine Grenzen überschreitest und Dinge tust, bei denen andere kapitulieren. In kritischen Situationen werden Meister geboren. Werde Meister Deiner Beziehungen, Finanzen, Arbeit, Gesundheit und Deiner Persönlichkeit.

Wenn es künftig in Deinem Leben um Titel, Tore, Erfolge und Siege geht, spiele das Spiel mit der Siegertaktik. Du wirst es lieben, und alles, was Du liebst, willst Du gewinnen. Gib niemals auf. Spiele nur, um zu gewinnen. Freue Dich mit anderen siegreichen Sportlern, Unternehmen und Menschen. Du weißt jetzt, was sie in ihren Erfolg investiert haben. Gönne anderen ihre Erfolge, denn nur dann hast Du das Recht in diese erfolgreiche Welt einzutreten.

Erkennst Du die Botschaften, die hinter jedem erfolgreichen Sportler stehen? Es lohnt sich immer zu kämpfen. Wer kämpft, kann verlieren, wer nicht kämpft, hat schon verloren. Wie wäre es, wenn Du am Morgen aufstehst und losmarschierst, als würdest Du in eine vollbesetzte Arena einlaufen? Du rufst den ganzen Tag die Leistungen ab, die Deine Zuschauer im Stadion von Dir und Deinen Mitspielern erwarten. Du weißt, welche Siegertaktik Du anwenden kannst, um eine „Hammer-Leistung" zu bringen und entsprechend belohnt zu werden. Sieger stehen dort auf, wo Verlierer liegen bleiben.

Auch wenn Du mit einem einzigen Spiel nie die Meisterschaft gewinnst, kannst Du jeden Tag einen Sieg erringen und den feiern. Denn jeder noch so kleine Schritt bringt Dich näher zu Deinem Ziel. Sieh Deinen Weg sportlich mit dem olympischen Gedanken: „Dabei sein ist alles".

Du bist mittendrin im Spiel des Lebens, Du bist die wichtigste Person, der Starspieler. Nimm´ diese zentrale Rolle mit jeder Zelle Deines Körpers an. Werde zum Spielführer, Denker und Lenker. Liebe Deine Herausforderungen, denn sie sind der Stoff, aus dem das Leben ist. Es ist Dein Leben. Du gehörst zu den Besten. Jeder hat einmal begonnen und viele haben es geschafft. Du schaffst es auch.

Viel Erfolg für Dich und denke immer dran: jedes Tor zählt!

DANKSAGUNG

Du kennst die Wichtigkeit von Dankbarkeit. Ich bin dankbar und das möchte ich an dieser Stelle ausdrücken. Damit dieser Teil nicht zu lang wird, beschränke ich mein „Danke" auf knappe Worte.

2015 habe ich Entscheidungen getroffen, die mein Leben und das Leben meiner Lieben deutlich berührt haben. Darum möchte ich die Gelegenheit nutzen, mir wichtigen Menschen ganz besonders zu danken. Sie begleiten mich, auch wenn es manchmal sehr anstrengend für Euch ist. Ich danke Euch! Allen voran danke ich von Herzen meiner Frau Francesca. Sie ist fast mein halbes Leben lang schon an meiner Seite. „Mein Liebes, ich weiß Dich ganz besonders zu schätzen. Du hast mir den entscheidenden Impuls zur Kursänderung gegeben. Ich ehre Deine Liebe und Dein Herz, das Du in unsere Familie einbringst. Danke, Du bist eine tolle Frau. Haw I Di."

Darüber hinaus möchte ich meinen Eltern danken. Sie haben mich nach besten Kräften und mit großen Werten erzogen. „Meinen Lebensweg habt ihr geebnet. In vielen Bereichen leben wir mit großen Schnittmengen, das ist nicht selbstverständlich. Ich danke Euch für alles!" Ich bin stolz darauf, auf meinem Liberty Day – Tag der Freiheit® mit meinem Vater und seiner hohen Kompetenz als Mentaltrainer und Unternehmercoach die Bühne zu teilen. Danke an meinen Bruder Sebastian. Auch wenn wir manchmal kontrovers diskutieren, sind wir uns im tiefsten Herzen einig.

Danke auch an meinen Cousin Jahn, meine engsten Freunde Andy, Paddy, Bassy, Mali und Mugel. „Ich weiß es wirklich zu schätzen, dass ihr mir den Rücken gestärkt habt, als andere Menschen sich hinter meinem Rücken lustig gemacht haben. Danke, dass ihr an meiner Seite seid und meinen Weg mit mir geht."

Der ganz besondere Dank gilt meinem langjährigen Mentor Prof. Dr. Bernd W. Klöckner. „Deine Impulse haben mich geformt und mein Bewusstsein für das Mehr im Leben geschaffen."

Danke an Ulrike Luckmann, meinen AutorenCoach. Dieses Buch ist nun schon unser zweiter gemeinsamer Streich. „Danke für Deine Unterstützung und Deine Inspirationen".

Ein ganz dickes „Danke" geht an Michaela Wild. Sie ist seit 2015 als Coach fester Bestandteil meines Lebens. Zufälle gibt es ja keine. Wir teilen in Zukunft die Bühne, werden gemeinsam an Projekten arbeiten. Ich darf heute mit Stolz und Herz sagen: „Ich bin froh, dass Du an meiner Seite bist. Danke Dir für alles, was wir gemeinsam vorantreiben und für die vielen AHA-Momente in der Vergangenheit".

Danke allen meinen Coaching-Klienten. Nicht nur ihr wachst, auch ich lerne von jedem von Euch. Danke an meine Seminarbesucher, Kunden und Freunde. Danke an meine Teams in meinen Unternehmen. „Ohne Euch wäre ich nicht da, wo ich jetzt bin. Teamwork makes the Dream work - Ihr seid Spitzenklasse."

Und last but not least: „Danke an Dich, mein Leser. Ohne Dich hätten die Botschaften in diesem Buch keinen Empfänger. Ich danke Dir, dass Du zu den Menschen gehörst, die mehr aus ihrem Leben machen möchten!"

Literaturverzeichnis

- Lahm, Philipp: Der feine Unterschied. 9. Auflage, München, Antje Kunstmann, 2012.
- Kahn, Oliver: Ich. Erfolg kommt von innen. München, Riva Verlag, 2008.
- Robbins, Anthony: Grenzenlose Energie – Das Power-Prinzip, 5. Auflage, Rentrop Verlag, 1993.
- Schäfer, Bodo: Die Gesetze der Gewinner, Erfolg und ein erfülltes Leben, Stuttgart, Dt. Taschenbuch-Verlag, 2003.
- Betz, Robert: Willst du normal sein oder glücklich? Aufbruch in ein neues Leben und Lieben, München, Ansata, 2011.
- Miedaner, Talane: Coach dich selbst, sonst coacht dich keiner. 101 Tipps zur Verwirklichung Ihrer beruflichen und privaten Ziele, München, mvg Verlag, 2009.
- Bettger, Frank: Lebe begeistert und gewinne, Zürich, Oesch Verlag, 1990
- Kirchner, Steffen: Spielregeln für Gewinner: Mit 25 einfachen Gesetzen zur persönlichen Höchstleistung, München, Goldmann Verlag, 2010.
- Höller, Jürgen: Sicher zum Spitzenerfolg. Motivationsstrategien und Praxistipps, Wegberg, Hans Winkens, 2014
- Höller, Jürgen: Alles ist möglich. Strategien zum Erfolg. i.V.m. Life Learning e.K., Wegberg, Hans Winkens, 2015
- Coué, Emile: Autosuggestion, die Kraft der Selbstbeeinflussung durch positives Denken, ein Weg zur Selbstheilung. 1. Auflage, Berlin, AT-Verlag, 2012.
- Eker, T. Harv: So denken Millionäre. Die Beziehung zwischen Ihrem Kopf und Ihrem Kontostand, München, Heyne, 2010.

- https://www.wikipedia.de/ (abgerufen am 27.11.2015, am 06.12.2015, am 14.12.2015, am 28.12.2015, am 7.1.2016 und am 29.1.2016)
- http://www.erfolg-zitate.de (abgerufen am, 18.11.2015, am 29.11.2015, am 30.11.2015, am 6.12.2015, am 28.1.2016, am 07.02.2016, am 08.02.2016)
- http://www.aphorismen.de (abgerufen am 18.11.2015, am 29.11.2015, am 30.11.2015, am 01.12.2015, am 8.12.2015, am 07.02.2016)
- http://www.sueddeutsche.de (abgerufen am 05.01.2016)

ANDREAS KLAR - DER FREIHEITSTRAINER®

Andreas wurde 1979 geboren, seine Passion gilt seit jeher dem Sport, insbesondere dem Fußball. Heute lebt er mit seiner Frau Francesca und zwei Töchtern zwischen Mosel und Eifel, zeitweise genießen sie ihr Leben auf Mallorca. Nachdem er die verpasste Karriere als Profifußballer und seinen persönlichen Tiefpunkt überwunden hatte, absolvierte er eine Ausbildung zum Versicherungskaufmann. Im Anschluss daran beschlagnahmte ihn parallel zu seinem erfolgreichen Vertriebsjob wieder der Sport: Er studierte erfolgreich Sportökonomie an der European Business School.

Dann folgten, parallel zu seiner unternehmerischen Expansion, Studiengänge zum Betriebswirt bAv (FH) und zum Private Real Estate Manager (ebs). Er hat die Welt der Finanzen mitgestaltet, hat hinter die Kulissen bei weltweit tätigen, erfolgreichen Unternehmen blicken dürfen und hat in jeder Minute dazugelernt, immer mit dem Ziel finanziell & persönlich frei zu werden. Weiterbildung war stets seine oberste Priorität. Seine Lebenserfahrung ergänzte er in mehr als hundert besuchten Seminaren, persönlichkeitsbildenden Symposien und über fünfhundert gelesenen Büchern. Von den besten Trainern, Speakern und Coaches der Welt hat er sich Rat holen dürfen und inspirierende Personal-Coachings erhalten.

Heute ist Andreas multipler Unternehmer in unterschiedlichen Branchen. Er ist Gründer der AKademie für finanzielle und persönliche Freiheit. Viel Erfahrung gewann er in seiner Karriere aus mehreren tausend Gesprächen mit seinen Kunden zu Themen wie „Finanzen optimieren", „Sicherheit und Freiheit". Darin hat er viel über die Sehnsüchte der Menschen in Bezug auf finanzielle & persönliche Freiheit gelernt. Heute ist er Partner eines internationalen Coaching- und Mentoringbusiness und begleitet als Coach private Menschen mit ebenso viel Leidenschaft wie kleine, mittlere und große Unternehmen. Als Speaker, Coach und Trainer ist er gefragt.

Liberty Day – Tag der Freiheit® - Warum dieses Seminar?

DIESER TAG VERÄNDERT DEIN LEBEN

Der Liberty Day ist eine lohnende Investition in Deine Person und in Dein Leben. Er wird Dir mit seinen Informationen, Übungen und Anleitungen in kürzester Zeit bemerkenswerte Veränderungen bescheren und Dich zu neuen Taten motivieren!
„Ist das, was Du täglich lebst, wirklich Deine Erfüllung?"
„Liebst Du Dein Leben so wie es ist?"
Wenn Du auf beide Fragen nicht eindeutig mit JA antworten kannst, solltest Du dabei sein.

DER LIBERTY DAY – TAG DER FREIHEIT® – WAS DU LERNST:

- ...wie Du Deine Persönlichkeit weiterentwickeln und Dein Selbstbewusstsein stärken kannst
- ...wie Du ein souveränes und sicheres Auftreten bekommst
- ...wie Du mit weniger Aufwand mehr verdienst
- ...wie Du Schritt für Schritt zu finanzieller Freiheit gelangst
- ...wie Du mehr Zeit für die schönen Dinge des Lebens gewinnst
- ...wie Du sorgenfrei in die Zukunft schauen kannst, ohne Angst zu haben.

kurz: ...wie Erfolg in Deinem Leben endlich er-folgt!

WELCHE DIESER FRAGEN STELLST DU DIR ZUM HEUTIGEN ZEITPUNKT ÜBER DEIN LEBEN?

- Warum besitzen andere Menschen mehr als ich?
- Warum gibt es Menschen, die „6 Richtige" im Lotto haben und trotzdem Pleite gehen?
- Warum haben wir Westeuropäer nahezu alle materiellen Werte und sind trotzdem NICHT zufrieden und glücklich?
- Warum drehe ich mich im Hamsterrad während andere mir dabei lächelnd zuschauen?
- Warum fehlt mir die Zeit für die wichtigen Dinge des Lebens?
- Warum sind Menschen, die ein hohes Einkommen erzielen, nicht automatisch finanziell frei?
- Warum gibt es Menschen die schlank, gesund und vital sind, während andere ewig rumkränkeln?
- Warum gibt es Menschen, die bei ALLEM, was sie anfassen, versagen, während bei ANDEREN scheinbar alles gelingt?
- Warum ist das halbe Weltvermögen in der Hand von 2% aller Menschen?
- Warum haben manche Menschen endlos Erfolg und zusätzlich Zeit für Hobbies, Familie, Freizeit und Urlaub?

Hast Du Antworten auf diese Fragen? Fragst Du Dich das eine oder andere immer wieder und verstehst die Welt einfach nicht? Möchtest Du die Wahrheit wissen?

DANN NIMM JETZT DEIN LEBEN EIGENVERANTWORTLICH IN DIE HÄNDE UND GESTALTE DEINE ZUKUNFT SELBST!

Tickets erhältst Du unter **www.liberty-day.de**
oder unter **www.tagderfreiheit.de**

DAS 8 - WOCHEN - INDIVIDUALCOACHING
„SUPER FOCUS FORMULAR"

DU WÜNSCHST DIR IN DEINEM LEBEN MEHR STRUKTUR, SINN UND MEHR POWER?

Schmerz und Trauer sollen endlich ersetzt werden durch Leidenschaft und Freude! Dein Ziel ist es, finanziell frei zu werden ohne dafür Tag und Nacht zu „blockern"? Egal wo Du im Leben stehst – nichts ist so unterstützend, kraftvoll und individuell wie dieses Programm, was auf Dich persönlich angepasst wird!

IN MEINEM 8- WOCHEN- INTENSIV- COACHING „SUPER FOCUS FORMULAR" WERDEN NUR WIR BEIDE LIVE IM DIALOG VERTRAUENSVOLL DARAN ARBEITEN, DASS DU U.A.

- Deine Persönlichkeit aufbaust und entwickelst
- Deine Visionen und Träume in spannende Ziele verwandelst
- solide Wege aus Deiner Lebenskrise findest
- mehr verdienst und zu finanzieller Freiheit gelangst
- Deine Verkaufserlöse steigerst
- mehr Zeit für die schönen Dinge des Lebens und für Deine Lieben gewinnst
- wieder riesigen Spaß am Leben entwickelst
- in eine sorgenfreie und glückliche Zukunft blickst
- zu sportlicher, körperlicher und mentaler Höchstleistung aufsteigst
- belastende Ängste verliest und charaktervolle Stärken bildest
- fit, vital und energievoll wirst
- zu einem anziehenden Gewinner – Typ wirst und eine hohe Erfolgsquote erzielst

Nach nur 8 Wochen feiern wir beide dann gemeinsam Deine erstaunlichen Erfolge! Es ist erwiesen, dass nahezu jeder erfolgreiche Mensch einen Coach an seiner Seite hat. In dieser Zeit fördere und fordere ich Dich flexibel via Skype (Internet – Bildtelefon) oder auch persönlich. Jede Woche mindestens 60 – 90 Minuten Live - Training.

Bitte habe Verständnis dafür, dass meine Coachingplätze streng limitiert sind. Zwischen meinen Seminaren, Meetings und Reisetätigkeiten bleibt nur eine begrenzte Zeit. **DAHER SIND DIESE EXKLUSIVEN INDIVIDUAL- COACHING – PLÄTZE AUCH ENTSPRECHEND BEGRENZT.**

Wenn Du Deine Beziehungen unwiderstehlich verbessern, Deine Persönlichkeit unschlagbar entwickeln, die Passion für Deinen Job /Beruf steigern und Deine Vitalität/ Gesundheit wirksam gestalten möchtest, dann bist Du in diesem 8- Wochen- Programm goldrichtig! Das Ergebnis dieses Programms wird auch die nachhaltige Verbesserung Deiner finanziellen Situation sein.